■ 教师教育类丛书

主　编　李存雄　副主编　赵守盈

现代教育技术

刘　军　黄威荣　编　著

Xiandai Jiaoyu Jishu

北京师范大学出版集团
BEIJING NORMAL UNIVERSITY PUBLISHING GROUP
北京师范大学出版社

图书在版编目（CIP）数据

现代教育技术 / 刘军，黄威荣编著．—北京：北京师范大学出版社，2010.9（2020.9 重印）

（教师教育类丛书）

ISBN 978-7-303-11363-7

Ⅰ．①现… Ⅱ．①刘…②黄… Ⅲ．①教育技术学—高等学校—教材 Ⅳ．①G40-057

中国版本图书馆 CIP 数据核字（2010）第 150023 号

营销中心电话 010-58802181 58805532
北师大出版社高等教育分社网 http://gaojiao.bnup.com
电子信箱 gaojiao@bnupg.com

出版发行：北京师范大学出版社 www.bnup.com
北京新街口外大街 19 号
邮政编码：100875
印　　刷：北京虎彩文化传播有限公司
经　　销：全国新华书店
开　　本：170 mm × 230 mm
印　　张：18
字　　数：296 千字
版　　次：2010 年 9 月第 1 版
印　　次：2020 年 9 月第 6 次印刷
定　　价：29.00 元

策划编辑：姚斯研　　责任编辑：姚斯研
美术编辑：毛　佳　　装帧设计：毛　佳
责任校对：李　菡　　责任印制：马　洁

总 序

新世纪的世界充满着变革。信息时代的飞速发展，是世界经济、文化、教育革命性变化的原动力。在接受时代的洗礼后，教育在新世纪也获得了极大的发展，其变革一点儿也不亚于其他领域。

教育发展中，专业化教师人才的培养是根本。建设一支高素质的专业化教师队伍是推动教育持续发展的关键点，也是新时期教育事业肩负的重要使命。编写具有时代特征、满足现代教师教育要求的丛书，是这项艰巨而又具有重要意义使命中的基础性任务。正是在对时代大背景和对教师教育事业的感悟中，我们才有了编写本套丛书的初衷。

本套“教师教育类丛书”的出发点，是期望在时代变革、社会转型的关键时期，抓住教育教学中新的变化和规律，总结和整理教师专业化发展进程中教师知识、能力和情感的结构与内容，并进行有效的整合和优化，形成一套较为完整的、符合时代特征的教师教育类丛书。

本套丛书中，《教育学原理》《教育心理学》为专业化教师奠定教育教学基础理论；《现代教育技术》《教育技术能力训练》《教学媒体应用》为专业化教师带来教育技术的系统知识和技能；《信息化教学设计》为教师完美展现了信息时代教学的生成过程；《教学研究概论》《学前教育研究》《小学教育研究》《中学教育研究》为研究型教师铺垫了道路；《教师职业技能》《微格教学理论与实践》为教师的职业技能训练与成熟拟定了规范；《信息化学习与技术》让教师在了解新时代学习的同时也理解如何面对新时代学生；《教学评价》从专家教师的视角剖析了教与学；《教师心理健康教育》《小学生心理健康教育》

《中学生心理健康教育》则在这个纷繁复杂的社会，让教师理解该怎样面对教师职业、面对自己和面对学生。

本套丛书的编写者，是一支老中青结合的队伍。丛书既凝结了老教育专家的心血，又洒下了中年教育骨干的汗水，还充满着青年学者对教育事业的执着。他们怀着对教育事业的无比崇敬之心，怀着对教师教育的万般期冀之情，不舍昼夜地忘我工作，终于迎来了丛书的出版。

感谢北京师范大学出版社的咸平老师、姚斯研老师！感谢他们为本套丛书所做的联系、统稿和编排工作，是他们无私的奉献和充满激情的鼓励才使得本套丛书得以顺利出版。

丛书版式严谨而又不失活泼，内容充实、体例新颖，以教师教学实践应用为主线，相信一定能够满足专业化教师对教育教学理论知识、职业技能和情感的需要。

在这套丛书即将付梓出版之际，我们不免感叹，教师教育任重而道远！尤其是处在时代变革中的教师教育，还需要广大的教育工作者不断孜孜以求。由于出版时间紧、内容体系大、参编人员众多，丛书难免存在一些瑕疵，甚或值得斟酌的地方，我们真诚地希望专家、学者、教师们及广大的读者批评指正，并提出宝贵的修改意见。

李存雄　赵守盈

2010年4月于照壁山麓

前 言

现代教育技术能力作为教育教学能力的重要组成部分，是教师必须具备的一项重要素质。师范生是未来教师的主要来源，教育技术能力成为师范生培养的重要内容之一。

近年来，师范生教育技术能力的培养在各高等师范院校受到广泛重视，很多学者对此进行了广泛深入的研究，取得了一定的成果。但一方面，由于技术不断的发展并在教育领域逐渐应用；另一方面，各地的实际情况不尽相同且不断发生变化，因此，为了适应职业发展对教师教育技术能力培养的实际需求，我们在近年来现代教育技术公共课教学中师范生教育技术能力培养的实践成果和积累的相关资料的基础上，组织编撰了本书，编写过程中，梳理了当前师范生对教育技术知识的需求，借鉴了国内外同类教材的内容编排，尝试着对教育技术公共课的课程教学内容体系进行了重新构建。

立足于上述分析，结合当前教师教学的实际需要，以培养教育技术应用能力为目标，根据当前各学科师范生的不同需求对现代教育技术应用的基本知识、基本方法和基本技能，以及教育技术应用的软硬件环境、典型教学应用等做了比较全面的介绍。全书共分为七章，主要内容包括：现代教育技术概述；学校现代教学环境；现代教育教学软硬件技术与应用、数字教学资源的搜集、管理与应用；多媒体教学课件的设计、开发与评价；信息化环境下的教与学；《中小学教师教育技术能力标准》及水平考试等。

本书具有以下特色：

(1)注重实用。本书主要是围绕当前各学科教师教学中的实际需要进行编写，侧重于突出教育技术在教学中的具体应用。

(2)针对性强。针对师范生的特点，着重于教育技术能力培养过程中涉及的主要问题。

(3)讲练结合。符合教师授课的需要，为每一部分都设计了相应的实践项目、思考与练习等内容。

本书的编写工作是集体合作完成的：第1章由刘军编写；第2章由卓毅编写；第3章由王毅、安红编写；第4章由冉怀敏、罗月念编写；第5章的第5.1节、第5.2.1节、第5.4节和第7章由黄威荣编写；第5章的第5.2.2节、第5.2.3节、第5.2.4节和第5.3节由李高祥编写；第6章由李绿山编写。在编撰过程中参考和引用了大量国内外文献资料和互联网网络资源，其中主要文献已在参考文献目录中列出，在此向原作者表示深深的感谢，如有遗漏之处，恳请原作者给予谅解。

感谢吴永祥、陈华、范向阳在本书编撰过程中提出的许多宝贵意见，感谢审阅过本书稿的各位专家教授提出的修改建议，感谢北京师范大学出版社为本书出版工作所作出的努力。

由于时间仓促，书中不当之处在所难免，恳请各位专家、同行和广大读者朋友不吝赐教，对此我们不胜感激。

编　者

2010年6月

目 录

第1章 现代教育技术概述 /1

1.1 现代教育技术的相关概念 ………… 1
1.2 现代教育技术的发展历程 ………… 7
1.3 现代教育技术与教师专业发展 …… 8
1.4 教育教学实践中的现代教育技术 ……………………………………… 10

第2章 学校现代教学环境 /11

2.1 学校教育技术环境概述 ………… 11
2.2 校园网 ……………………………… 13
2.3 多媒体教学系统 ………………… 23
2.4 数字化学习资源中心 …………… 35
2.5 网络教学平台及其应用 ………… 41
2.6 校园有线电视网 ………………… 48

第3章 现代教育教学软硬件技术与应用 /54

3.1 常用媒体设备的使用 …………… 54
3.2 IM 实时交流软件的教学应用 …… 63
3.3 思维导图与思维导图软件的教学应用 ……………………………………… 74
3.4 Web 2.0 技术的教学应用………… 75

第 4 章　数字教学资源的搜集、管理与应用 /90

4.1　网络教学信息资源概论 …………………… 90

4.2　搜索引擎高级应用………………………… 93

4.3　网络教学文档、图片、视频、动画资源的下载 … 110

4.4　数字教学资源的管理与应用 ……………… 124

4.5　其他教学资源搜集途径与方法 …………… 132

第 5 章　多媒体教学课件的设计、开发与评价 /142

5.1　教学设计与多媒体课件的设计 …………… 142

5.2　常用多媒体课件制作软件的使用 ………… 160

5.3　多媒体课件的界面设计 …………………… 189

5.4　多媒体课件的教学应用 …………………… 193

第 6 章　信息化环境下的教与学 /197

6.1　信息化教学的发展历程 …………………… 197

6.2　信息化教学的特征 ………………………… 198

6.3　信息化教学过程的要素 …………………… 200

6.4　信息化教学的模式和方法 ………………… 206

第 7 章　《中小学教师教育技术能力标准》/224

7.1　《中小学教师教育技术能力标准》主要内容及解读 ……………………………………………… 224

7.2　中小学教师教育技术水平考试 …………… 233

参考文献 /260

附录一 /264

附录二 /273

第1章　现代教育技术概述

学习目标

(1)正确理解现代教育技术内涵

(2)正确认识现代教育技术的意义和作用

现代教育技术作为专业化教师必备的职业技能，值得每一位教师学习和研究。正确而高效地使用现代教育技术，将有利于提高教师专业化水平、优化教学过程、提高教学质量。

在实践中，需要正确认识和理解现代教育技术的内涵，避免由于对现代教育技术的认识不足，造成对现代教育技术的错误理解，从而使教育技术在教育教学领域的应用受到阻碍。

1.1　现代教育技术的相关概念

对现代教育技术的认识和理解，需要不断观察其客观本质，从而正确理解其内涵。

认识“现代教育技术”，理解其内涵，需要对“现代”“教育”和“技术”三个词进行分析，并在此基础上厘清与“现代教育技术”相关的几个术语，下面分别进行阐述。

一、技术

广义的技术是指人类在改造自然、改造社会和改造人自身时所应用的一切手段、方法和知识等活动方式的总和。至少包括三个不同的内容：(1)制造工具、机器、各种用途的货物和日常用品的生产技术，即与物质性、经济性的生产相关的技术。(2)建立并规定社会和组织关系的组织技术或社会技术，如法律等。(3)精神技术，在专门的科学部门，在哲学、语言和艺术创作中都会使用到这些技术，它们给我们提供处理问题的模式，借助于这种技术，我们才能对世界、对人类以及我们自身有所了解，才能把握其间的意义和价值。

马克思认为技术的本质乃是人的本质的外化。技术作为人的创造物，它的本质不过是人的本质力量的对象化。正如人的本质不是具体的抽象物一样，技术的本质不是某些抽象物，它实际上体现的是一种关系，一方面体现着人与自然界之间的一种客观的物质、能量和信息的交换过程；另一方面反映着技术形态中人与人及人与社会的关系。

《技术史》(辛格、威廉斯等)中给技术下的定义是：技术是为了满足人类的需求而改变物质世界的活动。认为“技术属于制(making)和作(doing)范畴，是人工化的物质变换、能量转化和信息处理的手段和方法，并非一切手段和方法都是技术，技术有知识形态(包括 Know-how)的要素及表现、物质形态(包括机器)的要素及表现与工艺形态(包括技能)的要素及表现”。

进一步给出了技术的三个基本特征：一是功能特征，技术是物质、能量、信息的人工化转换，人工化是 doing 和 making 的实践行为和过程；二是社会目的特征，即技术是人们为了满足自己的需要而进行的加工制作活动，这也是技术作为过程的特征；三是内部特征，即认为技术是实体性因素(工具、机器、设备等)、智能性因素(知识、经验、技能等)和协调性因素(工艺、流程等)组成的体系。因此，从技术系统看，不能把它仅仅归结为“实物”，或把它仅仅归结为“知识”，而是包含着将技术作为“过程”的理解。

《自然辩证法百科全书》定义技术为：“人类为了满足社会需要依靠自然规律和自然界的物质、能量和信息来创造、控制、应用和改进人工自然系统的手段和方法。”

技术的本质不可能用一句话完整地进行表述。要准确地理解它，需要综合各种论述以及根据自己对所处自然社会中的各种“技术”的直接观察和思考而得出。一般说来，对技术(technique)的本质可理解如下：

(1)技术是人创造出来的。

(2)技术是为了满足人的需求(社会的或个人的)而根据事物发展规律和真理总结和选择出来的某种活动。

(3)技术能将物质、能量和信息进行人工转化。

(4)技术是人与自然、人与社会的中介关系，人通过技术作用于自然和社会，自然和社会也通过技术反作用于人。因此，技术是实现实践活动的必需。

(5)技术有实体形式(如工具、机器等)，有智慧形式(如知识、经验、技能等)，有系统形式(如技术流程，技术实现环境等)。

(6)技术是人创造、控制、应用和改进人工自然系统的手段和方法。

二、教育

教育是人类社会一种复杂的活动，教育的本质可以理解为：

(1)教育是社会活动中的一种，它与其他的社会活动复杂相关。

(2)教育是与社会中的人直接相关的一种活动，与社会中人的发展和社会的发展是直接相关的。

(3)教育在微观上是为社会人的发展服务的；在中观上是为由人组成的团体(如国家、社会)的发展而服务的；在宏观上是为人类社会服务的。而人的发展构成了并服务于社会的发展，社会的发展为人的发展提供前提条件并干预人的发展，二者紧密联系。

(4)教育是作为自然的人的本质的一种表现形式，是将地球上自然的人与地球上其他生物区分开来的一种特有的活动形式。

(5)教育本身是一种技术活动，因为技术是人与社会、人与自然的中介物，是人在实践中有目的的自觉采取的、经过选择的活动。

三、教育技术

教育技术中的“技术”在广义上和其他的技术具有相同的本质，即技术的一般本质(或普遍本质)，而一旦将“技术”放在教育活动中看待，“技术”就有了“教育”的烙印，教育中的“技术”有着跟其他所有的技术所不同的、可以跟其他技术区分开来的“技术特性”，即教育中技术的本质属性。根据上述对“技术”的本质和“教育”的本质的阐述，对“教育技术”的“技术特性”给出如下解释：

(1)教育(educate，动词)本身属于一种技术活动，因此教育技术的“技术(technology)”实际上就是教育活动的具体实现形式。

(2)“技术”(technology)是为“教育”服务的技术。“教育技术”一词中“教育”是对“技术”的限定词。

(3)教育技术的“技术”有多种呈现形式。有实体形式，如多媒体教室设备、语言实验室设备、移动学习PDA、电子白板、人工智能人机芯片等；有智慧形式，如中小学教师教学规范用语集合，启发、开导、组织、教学引入的方法、手段、技巧等；有系统形式，如虚拟教学系统(包含硬件设备、软件，其软件指教学内容、教学方式、系统支持和管理软件、人与虚拟环境的交互形式等)、智能教学系统、网络教学系统等。

(4)教育中的“技术”受到人的社会中其他领域的“技术”的影响，同时教育中的“技术”也影响人的社会中其他领域的“技术”；它们之间甚至是可以相互转化的。当技术从其他领域转化到教育当中的时候，需要为符合教育的本质而进行改造。

(5)教育技术(一种活动形式)有些时候就是教育(educate，动词)本身，有些时候又是指教育(education，名词)当中为“本位的教育”服务的技术。

(6)有时技术并不是为某一确定的目的(如教育、商业)而直接开发出来，但经过修改和改进(有可能仅仅是在智慧或系统形式上而不是在硬件或基本技术环境上)，可以为教育教学服务，而成为教育技术。当然也有直接为教育而开发的技术，典型的例子如电子教学用白板(不仅仅是白板本身，还包括白板使用的支持环境、教学中使用的一些支持模块——如演示物理实验的软件、教师使用白板的技术方法等)，其他的例子也还很多，如在军队中广泛使用的模拟坦克和飞机驾驶训练仪等。

(7)教育技术中的技术是经过“选择”的——这是技术的本质，它符合一定的教育目的，这个目的就是：提高教学效率、创造教育机会、揭示教育规律、提高人的绩效、促进人的发展。

(8)“教育技术”的发展是和广泛意义上的“技术”的发展紧密相关的。

(9)“教育技术”和其他的“技术”会不断地融合和分化。

经过上述对教育技术的“技术特性”的认识之后，教育技术(Educational Technology)的本质可描述如下：

(1)教育技术是为了教育(education)的目的而使用的技术。

(2)教育技术代表由多种形式为教育服务的各种技术所组成的一个集合。

(3)教育技术的多种形式表现为：硬件形式(物化形式)与软件形式(智慧形式)；系统形式与个体形式；自然形式(技术的自然属性)与社会形式(技术的社会属性)等。

(4)教育技术的直接作用是提高教育教学效果，提高人的绩效，促进个体的人的发展。

(5)教育(educate)本身就是技术的一种活动形式。

(6)教育技术可以和其他形式的技术相互利用和转化。

因此，我们可以给教育技术下一个具有其固有本质的定义：

教育技术(Educational Technology)是指为了有效促进现实社会中人的发展而采用的各种不同形式实体技术、软体技术和系统技术的总称。这里，教育的内涵包含在了“有效促进现实社会中人的发展”当中，而实体技术、软体技术和系统技术中的“技术”是“广义技术”的含义，即：人类为了满足社会需要依靠自然规律和自然界的物质、能量和信息来创造、控制、应用和改进人工自然系统的手段和方法。

1994年，美国教育传播与技术协会(AECT，Association of Educational Communication and Technology)的Seels与Richey合著了《教学技术：领域的定义与范畴》，其中对教育技术概念作出了一个在我国影响较大的定义，国内通常称为“AECT'94定义”：

Instructional technology is the theory and practice of design, development, utilization, management, and evaluation of processes and resources for learning.

教学技术是关于学习过程和学习资源的设计、开发、利用、管理和评价的理论与实践。

2005年，AECT又对教育技术作出了定义，通常称为“AECT'05定义”：

Educational technology is the study and ethical practice of facilitating learning and improving performance by creating, using, and managing appropriate technological processes and resources.

教育技术是通过创造、使用和管理适当的技术性过程和资源，以促进学习和提高绩效的研究与符合伦理道德的实践。

“AECT'05”定义相对“AECT'94”定义而言，其变化在于：

(1)“教学技术”的名称被“教育技术”名称所取代。

(2)“理论与实践”这两个研究领域被更改为“研究与符合伦理道德的实践”。

(3)“学习过程”与“学习资源”这两个研究对象被变换为“以促进学习和提高绩效的研究与符合伦理道德的实践”。

(4)学习过程和学习资源的“设计、开发、利用、管理和评价”五个研究范畴被缩减为相关过程和资源的“创造、使用和管理”三个范畴。

这两个定义的影响较为广泛，但由于教育技术学科是一门新兴的学科，各方面都还需要做深入的研究，对教育技术内涵的理解还需要通过不断的实践进行体会。

四、现代

在本书中，“现代”的意义是指当前所处时代。当前的时代是信息技术高度发达的时代，信息技术在各种领域的应用日趋成熟，已经成为现代社会不可或缺的关键技术之一。进入21世纪以来，随着信息社会的高速发展，人们的工作、生活都已不知不觉沉浸在信息的海洋当中，智能移动电话、银行卡、乘车卡、数字电视、卫星电视、计算机互联网、笔记本电脑、汽车导航定位仪、MP3-player、MP4-studio、PSP、PDA……信息技术几乎无处不在。现代信息技术对政治、经济、军事、文化、教育产生深远的影响，促使各国都将信息科技发展和应用作为国家战略进行规划和建设。与此同时，个人的成长与发展也受到强烈冲击，尽管传统教与学的模式依然占据了基础教育、学历教育的主流，但人们不得不承认这样一个事实：现代信息技术环境下，人类的学习已经发生了深刻的变革，人们的学习习惯、学习途径和工具、学习方式和方法都已渐渐产生了变化。

作为信息社会具有鲜明特点的职业，教师在面对具有后现代、感性与理性综合思维模式“数字土著①”的挑战以及激烈行业竞争时，一方面，要在个人专业(职业)发展上寻求突破；另一方面，还要接受来自信息技术环境下教育教学对教师教育技术能力提出的要求②。提高教师信息技术与教育技术素养，鼓励和支持将信息技术运用到教学当中，养成学习“不断发展中的信息技术”“实用的技术”、应用“身边的技术”的习惯，不仅能促进教师个人的专业(职业)发展，而且也能促进和提高学生的信息化学习素养，建构信息环境下的新型教学与学习，提高教与学的质量。

五、现代教育技术

与很多冠以“现代”的词一样，现代教育技术中的“现代”代表着当前的教育技术与稍早以前的教育技术在技术手段、方法、途径等的不同。类似的词不少，如现代农业、现代战争、现代教育，等等。

当前信息技术的发展迅猛，极大地改善了现代教育教学的条件，丰富和变革了教育教学的手段、方法。根据前面对“现代”的阐述，我们可以这样来理解“现代教育技术”：这些有效促进教育教学而采用的各种不同形式的现代实体技术、软体技术和系统技术，可以称为现代教育技术。

六、教育技术学

通常，站在“学习内容分类”的角度，“教育技术学(Educational Technology)”是以“教育技术”为研究对象的一门学科。

“任何一门学科的独立性，首先取决于它自己具有特定的研究对象，具有不为任何其他学科所专门研究的课题。”教育技术学科的独立性体现在：“教育技术学”以有关“教育技术”的问题作为研究对象，具有不为任何其他学科所专门研究的课题。比如“汽车驾驶技术虚拟教学系统的开发与研制(技术系统的研制)”“如何提高课堂教学视觉媒体的心理认同(有关技术实体和技术认知的研究)”“学生课堂信息接收容量研究(技术软体研究)”等。

七、电化教育(信息化教育)

电化教育是一个具有中国特色的词。南京金陵大学(南京大学前身)是我国

---

① 数字土著：是指20世纪80年代末、90年代以后出生，伴随着互联网以及数码电子产品发展而长大，能熟练使用数码产品并能较好适应信息化生活、学习与工作的新人类。

② 2004年12月，教育部颁布了《中小学教师教育技术能力标准(试行)》，并出台了相应的培训和考核规范。本书将在第7章中对该标准进行解读。

电影教育和电化教育事业的发源地：在校长陈裕光、院长魏学仁的支持和倡导下，理学院于1930年成立电影教育委员会；1936年成立电影教育部；1938年创设影音专修科即电化教育专修科；1942年在我国大学中最早出版有关电影和电教事业的综合性刊物——《影音》月刊。20世纪40年代后期，电化教育专修科主任兼教育电影部主任孙明经首倡以“影音教育”一词替代“电化教育”。金大电化教育专修科遂于1947年4月改称“电影播音专修科”，教育电影部改称“影音部”。

电化教育的发展，大致经历两个阶段：20世纪90年代中期以前，是前发展阶段，使用的名称是电化教育或视听教育；20世纪90年代中期之后，是后发展阶段，使用的名称是电化教育或信息化教育，后者是信息时代对电化教育在名称上进行符合时代特征的变更。这两个阶段使用名称不同，但本质未变。

教育技术与电化教育(信息化教育)并不是相同的概念，没有可比性。教育技术有自己的特性，它代表的是教育中的各种技术(technique)的集合。信息化教育(电化教育)事实上就是一类教育的方式，在这类的教育方式中，采用了“电化”或“信息化”的工具、手段和方法，而这些工具、手段和方法，其实指的就是“教育技术”。

“教育技术”与“教育技术学”也不能等同。在实践中，可以看到“教育技术”和“教育技术学”的混用。一个比较常见的例子就是：“教育技术是一门研究……的学科”，这是一种不规范的说法，两者的内涵很容易造成混淆。当然，这可能是一种习惯，比如物理学专业学生，在被问及学什么专业的时候，通常说“物理”而不说“物理学”，这似乎无可非议。然而，“教育技术(如果作为替代“教育技术学”学科的称呼)”却常和“教育技术(作为一类技术的集合体)”相混淆，因此，严格区分两者的使用，对理解教育技术的内涵、保障交流的顺畅很有必要。

1.2 现代教育技术的发展历程

现代教育技术的发展历程，与现代教育和现代技术的发展历程是息息相关的。由于我国现代教育技术是在改革开放之后才逐步开始发展，因此，结合现代技术在20世纪和21世纪前10年的发展历程。我们大致可以将现代教育技术发展历程分为2个阶段：

(1)现代电子化教育技术发展阶段

改革开放至20世纪90年代中叶，传统的电子化教学工具和手段被广泛应用于教育教学中，如幻灯、胶片投影、广播、录音、电影、电视、计算机等，并由此引发教学方法、教学模式的变革与发展。

(2)现代信息化教育技术发展阶段

从20世纪90年代中后期始，多媒体计算机技术、互联网技术的迅速发展，促进了整个社会的信息化进程。众所周知，这个时代被正式称为信息时代。现代教育技术在这个阶段获得了极大的发展，由此而进入了现代信息化教育技术大发展阶段。

这个阶段的特点是：相对而言，技术成本变得更低，教师和学生更容易获得使用这些技术的机会；技术手段更加丰富，技术的可选择性范围变大；信息技术使得教与学的途径增加，个性化学习更容易开展；现代教育技术在教育教学中的应用逐渐常态化，教师教育技术和学生学习技术成为个人能力建构的重要组成部分。

1.3 现代教育技术与教师专业发展

1.3.1 教师专业发展对教师的要求

教师专业发展中，“专业”一词，与寻常大学里的“学科专业”概念不一样，也与产品生产过程的业务分类概念不一样，而是指专门从事的某种工作或职业。教师专业，就是指教师职业。而专业教师也可称为职业教师。

美国学者科尔文(G. Corwin)等人提出，作为专业的职业应具备以下条件：

(1)为公众服务，成为可终身投入的事业。

(2)具有非一般人能够轻易地掌握的专门知识和技能。

(3)能够投入大量精力进行研究，并将理论应用于实践。

(4)需要足够长的专业受训时间。

(5)对服务对象负责，注重服务质量。

教师专业发展是指教师追求职业知识、职业技能和职业态度的全面发展。可以分为职前和职后教师专业发展两个阶段。职前教师专业发展阶段是职业教师获得职业基本知识、技能和态度的重要时期，而职后教师专业发展阶段是职业教师获得成长并成熟的主要时期。

我国教育部2004年12月颁布了《中小学教师教育技术能力标准(试行)》，其中明确指出，教师专业化是指教师在整个职业生涯中，通过专门训练和终生学习，逐步习得教育专业的知识与技能并在教育专业实践中不断提高自身的从教素质，从而成为一名合格的专业教育工作者的过程。

教育部师范教育司编写的《教师专业化的理论与实践》一书中指出，一名优秀合格教师的专业素质主要体现在专业知识、专业技能和专业情意(专业态度)三个方面。其中，在专业知识方面主要包括：广博的普通文化知识，足够的所教学科知识，扎实的教育学科知识，各类知识的融会贯通。在专业技能方面，主要包括：熟练的教学技巧，良好的教学能力(教学设计能力、教学实施能力、教学评价能力)。在专业情意方面，主要包括：专业理想，专业情操，专业取向，专业自我。

教师的专业技能具有技术的特性。将现代信息技术整合运用到教育教学中的能力——现代教育技术技能是教师专业技能的重要组成部分。因此，熟练掌握现代教育技术成为一名优秀合格教师的基本要求。

《中小学教师教育技术能力标准(试行)》中对教学人员的基本知识和基本技能的要求是：

(一)基本知识

1. 了解教育思想、观念和教育技术的发展趋势。

2. 了解教育技术的基本概念和应用范畴。

3. 了解教育技术的基本理论。

4. 掌握绩效技术、知识管理和课程开发的基本知识。

(二)基本技能

1. 掌握信息检索、加工与利用的方法。

2. 掌握资源管理、过程管理和项目管理的方法。

3. 掌握教学媒体、教学资源、教学过程与教学效果的评价方法。

4. 掌握课程规划、设计、开发、实施与评价的方法。

1.3.2　现代教育技术带来教与学的变革

现代教育技术的发展无疑对现代信息环境下的教与学产生了深刻的影响，其对教的变革作用主要体现在以下几个方面：(1)促进教的方法改革；(2)优化教的过程；(3)提高教的效率；(4)变革教的策略；(5)变革教的模式。

现代教育技术对学习的变革作用主要体现在以下几个方面：(1)促进学习方法的变革；(2)提高学习的效率；(3)改变学习环境；(4)增加学习的途径；(5)有效促进个性化学习。

1.3.3　现代教育技术促进教师专业发展

现代教师的发展采用的是一个专业化发展模式，其越来越严格的专业化技能评估，逐渐将“教师”从一种大众化职业提升为一种具有高级专业技能的专有职业。现代教育技术不再仅仅作为普遍意义上的技术与技能，而是作为教师及教育从业者的专有技术与技能，对教师专业发展也起着重要的作用。现代教育技术促进教师专业化发展，主要可从以下几个方面得到体现：

(1)为处于不同时空的教师提供交流机会。比如专门为教师交流所开发的教师联盟网站、教育教学论坛，为不同地区、不同年龄的各个职业发展阶段的教师提供了相互交流的场所，拓宽了教师交流的范围，丰富了教师交流的方式。

(2)为教师提供有效学习方式。专业化发展过程中，教师需要不断的学习，当教师使用教育技术去促进教学的时候，也应该有效利用教育技术来促进自己的学习，不断地发展自我，从而成长为专家型教师。

(3)为教学研究提供手段和方法。教师专业化发展观提倡做研究型教师，发现教学问题、分析教学问题和解决教学问题是研究型教师的必备技能。现代教育技术为研究型教师提供了有效的研究工具、手段和方法。

1.4 教育教学实践中的现代教育技术

在现代教育教学实践中，现代教育技术及其应用主要包括以下几个方面：

(1)现代教学环境。

(2)现代教育教学软硬件技术与应用。

(3)数字教学资源的搜集、管理与应用。

(4)多媒体教学课件的设计、开发与评价。

(5)信息化环境下的教与学等。

在后面的章节中，将分别进行阐述，并通过相应的实践环节，促进职前教师现代教育技术技能的学习。

思考题与课后练习

1. 现代教育技术的内涵是怎样的？

2. 教育技术与教师专业化发展的相互关系？

第 2 章　学校现代教学环境

学习目标

(1)了解学校教育技术环境的基本构成

(2)了解校园网的基本概念、构成和功能

(3)熟悉多媒体教室及网络机房的基本功能和设计要点

(4)掌握多媒体网络教室的应用

(5)掌握微格教室的组织和实施方法

(6)了解数字化学习资源中心的应用

(7)了解并掌握网上阅卷平台的应用

(8)了解有线电视网的基本构成和教育应用

2.1　学校教育技术环境概述

学校教育技术环境是指在教与学的实践活动中，为优化教学效率、效果而建立的系统化的现代教育技术设施与条件。建立学校教育技术环境是推动教育改革和发展、促进教育信息化的必要条件。

2.1.1　学校教育技术的硬件环境

硬件环境是学校应用现代教育技术的基础，在学校教育技术环境建设中占据重要地位。硬件环境主要由以下设施构成。

1. 多媒体教室

多媒体教室也称多媒体投影教室，是由多媒体计算机、多媒体投影机、音像播放设备和集控系统构成的综合媒体教学系统。它能灵活地提供多种媒体信号，有效地完成多媒体组合教学，提高教学的效率和效果，而且投资较少，维护、管理方便，因此是当前各级各类学校建设和使用最普遍的教育技术设施。

2. 多媒体网络教室

多媒体网络教室又称多媒体网络机房，是由若干台多媒体计算机及网络设备组成的网络机房。在多媒体网络教室中，教师计算机可把文字、声音、动画、图像和视频等多媒体信号同步传送给学生计算机，并可控制、监视学生计算机的操作。利用多媒体网络教室，不仅可以开展多媒体教学，还可以进行分组教学和在线讨论等多种形式的教学。

3. 多媒体语言实验室

多媒体语言实验室是集计算机技术、多媒体技术及语言学习软件为一体的语言教学系统。系统支持教学通信、题库管理、语言编辑、信息处理、课件编制和测试分析等多种语言教学功能。利用多媒体语言实验室构建多媒体语言教学环境，有利于优化教学过程，培养学生的综合语言能力，提高外语教学质量。

4. 校园网

校园网是校园内的一个局域网，可与 Internet 连接，共享局域网内部和互联网上的各种信息资源。校园网主要由服务器、网络互联设备和网络传输线路等构成，其基本功能是为学校的教学、管理和科研服务。随着教育信息化进程的加快，校园网将是学校必不可少的信息化教学与管理的基础平台。

5. 校园有线电视网

校园有线电视网是指在校园内利用光缆或电缆来传输电视信号的网络。校园有线电视网除用于传输一般的新闻、娱乐等节目信号外，主要用于传输教育电视节目、远程教育信号和自办校园电视台信号等。

6. CAI 研制中心

CAI 研制中心为建立学校多媒体教学资源库，制作高质量课件，让广大教师能运用多媒体与网络技术开展教学，有条件的学校还可建立 CAI 研制中心。CAI 研制中心负责学校多媒体教学资源库的建设、更新、维护和管理，并负责对教师进行 CAI 课件制作培训和指导。

7. 远程教育中心

远程教育中心主要利用卫星、互联网等多种途径实现远程教学和教学资源共享。通过远程教育网络平台可进行授课、作业、测试、答疑、课后辅导和教务管理等。

2.1.2 学校教育技术的软件环境

教育技术软件环境，从狭义上讲包括与硬件配套的各种应用软件、多媒体教学资源；从广义上讲还包括教师应用现代教育技术的能力水平和学校教育技术管理水平等。

1. 软件系统

要充分发挥硬件设施的作用，就必须配备完善的配套系统软件和应用软件。系统软件一般由硬件提供商提供，应用软件可以购买，也可以根据教学需要和学校的技术条件自行开发。常用的应用软件系统有CAI课件制作系统、VOD点播系统、信息查询系统、办公系统及远程教育系统等。

2. 多媒体教学资源

多媒体教学资源建设是学校教育信息化的基础，是实现数字化教学的关键。多媒体教学资源建设主要有两条途径：一是交流、购买；二是自行开发。多媒体教学资源主要有：多媒体素材库、多媒体课件库、校园视频资源库（VOD视频资源库）、自主学习型网络课程库、讲授型网络课程库、精品课程库、教师教学网站群及数字化图书馆等。

3. 教师教育技术应用水平和学校教育技术管理水平

教师现代教育技术水平和学校教育技术管理水平是评估一所学校现代教育技术环境建设的重要方面，代表学校对教育技术软硬件的应用能力、协调能力和发展能力。因此，要构建良好的学校教育技术环境，就必须像抓软硬件建设一样地抓教师教育技术应用水平和学校教育技术管理水平建设。

2.2 校园网

2.2.1 校园网的结构

一、校园网络概念

校园网络（Campus Network）是一个发展的概念，通常是指利用网络设备、通信媒质和相应的协议（如TCP/IP协议等）以及各类系统管理软件，将校园内计算机和各种终端设备有机地集成在一起，同时又通过防火墙（Firewall）与外部的Internet网络连接，以用于教学、科研、学校管理、信息资源共享和远程教育等方面工作的局域网。可见，校园网络是Internet技术在学校中的一个典型应用，换言之，校园网络就是一个特殊的Intranet。

二、校园网络结构

所谓Intranet，就是一类基于Internet技术的企业内部网络，它通过防火墙与Internet连接。在Intranet中，除了能够完成传统局域网的所有操作外，还可以实现Web浏览、FTP文件传输、E-mail收发、BBS讨论和聊天等原本在Internet上才能实现的功能。图2.1为Intranet的结构示意图。

三、校园网络的硬件组成

校园网的硬件通常有服务器、工作站、网间互联设备、传输媒质等部分

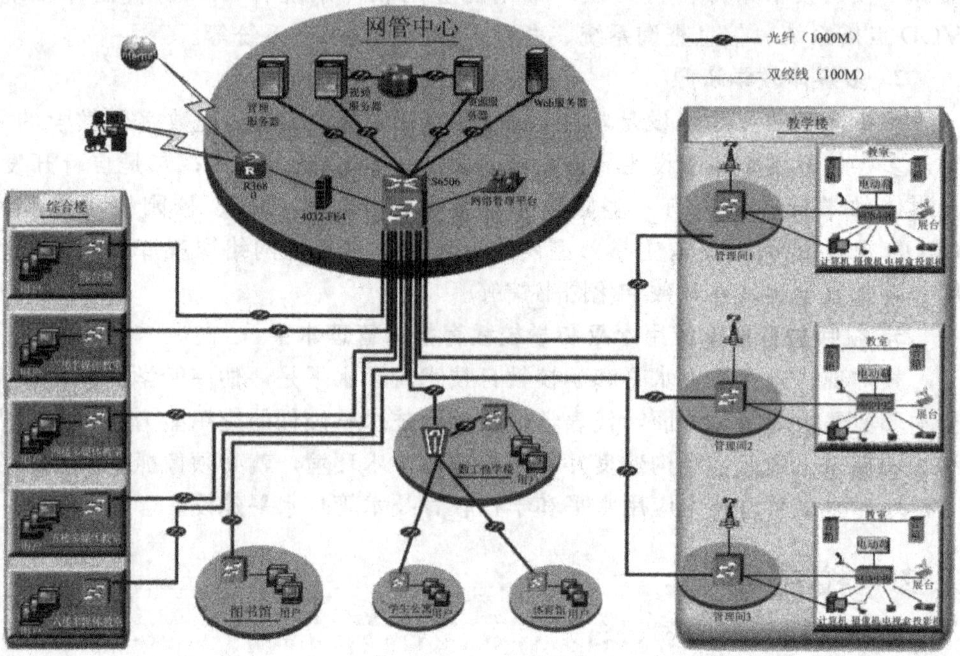

图 2.1 Intranet 结构示意图

组成。

1. 服务器

服务器(Server)是网络上一种为客户端计算机提供各种服务的高性能的计算机。由于服务器是针对具体的网络应用而特别定制的，所以在处理能力、稳定性、可靠性、安全性、可扩展性、可管理性等方面比普通计算机要强。服务器根据其在网络中所执行的任务不同可分为 Web 服务器、数据库服务器、视频服务器、FTP 服务器、Mail 服务器、打印服务器、网关服务器、域名服务器等。上述服务器既可以安装在同一台物理服务器上，也可以分别安装在多台物理服务器上。对于小型的校园网络，往往把 Web 服务、FTP 服务、数据库服务等集于一台服务器上。

2. 工作站

在校园网中，工作站(Workstation)是一台客户机，即网络服务的一个用户。但有时也将工作站当做一台特殊应用的服务器使用，如打印机或备份磁带机的专用工作站。工作站一般通过网卡连接网络，并需安装相关的程序与协议才可以访问网络资源。

3. 网络互联设备

(1)集线器(HUB)：集线器是计算机网络中连接多个计算机或其他设备的连接设备。集线器主要提供信号放大和中转的功能，把一个端口接收的信号向所有端口分发出去，有些集线器还可以通过软件对端口进行配置和管理。通常集线器到各节点间的连接使用双绞线、光纤、同轴电缆等，端口的数量从4个到24个不等，如果网络中计算机的数目较多，可将集线器级联使用或选用可堆叠集线器。

(2)交换机(Switch)：交换机的外形与集线器很接近，也是一个多端口的连接设备，两者的主要区别在于：从工作方式看，集线器采用广播模式，也就是说集线器的某个端口工作的时候，其他所有端口都能够收到信息，容易产生广播风暴。当网络规模较大时，网络性能会受到严重影响。而当交换机工作的时候，只有发出请示的端口和目的端口之间相互响应，而不影响其他端口(即点对点方式)。从带宽看，集线器不管有多少个端口，所有端口都是共享一条带宽，在同一时刻只能有两个端口传送数据，其他端口只能等待；而交换机每个端口都有一条独占的带宽，当两个端口工作时，并不影响其他端口的工作，因此，交换机的数据传送速率通常要比集线器快很多。此外，学校网络中心的核心交换机往往还具有路由功能。

(3)路由器(Router)：路由器是连接多个网络或网段的网络设备，它能将不同网络或网段之间的数据信息进行“翻译”，以使它们能够相互“读”懂对方的数据，从而构成一个更大的网络。通常路由器有两大典型功能，即数据通道功能和控制功能，数据通道功能一般由硬件来完成，控制功能一般通过软件来实现。

(4)网关(Gateway)：网关是网络连接设备的重要组成部分，它不仅具有路由的功能，而且能对两个网络段中使用不同传输协议的数据进行互相的翻译和转换，从而使不同的网络之间能进行互联。网关一般是一台专用的计算机，该机器上配置有实现网关功能的软件，这些软件具有网络协议转换、数据格式转换等功能。

(5)防火墙(Firewall)：是指一种将内部网和公众访问网(如Internet)分开的硬件或软件技术。防火墙对流经它的网络通信进行扫描，这样能够过滤掉一些攻击，以免其在目标计算机上被执行。防火墙还可以关闭不使用的端口，而且它还能禁止特定端口的流出通信，封锁特洛伊木马等程序。最后，它可以禁止来自特殊站点的访问，从而防止来自不明入侵者的所有通信。

4. 常用的网络传输媒质

(1)双绞线(Twisted Pair)：是由两根相互绝缘的铜导线按照一定的规格

互相缠绕在一起而成的网络传输介质。常用的无屏蔽层双绞线由 4 对双绞线和一个塑料护套构成。由于线缆的长度受到衰减的严重限制，所以在当前的技术下，传输数据的距离一般限定在 100 米范围内，双绞线是目前局域网中使用最多的传输介质。

(2)光纤(Fiber)：光纤是以光脉冲的形式来传输信号，材质以玻璃或有机玻璃为主的网络传输介质。它由纤维芯、包层和保护套组成。光纤具有极高的传输带宽，目前技术可以 1 000 Mb/s 以上的速率进行传输。光纤的衰减极低，抗电磁干扰能力很强，所以传输距离可达 20 公里以上。但价格高，安装复杂和精细，需要使用专门的光纤连接器和转换器。

2.2.2 校园网络的特点和功能

校园网络最初的概念是以硬件集成为主，即只是一个硬件平台，到第二阶段又提出以教学应用软件集成为主的软件建网的校园网概念，这也是当今大多数校园网所采用的模式。现在，越来越多的人发现，“硬件＋软件”的模式还远不能发挥出校园网的优势，校园网应该建构在全新的教育模式上，而不应依附于传统的教学模式，所以诞生了“硬件＋软件＋现代教育”模式的新一代校园网概念。因此建设校园网的真正目的在于为学校师生提供教学、科研和综合信息服务的高速多媒体网络。

一、信息发布

学校的 Web 主页犹如学校的一个窗口，学校可以通过这个窗口向世界各地的人们充分展示学校的形象。一般说来，学校主页的主要内容包括：学校历史、院系、部门介绍、专业设置、招生与分配信息、教学与科研信息等。学校主页上可以发布学校的各种重大事件，会议通知和安排，也可以发布各种公文，这样既节省了时间和费用，又增强了公示的效果。

二、教学应用

校园网的主要功能就是教学应用，它可以由网络教学平台提供支持，以网络教学信息资源库作为信息来源，运用多种网络工具完成网络教学任务。

1. 网络教学支持平台

网络教学支持平台是学校开展网络教学活动的支撑系统，它可以包括网络备课、网络授课、网上课程学习、网上练习、在线考试、虚拟实验室、网络教学评价、作业递交与批改、课程辅导答疑、师生交流、教学管理等模块。因此一个完整的网络教学平台应具备以下功能：

具备支持教师备课、授课、提问答疑与讨论、作业布置与批改、题库维护、组织考试与活动、试卷分析等功能。

具备支持学生选课、学习、递交作业、提问、讨论、实验、资料查阅、考试等功能。

具备支持基于流媒体的网络实时与非实时授课系统。

具备支持教务人员进行学生管理、课程管理、资料管理、教学质量分析等功能。

具备支持教师通过各种网络工具，相互之间或与外校的教师之间进行教学方法、教学艺术的交流与探讨等功能。

具备支持连接Internet，实现远程教育功能。利用远程教学方式，使得学生学习别的学校的课程成为可能。

2. 教学信息资源库

教学信息资源库是学校进行网络教学的重要组成部分，它包括多媒体素材库、教案库、课件库、试题库、学科资料库等。同时，资源库还应为师生提供全文检索、属性检索，提供资源的增减与归类，还可以提供压缩、打包、下载等功能。

三、管理应用

建立在校园网络基础上的学校管理信息系统(MIS)可以为学校在人事、教务、财务、日程安排、后勤管理等方面，提供一个先进的分布式管理系统。将会使原有的管理模式从纵向、单通道的、主要依靠个人的经验、判断和决策的简单模式，发展成为多向的、多通道的、网络状的复杂模式，从而提高管理效率，达到事半功倍的效果。基于校园网络的信息管理系统将大大提高原有人工管理或单机管理系统的效率，扩大管理系统的应用领域；能更加及时地收集、统计、分析学校的各种信息，以利于学校的行政管理和教学管理，充分发挥学校的整体功能，更好地为教育工作服务。

基于校园网络的计算机管理信息系统在功能上具有以下一些特点：

(1)共享数据库资源

可以避免同样的数据在多处重复存储的浪费现象，如全校学生、教职工的基本信息就可以为校内各个管理部门所共享。

(2)共享软硬件资源

可以在本系统没有相应资源或本系统负载已满时，将新任务交给其他系统处理，并且避免了某些软件研制上的重复劳动。

(3)提高系统可靠性

当某个计算机系统因故障停止工作时，可由别处的计算机系统代为处理。

(4)提高办公效率

校园网络还给学校办公自动化提供了技术基础，可以通过校园网络迅速地传递、复制或保存各类信息，这将大大节约人力、时间、纸张印刷费用。

学校通过校园网络可以建立一个集中和分散相结合的分级、分布式数据库管理系统，既实现学校各部门之间大量数据的共享，同时也为管理人员及时提供数据，为他们快速做出决策提供了帮助。

利用校园网络提供的通信功能，可以为教职工和管理人员提供较完善的多媒体电子邮件(E-mail)功能，能向各部门和管理人员发送各类通知、布告等消息。学校还可以利用校园网络召开电子会议。

四、科研应用

校园网络可以使用户共享各类计算机软、硬件资源及学术信息资源，从而提高科研的效率。另外，校园网络还可以降低科研的成本。科研人员可以通过校园网络形成一个工作小组，在不同办公室里的科研人员可以很方便地通过网络与其他成员交流设计思想和设计方案。同时，人们还可通过校园网络与因特网的连接检索世界各地的信息资料，也可以使用电子公告栏(BBS)与世界各地的专家探讨最新的思想，发表、交流学术观点，交换论文等。

五、数字化图书馆

校园网络的建设对数字化图书馆的建设与应用有着巨大影响。数字图书馆是以数字化格式存储海量的多媒体信息并能对这些信息资源进行高效的操作，它的资源数字化、联系网络化、获取自主化等优点是传统图书馆无法比拟的。数字图书馆不仅可以联机查询、借阅，还可为管理人员提供业务数据，及时分析研究，加强宏观管理。更为重要的是，用户可以通过校园网络访问图书馆的联机数据库，方便地对图书馆的图书、文献信息进行检索与阅读。

2.2.3　校园网的应用实例

一、高等院校校园网络

A 大学是省属重点大学，根据校园网络建设的一般规律和 A 大学的具体情况，并与当地的电信公司合作，制定该校校园网络建设的总体目标：具备教学、管理和通信三大功能。教师可以方便地浏览和查询网上资源，进行教学和科研工作；学生可以方便地浏览和查询网上资源实现远程学习；通过网上学习学会信息处理能力。学校的管理人员可方便地对教务、行政事务、学生学籍、财务、资产等进行综合管理，同时可以实现各级管理层之间的信息数据交换，实现网上信息采集和处理的自动化，实现信息和设备资源的共享。

(1)校园主干网技术

选择千兆以太网技术来构建校园主干网络，整个网络是一个星型拓扑结构，中心节点设在校网络管理中心，其余各主干节点分别设在学校的主要大楼内。通过主干节点向周围的节点延伸，从而使校园网络覆盖全校范围。并对两层节点和桌面 PC 机的接入采用快速以太网，建立一个基于多层、全交换的虚拟园区网，保证建成后的网络在一个较长的时间内具有较强的可用性和一定的先进性。A 大学校园网络的主干网结构如图 2.2 所示。

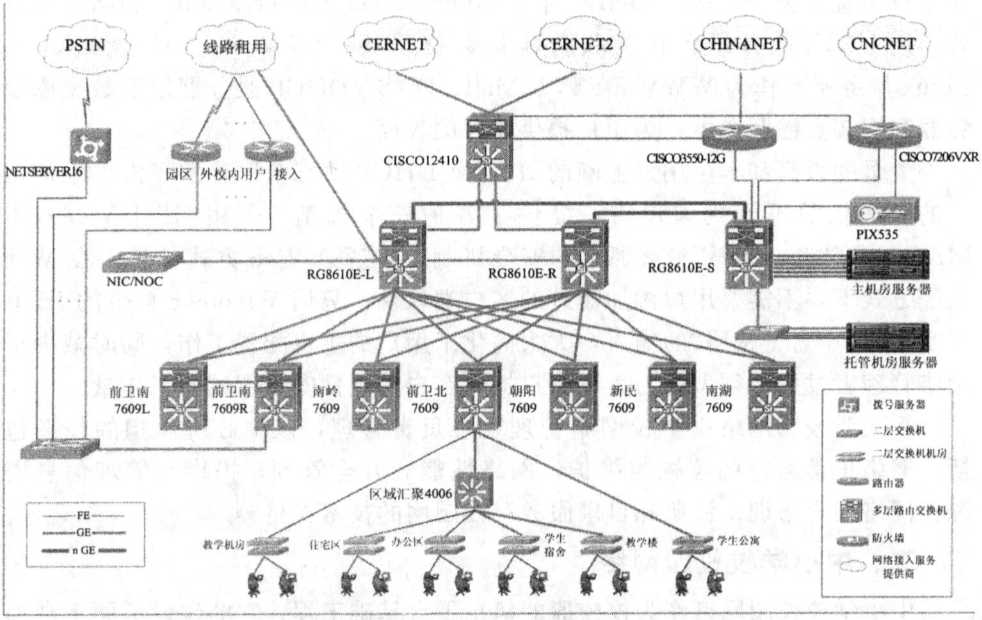

图 2.2　A 大学校园网络实例

(2)网络设备

在网络设计时应选用扩充能力和升级能力比较强的网络设备，A 大学基本上都选用 Cisco 公司的网络设备，主要考虑网间互联技术和产品供应商能为客户提供可靠、可用、先进、安全而又易于管理的产品。所选用的交换机支持设备管理、VLAN 划分等。校园主干交换采用两台 Cisco 6509 型第四层千兆光纤交换机作为核心交换机、两台 Cisco 4006 第三层交换机作为中心交换机，配置若干台 Cisco 3548 二层交换机作为二级交换机。二级交换机通过千兆光纤连到主干交换机上，构成星形的拓扑结构，使得主干网具有较好的可扩展性和可管理性；下属节点采用 10/100 Mb/s 接入方式，可实现 100 Mb/s 到桌面。接入层采用二层交换机，实现校园内部虚拟网的划分，使网络中广播包消耗带宽所占的比例大大降低，同时也大大提高了网络的性能和安全；汇聚层采用三层交换机，利用三层中心交换机上高性能路由模块的管理和控制，实现内部各 VLAN 间的互访，需要访问局域网外资源时，才经三层交换机路由到核心层的骨干交换机，这样就大大减少了核心层的负担。整个校园网络通过 CiscoPIX535 防火墙连接 Chinanet。

服务器平台选择 Sun 服务器以及 Dell 服务器具有很好的开放性和互连性。在主机系统建设中，选用 UNIX 与 Windows 2000 Server、Linux 相结合的方式：用 UNIX 服务平台作为收费流量数据采集，Windows 2000 Server 和 Linux 服务平台作为 WWW、FTP、Mail、DNS、DHCP 服务器以及数据库服务器和视频点播服务器，为用户提供友好的界面。

大量的教师和学生用户上网的 IP 通过 DHCP 动态获取，学校为了维护用户的合法权益不受别人侵害，提供了各种安全机制，采用“IP＋VLAN＋MAC＋用户名＋密码”多重绑定的安全机制，并通过 Web 方式认证。在 Web 认证方式下，不需要用户添加额外的客户端软件，只用 Windows 自带的 IE 就可实现“用户名＋密码”的输入，大大简化了用户的主机配置工作，同时减少了网络管理者过去必须做的为大量用户提供客户端软件安装调试的工作量。

A 大学校园网络由学校网络管理中心负责管理，该中心所承担的任务包括：网络正常运行的监视与维护；网络性能和安全管理；提供与管理信息资源；网络用户培训；注册和目录服务；校园网的技术支持等。

二、中小学校校园网络

中小学校校园网络作为校校通的信息平台基础工程，它的建设不同于高等院校的校园网络，它的结构设备的接入是中心交换机与校园主要服务器的连接采用千兆铜缆技术。由于目前宽带接入(如 ADSL、宽带城域网等)的兴起，一般采用宽带接入网关路由器来实现校园网与 Internet 的安全互联。

由于教育行业特别是中小学校的资金承受能力有一定限制，专业维护人员也比较缺乏，因此对系统的性价比和使用方便性也提出了很高的要求，应用和管理应简便易行，界面友好。B 中学校园网络的主干网结构如图 2.3 所示。

由于中小学校园网络的专业管理与开发人员较薄弱，所以根据中小学的特点，除在选择网络系统软件时要考虑安全稳定、简单易用、通用性强外，在校

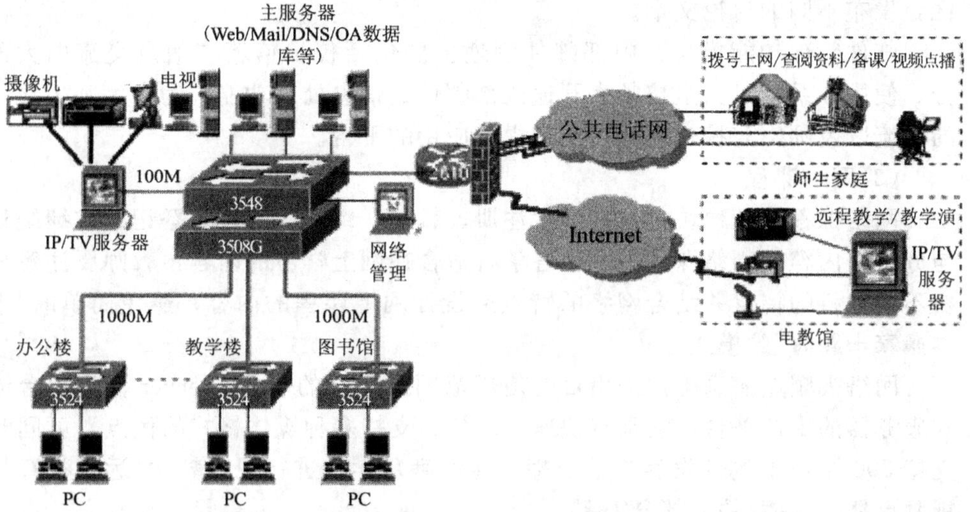

图 2.3　B 中学校园网络的拓扑结构图

园网应用软件的选择上还应与学校的教育改革需求相适应，着眼于为新的教育理念、教学模式服务，使学生在教学活动中的主体性得到发挥，因此校园网应用软件可以考虑包含以下一些功能：

(1)教学资源管理

课件发布管理功能模块：网络用户(教师、学生)可在本地或远程将自己的课件上传到校园网服务器上。

教案发布管理功能模块：使用本系统可以非常方便地管理好教师的电子教案，为教师的教案制作提供便捷的交流平台。

教学资源库管理功能模块：可将不同的资源上传到不同的资源库，支持各种格式的素材资源(如视频文件、音频文件、各种文档等)的下载。同时建立与互联网各类中小学教育教学信息资源库的链接。

(2)师生交流平台

公告发布管理功能模块：系统提供的公告管理主要包括公告登记和公告维护两项功能，通过本功能模块可将校内通知、公文等发布到校园网上。

新闻发布管理功能模块：系统提供学校自行编写新闻、上传新闻、发布新闻的接口，同时也可同相关的新闻网站进行有效的连接，以便提高校内新闻的有效性和真实性。

BBS 发布管理功能模块：BBS 管理分为信息讨论平台和信息管理平台两大部分，每个学校可根据每个时期的实际情况将校园 BBS 划分为不同的讨论区，发布不同的讨论文章。

邮件管理功能模块：内部邮件管理主要包括校长信箱与信息交流两大部分，使用本系统可为全校师生开通内部邮件的信息处理功能，为广大师生之间的交流以及师生与校长之间的沟通提供应用的平台。

(3)网络课程

网络课程管理模块：包括学生注册、教学、练习、考核、登记、成绩统计与分析等内容。网络课程内容：各学科适合在网上学习的内容，教师要注意分析不同学科的特点并结合网络的特点来设计网上课程的内容，避免简单的“书本搬家＋题海”的模式。

网络视频点播系统：采用目前使用范围最广泛的 Real Server 作为后台流式服务器的支持平台，它具有快速、高效、支持多种媒体格式的优点，可同时支持 500 个以上的并发客户端点播，能够满足学校进行视频教学(远程教育与视频点播、直播)的大部分需要。

(4)教务管理

学校管理功能模块：学校管理是实现系统信息初始化的过程，主要为学校提供有关学校本身的各种基本信息管理。

学籍管理功能模块：学籍管理包括新生管理、学生基本信息管理、学生成绩分析、升级管理等，如在新的一年中可以进行升级处理，特别的可以进行退学、留级、跳级、转学的处理。

教师档案管理：主要包括对教师的基本信息、教师的培训信息、教师考勤信息、教师的教学情况、教师的工资状况、教师的健康状况、教师的心理状态等多种信息的管理。

分班管理功能模块：有自动分班和手工调整的功能，在分班中采用较好的“s 形分班”算法，较好地实现了分班的难度，这种算法适合大多数学校使用。

成绩管理功能模块：成绩管理主要是进行成绩信息录入、修改、浏览、查询、统计等，包括对考试优秀率、及格率、最高分等的定义。

科研管理功能模块：主要实现的是对校内科研数据的维护，包括课题、论文、成果、奖励、文件的管理。

(5)图书管理

图书管理系统模块：主要包括图书编目、图书网上查询、读者账号与借阅管理、图书账目管理等，有条件的学校还可以与各数据库、数字图书馆链接，为教师的教学科研提供方便。

(6)一卡通管理

当前有条件的学校在学生中使用一卡通，通过一张磁卡对学生在学校的主要活动进行管理，包括财务管理、医疗管理、食堂管理、设备管理、图书管理及学籍管理等。

(7)学生活动中心

该模块可以包括：学生班级主页、英语角、文学园地、科技活动园、红领巾园地、共青团之家等，为学生提供丰富的业余生活，创造良好的校园网络文化氛围。

(8)校外联络平台

校友录管理功能模块：对学校的历届毕业生和即将毕业学生的各种信息进行有效的管理，系统采用了校友录的管理模式，在处理毕业的学生时将所有的信息直接转入到该管理模块中去。还有如网上家长联系与咨询平台、家庭作业辅导系统等。

校园网络的建设没有固定的模式。每个学校具体的社会环境、经济条件、人文条件、教学环境等都是不同的，而各地的社会环境又是变化发展的。因此，校园网络的建设要因地制宜，注重实用。

2.3 多媒体教学系统

2.3.1 多媒体教室

多媒体教室也称多媒体演示室，是根据现代教育教学的需要：将多媒体计算机、投影、录音、录像等现代教学媒体结合在一起而建立起来的综合教学系统。它能使教师方便、灵活地应用多种媒体实施多媒体组合教学，可使教学过程更加符合学生的认知、理解和记忆规律，从而提高教学效果和效率。

一、功能与设计

1. 基本功能

一个多媒体教室应该具备下列基本功能：

(1)连接校园网、Internet，使教师能方便地调用丰富的网络资源，实现网络联机教学。

(2)连接闭路电视系统，充分发挥电视媒体在教学中的作用。

(3)演示各类多媒体教学课件，开展计算机辅助教学。

(4)播放录像、VCD、DVD等视频教学节目。

(5)展示实物、模型、图片、文字等资料。

(6)能以高清晰、大屏幕投影仪显示计算机信息和各种视频信号。

(7)用高保真音响系统播放各种声音信号。

2. 设计思想

(1)设施与功能的完备

多媒体教室应该能以先进的教学模式组织开展丰富多彩的教学活动，达到提高教学效率、增强教学效果的目的。同时，多媒体教室还应满足多学科多媒体演示教学及开展各种学术活动的需要，能让教师在教学中通过多种渠道和不同的手段随时调用各种类型、不同来源的教学资源，使用如幻灯片、投影片、图片、实物、模型、录音带、录像带、影碟片、CD-ROM光盘、各类教学软件、各类网络信息等。

(2)操作的简便与可靠

根据多媒体教室所需的教学功能，一个完善的多媒体教室需配备多种教学资源输入载体(如计算机、录像机、影碟机、视频展示台、话筒、功放等)和输出载体(如投影仪、屏幕、音箱等)。采用多媒体中央控制系统是比较理想的方案。利用智能化技术将多媒体教室的各种设备集中管理控制，将多种设备的操作全部集中到同一个操作界面上，该界面既可以是计算机软件界面，也可以是按键面板或集成遥控器，以简单明了的菜单方式提供给使用者。上课教师只需在一个界面上就能轻松自如地完成对各种教学设备的操作控制，从而大大提高设备利用率，缓解教师的劳动强度。

(3)教学环境的舒适与实用

多媒体教室应该营造具有现代气息、和谐舒适的教学氛围。学生课桌和教师讲台力求式样新颖，结构简洁，色彩明快，并与教室窗帘、墙面、天花板的装饰形成一个和谐的整体，使教师和学生在多媒体教室里能以轻松愉悦的心情开展教学活动。此外，多媒体教室还应重视照明环境和声学环境的建设。

(4)教室整体布局的科学、合理

教室在结构布局时，首先应该考虑其整体结构的科学性及合理性，尤其是线路的布局，它的合理与否会直接影响今后的使用和维护。

二、系统基本构成

目前多媒体教室的构成一般以多媒体计算机系统为核心，由投影仪、电视机、视频展示台、大屏幕、影碟机(VCD或DVD)、录像机、音响设备等多种教学设备共同组成。

1. 系统结构

一个由多媒体计算机与各种视音频设备组成的、由中央控制系统集成控制的多媒体系统结构框图如图 2.4 所示。该系统与校园计算机网、闭路电视网连接，系统中的多媒体计算机不仅发布各种教学信息，还可以作为中控系统的操作平台。各种不同类型的教学资源通过相应媒体送入中央控制系统，然后通过计算机软件界面(或桌面按键面板、遥控器)进行操作控制，完成各种信号之间的切换，实现对视音频设备的全面控制。在这个多媒体系统中，教师能通过直观、简便的操作，以人机对话的方式调用各种教学资源。表 2.1 为多媒体教室设备配置的一般情况，可供参考。

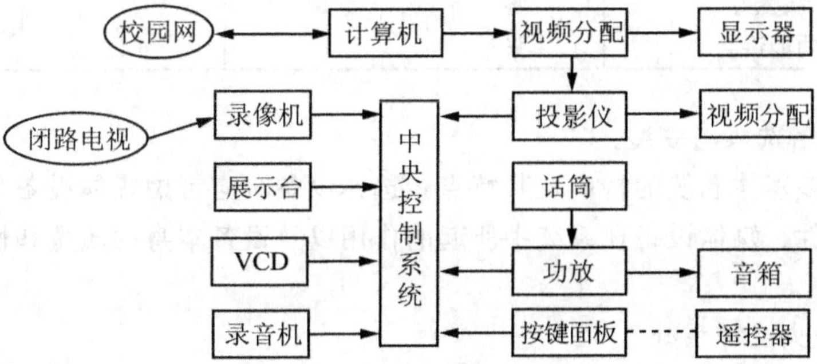

图 2.4　多媒体教室系统结构框图

表 2.1　多媒体教室设备的基本配置

设备名称	单位	数量		
		增强型	标准型	简易型
投影机	台	1	1	1
视频展示台	台	1	1	
投影幕	幅	1(电动)	1	1
电动窗帘	套	酌情		
多媒体计算机	套	1	1	1
Internet 接入设施	套	1	1	
监视器	台	1	1	
中央控制系统	套	1	1	
录音双卡座	台	1	1	
VCD 或 DVD	台	1	1	1
录像机	台	1	1	
功放	台	1	1	1
音箱	对	2～3	1	1

续表

设备名称	单位	数量		
		增强型	标准型	简易型
音视频切换器	台	1	1	1
有线话筒	套	2	1	1
无线话筒	套	2	1	
激光教鞭	支	1	1	
无线鼠标	套	1		
多功能讲台	张	1	1	

2. 设备选择与安装

根据多媒体系统的构成及其特点，选择设备时应考虑媒体设备与总控制系统的配套性、媒体设备在系统中所起的作用以及设备本身的质量和性价比等多种因素。

(1)中央控制系统

整个多媒体教室中的全部媒体设备都由中央控制系统集中管理控制。该系统采用单片机多机通信技术和系统集成技术，将被控设备的各种操作功能按照用户实际操作要求进行组合处理，然后将其具体对每一媒体或设备的操作过程集成一体。中央控制系统与其他多媒体设备的连接如图 2.5 所示。

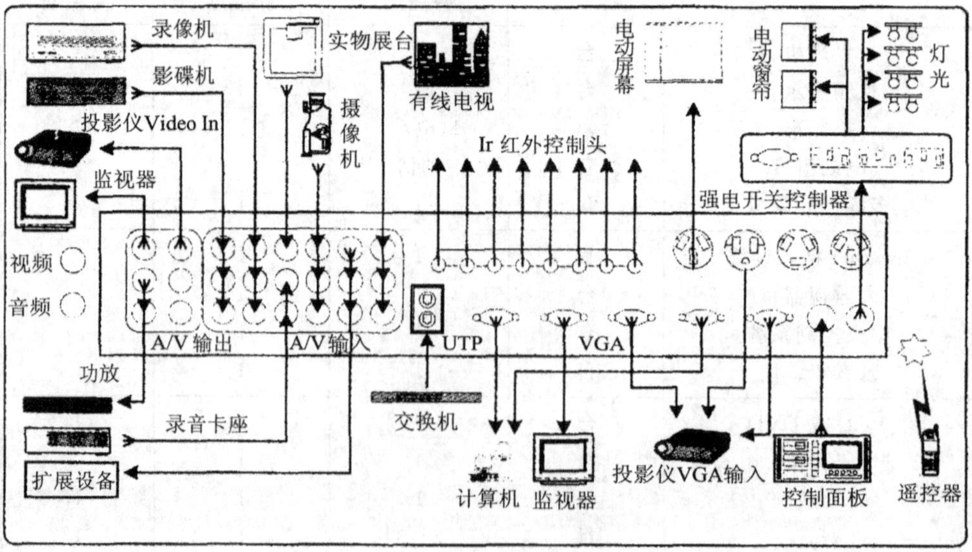

图 2.5 中央控制系统的连接

中央控制系统通常集成了多路电源管理、6～8 选 2 路的视频/音频切换矩阵、6～8 路红外遥控、两路计算机 VGA 信号切换、全数码声音控制等功能。系统可以通过桌面按键控制面板或红外遥控器或计算机控制软件对录像机、影碟机、视频展示台、计算机、投影仪、功放等设备进行电源和基本操作的集成控制，还可控制教室内的环境设施，如电动屏幕、照明灯光、电动窗帘等。有的中央控制系统还设有自动开关，即按两下“系统关”键，系统会自动遥控关闭投影仪，使电动屏幕升起来，将功放电源关闭，延时设定时间后关闭设备电源，延时几分钟后(可设)关投影仪电源，最后关闭系统主机电源。这样教师不需经过专门培训即可在教学过程中自如使用并操作各种媒体设备。

(2)多媒体计算机

这是多媒体教室的核心，在系统中既是计算机教学媒体，又是网络连接设备，可能还是中央控制系统的操作平台，由于其多数时间处于多任务工作状态，所以尽量选配运行速度快，内存大，配有声卡、网卡，光驱纠错能力强，且工作稳定可靠(品牌机)的多媒体计算机。因多媒体教室的计算机要适合不同课程的教学，软件的配置要兼顾不同课程的需要。对于没有安装还原保护卡的计算机应安装系统保护还原软件，以防由于误操作等引起的故障。

(3)视频展示台

视频展示台又称实物展示台，它目前已渐渐取代了传统的胶片投影仪和幻灯机的大部分功能。视频展示台不但能将胶片上的内容投到屏幕上，而且可以将各种实物、甚至可活动的图像投到屏幕上。但是视频展示台只是一种图像采集设备，最终将图像展示出来，还需通过外部设备的参与，如电视机或投影仪。图 2.6 所示为双侧灯台式视频展示台。

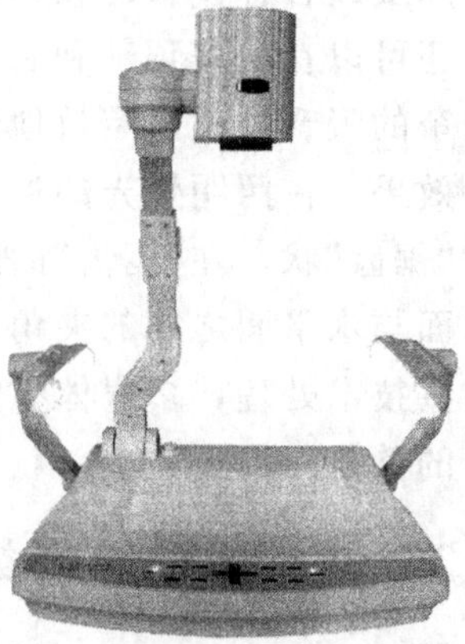

图 2.6　双侧灯台式视频展示台

视频展示台的主要技术指标是 CCD(电荷耦合器件)分辨率，目前主流视频展示台的 CCD 分辨率为 40 多万像素，450 线左右，像素越高清晰度越高。

(4)投影仪

投影仪是多媒体教室中计算机、视频展示台、VCD、录像机的视频再现设备，是目前多媒体教室中价格最贵的设备。多媒体投影仪的产品从技术角度上分为阴极射线管投影仪(CRT)、液晶显示投影仪(LCD)和数字光路投影仪

(DLP)。图 2.7 显示的是一款 LCD 投影仪的实例。

图 2.7　LCD 投影仪

(5)音响系统

多媒体教室中的音响应选择频响宽、保真度高的系统，以适合多媒体教学的需要，同时，应具有话筒混响功能，使教师能在播放媒体内容的同时进行评论和讲解。其他音视频媒体设备通常选用具有红外遥控的市场主流机型即可。

3. 教室环境建设

多媒体教室的环境建设要同时考虑整体环境、照明环境和声学环境三个方面。除安放各种设备的教师讲台和学生课桌应样式新颖、结构简洁、色调明快外，还可以在教室顶部和后部墙面采用吊装和敷设多孔纸面石膏板，利用它们和窗帘的吸音特性，有效地调整教室的吸音量，减少混响时间，以获得预期的声场效果。在照明灯光的处理中，可以将学生座位区的吊顶设计成向后逐渐升高的“锯齿”状，在“锯齿”向后的平面上安装内嵌式格栅日光灯。利用日光灯安装平面与水平面之间的夹角，使座位区的照明光线不会照射到投影屏幕上。经过这些技术处理，多媒体教室的照明方式、音质条件以及外观形态将构成一个和谐的整体。

2.3.2　多媒体网络教室

一、多媒体网络型教室的结构

多媒体网络型教室，是指分布在一个教室范围内的用于课堂教学的计算机局域网络。网络教室的组成比较简单，当计算机数量较少时，由集线器(Hub)和双绞线连成共享式局域网。计算机数量较多的网络教室，则需要交换机或交换式 Hub 组成局部交换式的网络，如图 2.8 所示。

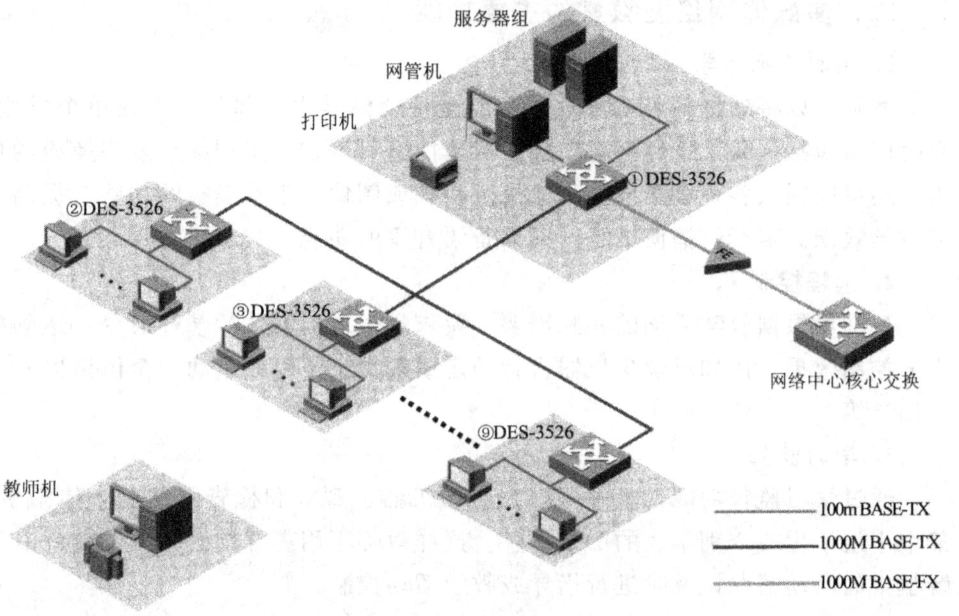

图 2.8　多媒体网络型教室系统结构图

多媒体网络教室一般配置如下所述。

1. 与互联网连接

为便于存取校园网和互联网上的教学资源及开展网上交流，网络教室应通过校园网或 ADSL 与互联网连接。

2. 配置多媒体设备

学生机应配置网卡、声卡、CD-ROM 及耳机等部件，教师机加配采集卡、投影仪、扫描仪及 TV 卡等部件。

3. 安装控制系统

控制系统是以计算机网络系统为基础，在教师机和学生机上加相应的硬件或软件，对教室的设备进行控制和信息资源的传输与共享，使计算机网络的功能得以实现。

4. 配置教学信息资源

教学信息资源是网络教室最重要的组成部分，没有教学信息资源，网络教室就没有应用价值。教师机通常存放本地教学资源库，如辅助备课资源库、学习资源库、资源开发与搜索工具等。

二、多媒体网络型教室的主要功能

1. 实时广播教学

教师可以将屏幕内容或讲话声音传递给全体学生、部分学生或单个学生。实时广播包括屏幕广播和声音广播。屏幕广播不仅在一定程度上发挥黑板的作用，还可以插入各种精美图片、音视频动画或图像，丰富黑板的功能，提高课堂教学效果。声音广播使网络教室具备语音室的功能。

2. 远程控制

教师可根据教学活动的实际需要，要求学生机远程执行某种命令，达到相应的控制效果。比如对学生机器进行锁定或解锁、关机或启动、全体黑屏和个别辅导等。

3. 学习监督

通过学习监督功能，教师可以在自己机器上观看和检查网络上全体学生、某个小组学生或个别学生的屏幕信息。这样教师不用离开自己的位置就可以了解学生的活动情况，及时进行指导或教学活动控制。

4. 实时分组

实时分组是指教师在教学过程中可以对全班学生按机号进行分组，组成学习小组开展学习或竞赛活动。

5. 在线交流

通过在线交流功能，师生之间、学生与学生之间可以相互交流信息。交流的方式可以是语音交流，也可以是文本交流。

6. 电子举手

在教学过程中，学生如果想提问，可以随时通过自己的计算机请求发言，即所谓的“举手”。教师机上可以随时看到学生的“举手”信息，并决定是否允许学生提问。

三、多媒体网络型教室的教学应用

利用多媒体网络教室可以有效地完成多种教学任务，其应用形式主要有以下几种。

1. 多媒体课堂教学

在教学过程中，通过文本、声音、动画、图像和图片等多媒体信息表达教学信息，可以激发学生的兴趣，提高教学效率和质量。在网络教室中，可以方便地将多媒体教学信息集成在一起，开展多媒体课堂教学。甚至可以把其他学校的直播课堂或网上学习资源引入课堂，极大地丰富教学的资源。同时还有利于教师对学生进行个别辅导，开展因材施教。

2. 电子备课

教师开发电子课件经常遇到两个问题：一是相关资料不足；二是文件较大不容易移动。在网络教室备课这两个问题可以解决，网络教室中资源库可以为教师提供丰富的资源，教师还可以把做好的课件存入资源库供课上调用，解决了磁盘装不下、不便于移动的问题。在网络教室备课还有一个好处就是可以实现资源的共享，例如学校购买的教学资源可存入服务器或教师机，同时供多个教师使用。另外教师不断把课件存入资源库，可以使资源库不断得到丰富，为教师间的交流共享提供途径。

3. 学生利用网络教室资源进行自学

学生可以利用网络教室服务器提供的学习资源进行自学。如果网络教室连入互联网或校园网，还可为学生自学提供一个更加开放的资源共享的学习环境。

4. 网络练习和测试

教师可以通过网络教室为学生提供课堂练习或进行考试，既避免了打印、发放试卷的麻烦，又可以及时了解学生答题情况，甚至可以当场完成试卷评判，提高了教学效率。

2.3.3　微格教学及其应用

微格教学(Microteaching)又称微型教学，是以现代教育理论为基础，利用先进的媒体信息技术，依据反馈原理和教学评价理论，分阶段系统培训教师教学技能的活动。微格教室是进行微格教学的场所。

在 20 世纪 70 年代末，微格教学已逐步被一些国家作为培训教师教学技能、技巧的一种有效方法而采用。在英国，有 90%以上的教师培训院校开设了微格教学课程。这门课一般安排在大学四年级，经过微格教学的学习后再到中学进行教学实习。我国在 20 世纪 80 年代初开始引进这种教学方法。微格教学依照教育学和心理学理论，以现代视听技术为手段，对学生和教师进行模拟教学训练，对学生和教师教学行为的训练起到了显著的作用。

一、微格教学系统

微格教学设施包括主控室和微格教室两部分。

1. 主控室

主控室可以控制任一微格教室中的摄像云台和镜头，可以监视和监听任一微格教室的图像和声音，可随时受控暂停在某一个微格教室与之进行电视讲话，也可以对微格教室播放教学录像与电视节目。可以把某个微格教室的情况转播给其他的微格教室进行示范，可以录制某个微格教室的教学实况供课后讲评。主控室的主要设备包括计算机、主控机、摄像头、录像机、VCD、监视器、监控台等。图 2.9 给出了微格教学主控室中的监控台实例。

图 2.9　微格教学监控台实例

2. 微格教室

微格教室中的设备主要包括分控机、摄像头及其他教学设备。在微格教室中可以呼叫主控室，并与主控室对讲。微格教室中可以控制本室的摄像系统，录制本室的声音和图像，以便对讲课情况进行分析和评估。分控机可以遥控选择主控室内的录像机、VCD 机等其他影像输出设备，并能遥控自己所选择的设备的播放、停止、暂停、快进、快退。一个典型的微格教学系统的设备连接和配置情况分别如图 2.10、表 2.2 所示。

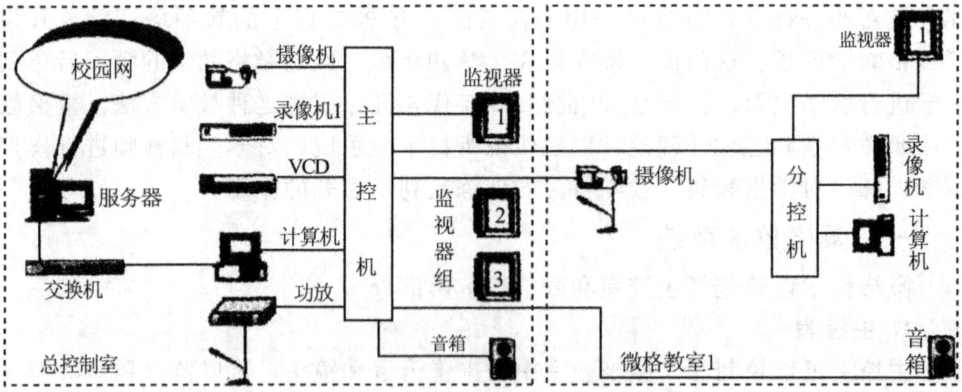

图 2.10　微格教室设备结构图

表 2.2　微格教学系统设备配置实例

主控室		微格教室	
名称	数量	名称	数量
计算机（含控制卡和软件）	1 套	分控机	1 套
录像机	1 台	彩色摄像可变镜头一体机	1 台
录像机、VCD	1 台	教学用计算机（可选）	1 台
话筒	1 台	云台	1 台
功放机＋音箱	1 套	防护罩和支架	1 套
彩电	1 台	录像机	1 台
调制器	1 台	彩电	1 台
控制台	1 台	领夹式话筒	1 个
彩色摄像可变镜头一体机	1 台	音箱	1 个
云台	1 台	讲台	1 张
防护罩和支架	1 台	解码器	1 个
音视频切换设备	1 台		

随着信息技术的发展，数字化的微格教学系统应运而生，它是一个集微格教学、多媒体编辑、影视音像制作、多媒体存储、视频点播、数字化现场直播为一体的数字化网络系统。在这里，以硬盘存储或刻录成光盘，人们可以随时随地通过网络或光盘进行点播、测评与观摩。

二、微格教学的实施

微格教学坚持以学生为主体，以指导教师为主导，以训练为主线的原则，这有利于学生创造性思维的培养。微格教学的实施过程是以现代学习理论、教学理论、现代教育技术理论以及系统科学理论为指导的教学技能训练过程。它具有以下的教学特征：

(1)理论与实践紧密结合

微格教学中的一系列实践活动可以使相关的教育教学理论、心理学理论得到具体的贯彻和应用。这种理论与实践紧密结合的教学方法提高了学生对教学法课程的学习兴趣。

(2)学习目的明确，重点突出

由于采用微型课堂的形式进行实践教学，所用时间短，学生人数少，只集中训练 1～2 个教学技能，有利于使受训者明确学习目的，便于把精力集中放在重点上。

(3)信息反馈直观、形象、及时

采用现代信息技术对学生的行为进行记录，能及时准确地获取反馈信息，可大大提高训练的效率。

(4)有利于学生主体作用的发挥

微格教学实施的基本步骤如图 2.11 所示。

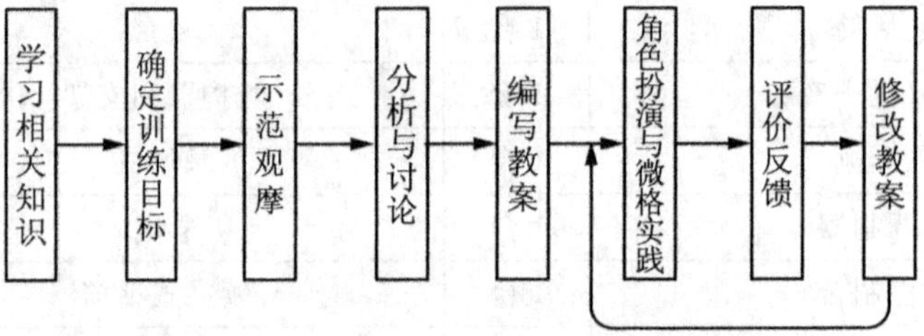

图 2.11 微格教学的实施步骤

1. 学习相关知识

微格教学是在现代教育理论指导下对教师教学技能进行模拟训练的实践活动。在实施模拟教学之前应学习微格教学、教学目标、教学技能、教学设计等相关的内容，通过理论学习形成一定的认知结构，以便于以后观察学习内容的同化与顺应，提高学习信息的可感受性及传输效率，以促进学习的迁移。

2. 确定训练目标

在进行微格教学之前，指导教师首先应该向受训者讲清楚本次教学技能训练的具体目标和要求，该教学技能的类型、作用、功能及典型事例运用的一般原理、使用方法及注意事项。

3. 示范观摩

为了增强受训者对所培训技能的感性认识，需提供主动、形象和规范的微格教学示范片(带)或需教师现场示范。在观摩微格教学片(带)过程中，指导教师应根据实际情况给予必要的提示与指导。示范可以是优秀的典型，也可利用反面教材，但应以正面示范为主。如若可能，应配合声像资料提供相应的文字资料，以利于对教学技能有一个理性的把握。要注意培养受训者勤于观察、善于观察，以及吸收、消化他人教学经验的能力。

4. 分析与讨论

在观察示范片(带)或教师的现场示范后，组织受训者进行课堂讨论，分析示范教学的成功之处及存在的问题，并就“假使我来教，该如何应用此教学技能”展开讨论。通过大家相互交流、沟通，集思广益，酝酿在这一课题教学中应用该教学技能的最佳方案，为下一步编写教案做准备。

5. 编写教案

当被训练的教学技能和教学目标确定之后，受训者就要根据教学目标、教学内容、教学对象、教学条件进行教学设计，选择合适的教学媒体，编写详细的教案。教案中首先说明该教学技能应用的构想，还要注明教师的教学行为、时间分配及可能出现的学生学习行为及对策。

6. 角色扮演与微格实践

角色扮演是微格教学中的重要环节，是受训者训练教学技能的具体教学实践过程。即受训者自己走上讲台讲演，扮演教师，因此被称作“角色扮演”。为营造出课堂气氛，由小组的其他成员充当学生。受训者在执教之前，要对本堂课作一简短说明，以明确教学技能目标，阐明自己的教学设计意图。讲课时间视教学技能的要求而定，一般 5～10 分钟。整个教学过程将由摄录系统全部记录下来。

7. 评价反馈

评价反馈是微格教学中最重要的一步。在教学结束后，必须及时组织受训人员重放教学实况录像或进行视频点播，由指导教师和受训者共同观看。先由试讲人进行自我分析，检查实践过程是否达到了自己所设定的目标，是否掌握了所培训的教学技能，指出有待改进的地方，也就是“自我反馈”，然后由指导教师和小组成员对其教学过程进行集体评议，找出不足之处，教师还可以对需改进的问题进行示范，或再次观摩示范录像带(片)，以利于受训者进一步改进、提高。

8. 修改教案

评价反馈结束后，受训者需修改、完善教案，再次实践。在单项教学技能训练告一段落后，要有计划地开展综合教学技能训练，以实现各种教学技能的融会贯通。

2.4　数字化学习资源中心

数字化学习资源中心是一种全新的开放性的资源共享多媒体学习环境，存放着一大批有合理编目和索引的各种学习媒体资源，并配有视听设备、计算机终端、外连接口和其他支持多媒体的设备，数字化学习资源中心除开展信息资源服务外，还是知识管理中心和交互式学习实验室，支持教育训练的研究以及整合电子资源和课程、协调特殊课程设计。利用数字化学习资源中心开展多样化的学习活动十分有利于培养学生独立学习，掌握信息技术手段的能力和提高信息的获取、处理及应用的能力。同时对于越来越多的接受远程教育的学生来说，数字化学习资源中心也成为提供学习、支持服务的重要场所。

2.4.1 数字化学习资源中心概述

一、数字化学习资源中心的组成

数字化学习资源中心不是传统课堂教学的补充，而应是一种新的教学系统设计。在数字化学习资源中心，学生可在教师的指导下独立地寻求知识，并要学会如何寻找。因此，数字化学习资源中心应将可收集的各种媒体资料集中起来，给予合理的编目、索引；提供支持使用各种媒体的设备，还应具备供使用媒体进行个别学习或小组学习时相应的用途和环境。

数字化学习资源中心通常由以下几大要素组成。

1. 数字化学习资源的来源

数字化学习资源的来源非常广泛，主要包括：

• 增加各种各样的媒体资源，现代教育媒体的发展异常迅速，要掌握信息，及时添加需要的媒体；

• 建立与外部网络相连接的网络系统，这是一个重要的信息来源；

• 有开发条件和能力的组织应自行开发教学媒体资源。

2. 数字化学习资源的储存

数字化学习资源的储存是要建立图书和各种媒体资源的储存库，包括设备库、图书信息库、软件库和网络资源库。

3. 数字化学习资源的管理与利用

管理和利用既有矛盾又有密切联系，处理好两者的关系，以便同时达到两个有一定对立的目标。第一个目标：管理好各种媒体，不丢失、不损坏；第二个目标：方便学习者充分利用，有较高的利用率和利用效果。因此，就出现了两种管理方法：一是集中管理，有利于达到第一个目标，却不利于第二个目标；二是开放式管理，不利于第一个目标，却有利于达到第二个目标。

二、数字化学习资源中心的类型和功能

数字化学习资源中心是学习信息最集中的场所，它在教学活动中的作用与功能是多方面的。

1. 类型

数字化学习资源中心按教育对象的不同可分为学校学习资源中心和社会学

习资源中心。

(1)学校学习资源中心

校园网将学校的电子图书馆、电教中心、信息中心等机构连成一个学习资源中心。学习资源中心为学生提供扩充专业知识的学习研究条件。并能广泛涉猎各方面的知识与信息，以提高学生的综合素质。在很多大学校园里的学习资源中心均设有多个配备了网络终端与计算机设备的教室、报告厅及会议室，其工作者作为教学人员，参与学生的团体学习和讨论，并提供技术上的指导。

(2)社会学习资源中心

城域网是当前支撑社会学习资源中心的重要形式。我国已建设了自己的城域教育网，人们已经意识到作为连接宽带骨干网、教委内部网与校园网的城市内数据传输网络，城域教育网的建设对于区域信息化的推进将起不同寻常的作用，对接入的用户将发挥巨大的支撑作用。城域教育网建设理念的发展迅速地由硬件、“硬件＋软件”阶段步入到现代教育和“现代管理模式＋软件＋硬件”阶段。目前，城域教育网被设计成为当地具备共建共享方式的学习资源中心，成为城市联合网校的教育知识管理中心和具有电子商务特征的教育知识管理中心。

2. 功能

(1)资源共享功能

数字化学习资源中心为学校师生及社会大众服务，资源能为多数人共享，充分发挥了资源的作用。特别是教学资源中心网络教学资源，更能为网上更多的学习者共享的同时，每个学习者也能取得网上更多的信息资源，真正发挥了教学资源共享的功能与作用。

(2)综合服务功能

数字化学习资源中心为学习者提供对多种媒体的教学信息资源进行阅览、检索和查询的服务。可以阅读传统的印刷教学媒体；利用视听媒体观看视听教学媒体；通过网络观看教学电视节目；利用计算机进行视频点播(VOD)；利用多媒体计算机和计算机网络浏览阅读数字化、光盘化或网络化的电子教材、CAI课件、教学网站、网络课程和教学资源库的教学内容。

(3)教学功能

数字化学习资源中心有丰富的多种媒体的信息资源，为学习者个别化自学提供了充分的条件。教师通过自学能及时掌握最新的科技成果，丰富教学内容，提高教学质量。学生通过自学，能扩大知识面，培养自学能力。另外学生按教师的指导到教学资源中心去找资料，完成某种探究性的学习与作业，使资源中心的学习成为课堂教学的重要补充。

教师可以利用数字化学习资源中心的资源进行备课，有些教学内容的教学可在数字化学习资源中心进行，也可借出资源中心的媒体到教室中去展示，充实了课堂教学的内容、媒体与方法，也可以远程调用数字化学习资源中心的网络资源进行教学。

数字化学习资源中心为学生提供课堂外的一个重要学习场所，学生能在这里按自己的兴趣与爱好，利用多种媒体去扩充自己的知识与能力，接触社会上更新更广的信息，对全面提高学生的素质，促进素质教育将起到重要作用。

三、数字化学习资源中心的教学应用

新型的学校数字化学习资源中心应担负起这样的重任：妥善收录、制作、编排和管理多媒体信息资源，为支持教学、充实教学活动、设计安排学习单元和课程进度方案服务，为信息社会所倡导的终身学习、休闲教育、陶冶情操和素质培养起到积极推动作用。

基于数字化的学习资源中心可以开展多种教学模式。如学生利用数字化学习资源中心进行浏览印刷教材、视听教材、CAI 课件、教学网站和网络课程等个别化自主学习；教师利用数字化学习资源中心的网络资源开展基于网络环境的课堂多媒体教学；还可以开展基于网络环境下的“资源利用—主体探究—合作学习”等多种教学模式。

2.4.2 数字图书馆及其教学应用

数字图书馆是 21 世纪全球文化科技竞争的焦点之一。在当今网络时代下，网络信息服务应提供更加智能化和人性化的服务方式，成为用户获取信息的真正助手。随着现代信息技术和网络技术的高速发展，图书馆建设开始步入数字图书馆阶段，它的电子化、数字化和网络化已成为不可阻挡的趋势。

由于数字图书馆与传统图书馆相比，有查询方便、打破时空的局限、数字化的管理方式和信息的及时性等很多优点，20 世纪 90 年代以后，各种数字图书馆开始蓬勃发展起来。

一、数字图书馆的功能

数字图书提供的对外服务是以先进的网络环境为基础的开放服务。数字图书馆系统采用浏览器—服务器的方式，向终端用户提供数字图书服务。在网上的任意用户都可以使用 Web 浏览器来访问数字图书馆，完成系统登录、检索图书、阅读图书、评论图书及维护书签等操作。用户提出的服务请求和系统响

应都是通过标准的HTTP协议进行的。目前先进的数字图书馆都具有以下的功能。

1. 海量信息

互联网是世界上最大的数字化图书馆，世界各地的数字化信息资源通过互联网或以一个内容丰富、结构清晰、使用方便的目录引导形式展现在读者面前。

2. 资源共享

服务对象分布在校园、全国乃至世界各地，用户无须考虑自身所处的地理位置即可获取异地的共享资源。

3. 使用方便、快捷

标准友好的用户界面使读者无须接受特殊训练即可对付各种信息资源的检索操作，最好最快地获得信息。互联网上一些信息检索工具使用了菜单、图标及超文本等友好的可视化界面及近于自然语言的询问检索。

4. 多媒体化的信息和全文检索功能

信息内容不局限于目录、文摘，还能获得全文和影像多媒体信息。

5. 提供自行服务和请求帮助的数字化咨询系统

前者通过一定软件自动引导读者使用数字化图书馆资源；后者随时提供读者帮助，如各种信息专家接受联机访问咨询，有的使用人工智能的计算机专家系统来解决疑难问题。

二、数字图书馆的应用

目前，我国许多学校采用引进和自建数据库的方式构建了相当规模的数字化信息资源，通过数字图书馆、多媒体阅览室和校园网、互联网等多种途径为广大师生提供越来越方便的信息服务，大大提升了我国教育科研队伍获取信息和知识的能力。

1. 科研

科研课题从立项到完成，都需要大量的信息资源作支撑。通过数字图书馆的科研课题导航索引，将分布在网络各信息点上的相关信息资源进行集中、分类、整理和加工，为课题提供系统的导航索引，使研究人员不断地获得该领域的前沿研究动态和最新进展资料，从而使零散无序的信息变成整体有序的宝库，让数字图书馆充分发挥其科研服务的功能。

2. 教学

数字图书馆中丰富的学科资源是教师备课和开展教学研究活动的主要教学资源，教师从学科资源中下载自己所需要的素材，经过加工整理，最后形成

PowerPoint 课件或者基于网络的 CAI 课件、专题学习网站及网络课程等网络教学资源，用于教学或供学生在线学习。

3. 素质教育

数字图书馆为开展自主探究式学习、专题研究式学习和小组项目协作式学习等多种学习模式提供了丰富的资源。为开展多种素质教育活动提供了良好的环境，有利于培养学生的信息素养、学习能力、合作能力和创新能力。比如，教师向学生提出问题或任务，提供相关背景和素材，学生可利用数字图书馆搜寻大量与问题或任务有关的素材、资料，自行检索、分析、整理形成报告(或完成作品)后，再由教师来组织学生交流、讨论和评价，最后总结归纳。与传统教学相比，这种问题探究式的学习模式，使学生发掘和掌握的知识量呈倍数级增加。而且易于记忆和理解，充分发挥了学生的主观能动性，培养了学生多方面的能力。

4. 远程教育

目前，在互联网中已拥有大量大型联网图书馆，其中有丰富多彩的网络学习资源，如网络期刊、电子图书、参考工具资料、政府信息、新闻、图书馆网上公共目录、学位论文数据库、电子论坛及各类网络学习资源指南等，为人们终身学习和实施远程教育提供了丰富的可共享的信息资源，学生在如此海量的信息中将会如鱼得水。数字图书馆可以将学习的课堂延伸到任何时间、空间领域，改变了传统教学场地的单一性、授课方式的被动性以及学生学习的压抑性，大大激发了学生自主学习的兴趣和热情，为培养自主学习能力，建立终身学习体系创造了良好的平台。

从教育角度看，数字图书馆是一个巨大的教育资源库，同时也是一个学习环境。数字图书馆不仅给学生带来学习资源，而且还带来了信息时代的学习观念、习惯和模式。在新学习理念的指导下，学生的探究性学习、自主性学习及合作性学习等学习模式将日益普及与流行，学生的科研能力、自学能力及协作能力等将得到有效地培养。随着数字图书馆内容的不断丰富，功能的不断完善、提升，它必将对未来教育发挥更大的作用。

三、我国主要的数字图书馆

1. 中国数字图书馆

这是以国家巨额财政投入建立的国家数字图书馆工程为基础，充分依托中国国家图书馆丰富的馆藏资源和国家数字图书馆工程资源建设联盟成员的特色资源，借助遍布全国的信息组织与服务网络，建立起来的目前我国规模最大的数字图书馆。该网站内容覆盖经济、文学、计算机技术、历史、医药卫生、工业、农业、军事及法律等 22 个门类。该网站还在不断增加图书数量，每天增长 20 万页。

2. 中国期刊网

中国学术期刊网是清华大学和中国学术期刊光盘版电子杂志社主办的一个远程查阅网站，其中收录了国内 6 600 多种学术期刊从 1994 年至今的内容，并收录了大量的优秀博士、硕士学位论文。采用有偿服务的方式，为人们提供资料和大量的信息。

除以上几个规模比较大的数字图书馆外，我国很多单位建立的数字图书馆也在不断地完善与发展之中。

2.5　网络教学平台及其应用

2.5.1　网络教学平台概述

网络教学平台，又称网络教学支持平台，有广义和狭义之分。广义的网络教学平台既包括支持网络教学的硬件设施设备，又包括了支持网络教学的软件系统。也就是说，广义的网络教学平台有两大部分：硬件教学平台和软件教学平台。狭义的网络教学平台是指建立在 Internet 基础之上，为网络教学提供全面支持服务的软件系统。

网络教学平台在全世界应用非常广泛，尤其在大学和中等专业学校已经普遍应用。目前，我国中小学也已经进入应用阶段。

一、主要功能模块分类

1. 通用网络教学平台主要功能模块

课程介绍、教学大纲、教学安排、教师信息、发布课程通知、教学材料、答疑讨论、课程作业、课程问卷、试题试卷库、在线测试、教学笔记、个人资源、教学邮箱、课程管理、课程列表、教学博客、日程安排、申请开课。

2. 精品课程平台主要功能模块

模块选择、材料准备、栏目设置(可设置教学平台与精品课程平台栏目的衔接)、内容编辑、申报预览、课程设置(可设置教学平台与精品课程平台课程的衔接)。

3. 研究型网络教学平台主要功能模块

主题信息、探究公告、探究计划、探究小组、小组交流、调查问卷、资源共享、成果展示、成果评价。

2.5.2 网络视频点播系统及教学应用

一、系统功能定位

我们所要构建的基于校园网视频点播系统功能框图如图 2.12 所示。各教室、实验室、教研室、行政办公室、会议室、图书馆、学生寝室等都装有计算机终端或带有机顶盒的电视终端，学校领导、教师、学生等都可以通过就近的终端，通过统一的界面，自主点播所需的多媒体信息和多媒体教学资源。这些信息和资源既可以是本校内的，也可以是其他学校或 Internet 上的信息和资源。

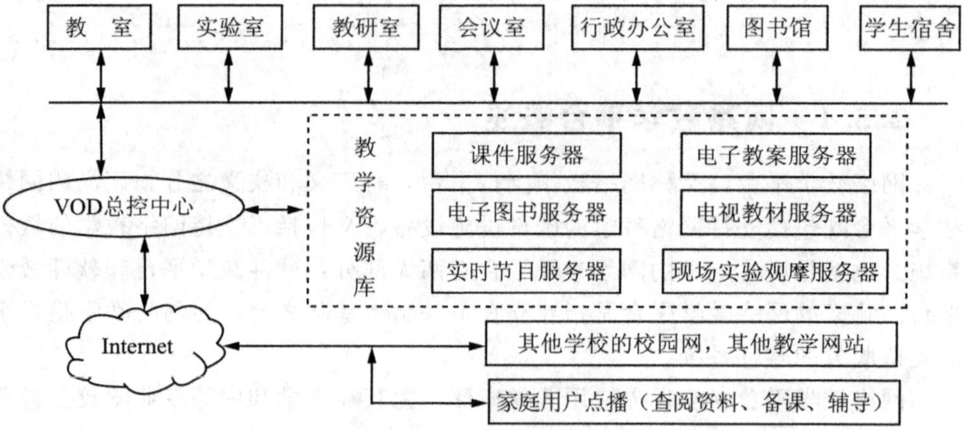

图 2.12 基于校园网的 VOD 的系统功能框图

二、系统构建方案

1. 结构化布线

建立网络主干采用 100M 交换、用户端 10M 交换到桌面的校园局域网。

2. 视频点播服务器

视频点播服务器是 VOD 系统的核心，主要负责视频信息的储存播放，其工作能力极大地影响视频点播系统的服务能力。所以选择视频服务器时，要充分考虑服务器的并发输出能力、存储容量、资源的共享性、系统结构的开放性、系统的扩充性、稳定性、可靠性等因素对整个系统的影响。校园视频点播系统由于其业务量不是很大，所以我们建议选用基于高档 PC 机的视频服务器。这种类型的服务器是在高性能计算机的基础上增加支持视频数据访问的有关硬件，再将系统进行一定的优化，从而实现视频点播功能的。

3. 用户终端

VOD 系统用户端设备有两种：一种是计算机（PC）；另一种是电视机（TV）加机顶盒（STB）。机顶盒通称 Set Top Box，是一种智慧型的数字式信号转换器，用户透过此设备即能够实现视频点播、Internet 访问、远程教学、视频会议、电子商务等多媒体信息服务。机顶盒通常与电视机配合使用，当用户进行点播时，将电视机切换至 AV 模式后，可使用机顶盒的遥控键盘对 VOD 系统所提供的视频节目进行点播，操作简单方便。为了利用学校现有的硬件资源，我们既使用 PC 机做点播终端，也在现有的电视终端上配以机顶盒做点播终端。

4. 视频点播软件

我们建议选用基于 Web 开发的视频点播软件，以便能和 Internet 无缝结合。这样老师和学生在点播校内视频资源的同时，可随时访问 Internet 上丰富的多媒体教学资源。

三、用校园视频点播系统开展多种形式的教学

利用 VOD 系统的双向视频传输特性和网络特性，我们可以开展多种形式的教学：

1. 视频点播教学

将各科优秀教师的多媒体课件、电视教材、直播课程、现场实验示范等采编存入 VOD 系统，教师可在终端机上，通过统一的点播界面，自由点播这些视频资源进行教学。首先，VOD 系统中丰富的多媒体教学资源大大减轻了教师的备课负担有利于资源共享，其次，由于 VOD 系统支持多用户点播而互不影响，所以不同地点的老师可以同时点播相同教学内容来进行教学，并分别对播放进程进行控制。

2. 自主学习

在 VOD 系统中，可以充分发挥学生的自主性：学生可以根据自己的学习情况，在寝室、图书馆、计算机机房甚至家里，自由地选择多媒体课件、老师讲课录像等进行学习，以增强学习的自主性和主动性；学生还可以点播自己感兴趣的内容进行补充学习，拓宽知识面；在学习过程中，学生可以按照自己的学习进度，对播放过程进行控制，营造出一个相对个性化的学习环境，达到最好的学习效果。

3. 远程教学

和 Internet 无缝整合在一起的 VOD 系统可实现跨地域的远程教学。将优

秀教师的讲课录像放到 VOD 服务器上，听课者可以远程点播这些录像，进行在线学习；听课者也可以先把录像下载到本地服务器上，然后在当地的局域网范围内点播学习。利用 VOD 系统开展远程教学的有两大优点：首先，它的视频传输特性好，这是一般的网络教学达不到的；其次，VOD 系统的视频传播是双向的，学习者可以根据自己的具体情况，自行安排学习时间，这是 VOD 教学明显优于广播电视教学的地方。

4. 视频报告会

由于 VOD 系统视频传输特性好，所以老师和学生不必亲临学术交流会现场，通过 VOD 系统的现场直播或实况转播功能，就可聆听专家们精彩的报告，观看交流会的现场实况。在观看过程中，还可以通过 VOD 系统提供的提问、留言和发表评论等交互功能，向与会的专家们提问，与他们进行交流。

5. 影视欣赏

VOD 系统能够平滑流畅地传播视频信息，而且观看者还可自由地对播放进程进行控制。把影视资料放到 VOD 服务器中，学生们就可随时随地点播收看，这样就增大了影视资料的共享范围，极大地丰富了学生们的影视文化生活；此外，在 VOD 系统中，影视资料的播放质量不会因播放次数的增多而下降，从而也延长了影视资料的使用寿命。

利用现代信息技术提高教学质量，减轻教师负担，满足素质教育条件下的教学质量监测与评估要求，不但是当今教育改革的重要内容，而且也是教育信息化的发展方向。“网上阅卷系统”和“教学质量监测与评估系统”是教育信息化发展大潮中，为实现教育测量现代化研发的系列产品。前者为提高纸笔考试阅卷的质量与效率创造了条件，后者则为实现教学质量动态监测与评估提供了现代化手段。

2.5.3 网上阅卷平台功能和使用流程

网上阅卷系统是在教育信息化产品的基础上，以《教育测量学》为依据，面向各级教育局及中小学校开发的教育测量信息化产品。它不但满足各级教育局及中小学校网上阅卷的要求，而且也符合各省市高考或中考网上阅卷的需要，因而，它是目前国内应用范围最广，适应能力最强，用户评价最好的计算机网上阅卷系统。

网上阅卷平台由“无须定位、模糊识别”的扫描识别软件、采用 B/S 架构设计的主观题网上评卷系统及成绩统计与分析评价系统三大部分无缝集成。

一、平台的功能

1. 百分百的高考模式

网上阅卷平台的答卷设计、考试规则、答题要求、阅卷模式及质量控制等均与高考、中考的网上阅卷模式相同，因而可实现两者之间的百分百兼容。

2. 零误差的识别控制

采用国际领先的无须定位、模糊识别技术，不但突破了定位识别技术对答卷设计与印刷要求过高的局限，而且其基于普通纸的识别率可达 100%。

3. 低成本的综合应用

网上阅卷平台既支持 MS-Word 或 WPS 设计答卷/答题卡，也支持采用 60 克以上普通纸，以复印、速印或胶印等方式，单面或双面进行印刷，使用成本极低。

4. 高效率的阅卷手段

采用网上阅卷，既免去了对纸质答卷的操作和流水线评卷的中间等待，也免除了评卷后人工的登分、加分及统计，因而，整体的效率提高 3～5 倍。

5. 客观性的评卷过程

在阅卷过程中，系统自动屏蔽考生的学校、班级、姓名及考号等信息，评卷教师只能看到答卷内容而不知道答卷者，确保了评卷过程的客观公正。

6. 科学化的误差控制

系统除可对任意科目、题目，按任意比例进行双评或多评的设置外，还具有对评卷结果的一致性检测功能，从而最大限度地控制了各种评卷误差。

7. 全方位的进程监控

在阅卷过程中，系统可对评卷的总体进度、各题进度、个人进度及总体与个体的评卷质量进行实时监控，并通过数据及图形直观地反映监控结果。

8. 高精度的质量分析

通过对学校、班级、个人及科目、题目、小题的考试分析，再结合难度、信度、区分度、校度等指标的综合判断，从而实现对教学质量的科学评价。

9. 网络化的数据共享

统计完成后，系统可生成 Excel 或 PDF 格式的统计分析报告。若将其放置于网络服务器，即可为有关部门、领导、教师乃至学生提供数据共享服务。此外，学校的质量分析会和班级的考试讲评也可通过网络直接调用考生答卷或相关数据，实现教学讲评的现代化。

二、系统作用

1. 确保阅卷质量

系统所具有的客观公正性保障、多评误差控制、评卷一致性检测及登分、加分与统计分析的自动化等功能，为提高考试阅卷与统计分析的质量提供了充分保证。

2. 提高教学水平

由系统自动生成，面向学校、班级、个人的成绩统计及对科目、题目、小题的答题分析，为学校的教学诊断和针对性教学提供了科学依据，有利于提高教学水平。

3. 减轻教师负担

客观题自动阅卷，主观题网上评卷及成绩数据的自动统计分析，不但提高了考试阅卷与统计分析的质量，而且还大幅提高阅卷效率(3～5 倍)，减轻教师负担。

4. 接轨高(中)考

系统在答卷设计、考试规则、答题要求、阅卷模式及质量控制等方面均与现行的高考或中考网上阅卷要求相同，因而可实现与高考或中考网上阅卷模式的接轨。

5. 降低资源消耗

使用网上阅卷平台既无须购买昂贵的设备或系统，也不必使用精致的答卷或答题卡，因而，它不但可节省教学投资，降低考试成本，而且还能充分发挥现有教学资源的作用。

6. 实现数据共享

将考试的相关数据放置于网络服务器，一方面，可为领导、教师和学生提供共享；另一方面，也可为学校的质量分析和考试讲评提供全面、客观和准确的依据。

7. 优化教学测评

利用答卷设计的灵活性及其快速、准确的统计分析功能，一方面，可方便地设计出各种教学测评表格；另一方面，也可大大提高教学测评的效率与质量。

8. 提升竞争能力

学校经常性进行高考或中考网上阅卷模式的考试训练，不但可使学生在高考或中考时避免因怯场或不适应而导致非知识性失分，而且也可让教师及时发现学生在这种考试模式下存在的问题，进而达到发挥学生应有水平，增强学校竞争能力之目的。

三、技术优势

1. 先进的系统架构

系统采用以 WebService 技术为基础的多层分布式 B/S 体系结构，可以实现各种网络环境下的应用，而且具有较好容错性和扩展性。当需要扩大应用规模时，只需要增加硬件设备，即可实现系统性能的提升和扩展。

2. 完备的安全保护机制

系统采用了 SSL 加密、数字认证等技术保证系统通信的安全。系统还具备智能的数据备份/还原机制，保障了数据的安全存储。

3. 广泛的平台适应性

系统可以运用于局域网、城域网、广域网等各种网络环境，只需要对服务器进行安装配置，无须安装客户端，直接通过 Web 浏览器访问系统。

4. 强大的权限控制功能

系统采用功能模块化设计，并引入角色定义，既可以灵活地分配和管理权限，也可以实现最细粒度的权限控制。

5. 高效的运行机制

系统在客户端采用了数据校验、逻辑性校验、完整性校验及中文提示等手段，同时采用了面向对象的中间层技术，合理分配运行负载，避免客户端、服务器以及数据库之间的频繁交互，大大提高了系统运行效率。

6. 超强的数据处理能力

系统中间层的面向对象模型能够适应大并发量的客户端的操作。系统采用大型关系型数据库作为后台数据存储仓库，应用经过算法优化的存储过程，具备强大的海量数据处理能力。

四、网上阅卷的流程

对比传统的纸笔考试流程，应用全通纸笔王进行网上阅卷的主要工作及步骤如下：

1. 考试规划与命题

与传统纸笔考试相同，网上阅卷平台既支持手工，也支持借助计算机完成考试规划与命题工作，与现行高考、中考的操作模式完全一致。

2. 答卷设计与制作

利用 MS-Word 或 WPS 即可轻松完成答卷设计工作；答卷制作可采用 70 克以上的普通纸，以打印、复印、速印或胶印等方式完成。

3. 考试及答卷回收

网上阅卷平台对考试用笔、填图及答题的要求与现行的高(中)考模式完全一致。考试后的答卷回收也可遵循现行高(中)考的规则。

4. 扫描及网上阅卷

利用高速扫描仪把考生答卷扫描到系统数据库，且同时自动完成客观题阅卷；评卷教师登录系统后即可在授权范围内完成评卷工作。

5. 成绩统计与分析

评卷完成后，系统将按照用户设定的项目、科目、题目(含小题)及统计指标自动完成考试成绩数据的统计及分析报表的生成工作。

2.6 校园有线电视网

校园有线电视网是指在校园内利用光缆或电缆来传输电视信号的网络，除用于传输一般的新闻、娱乐等节目信号外，还用于传输教育电视节目、远程教育信号和自办校园电视台信号等。

2.6.1 有线电视系统及其教学应用

一、校园有线电视网的构成

校园有线电视网由前端、信号传输网络和终端(电视接收)三部分组成。校园有线电视网络的简繁程度视要实现的功能及用户终端的规模而异。图 2.13 所示是一个双向播控的校园有线电视网络系统结构示意图，前端和终端都有控制对方相应设备的控制器。

前端部分的主要作用是把天线接收到的无线电视信号和广播信号、卫星电视地面接收站接收的卫星电视信号、自制的电视节目信号及其他有线电视系统送来的电视信号进行调制和混合，形成相应的频道，再进行放大，成为一路宽带信号进行传送，以满足远距离传输的要求。

前端部分主要由信号源及信号处理设备组成。信号源通常有 VHF、UHF、FM(调频广播)和 SHF(卫星电视广播)等频段的接收设备，还有摄像机、录像机等自制节目的设备。

校园有线电视网系统结构示意图处理部分的设备主要有频道放大器、频道变换器、视音频切换器、调制器、导频信号发生器和混合器等。频道放大器用于放大来自天线接收的某一频道微弱的电视信号，以满足远距离传输的要求；

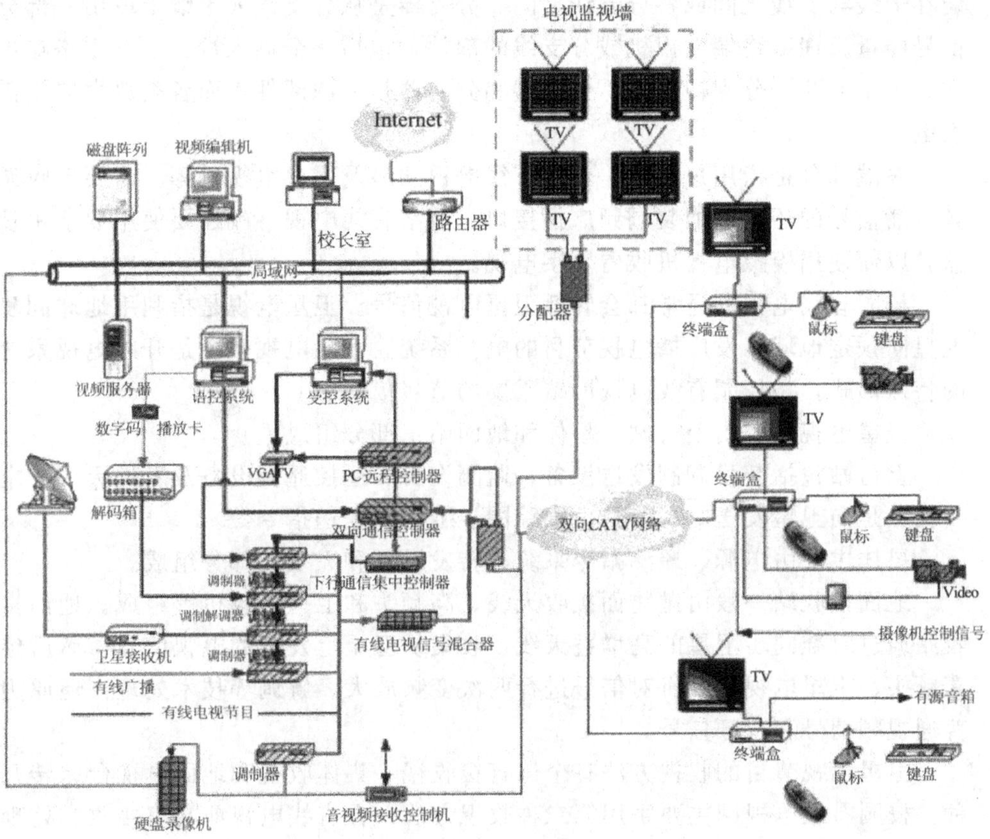

图 2.13　校园有线电视网系统结构示意图

频道变换器可将已接收的广播电视频道变换到与系统相适应的频道；视频音频切换器用于在前端有选择地输出录像节目向用户传输，满足终端的各种接收需要；调制器用于将音频、视频信号调制为射频信号，输出某一固定频道信号；导频信号发生器用于产生自动电平和自动斜率控制信号，自动补偿和自动调整传输干线的电缆衰减、干线放大器的增益和频率特性的变化；混合器用于把多路射频信号混合为一路信号输出，以便用电缆传输。

信号传输网络的功能是将前端输出的混合信号通过光缆或电缆网络输送到用户终端，它主要由主干线和若干分支线、各种放大器及分支器、分配器组成。放大器的功能是用来补偿信号在光缆、电缆中传输的损耗，保证各终端的信号电平达到要求，以获得满意的收视效果。分配器是用来平均分配电视信号并保持线路匹配的器件，它能将一路电视信号等功率地分成几路输出，通常安装在干线与支线之间或各分支线之间。分支器是从分支线或干线上取出一部分信号能量反馈给终端电视机或分支线的部件，包括一个输入端、一个主路输出端、一个或几个分支输出端。分配器和分支器是无源部件，而各类放大器则需供电。

终端部分是指用户部分，包括有线电视插座及用户电视机等。需要接收调频广播信号的还可以加装调频广播接口。数字有线电视终端还要使用数字机顶盒，以便使用模拟电视机收看数字电视。

校园有线电视网通常都会转播卫星电视信号。卫星电视是指利用地球同步卫星向预定地域转发广播电视节目的电视系统。卫星电视系统是开路电视系统的特殊形式，是校园有线电视网络重要的节目信号源。

卫星电视系统由上行站、星体和地面站三部分组成。

上行站包括节目调制发送设备、监测设备、遥控遥测设备及发送天线。主要任务是向卫星发送电视节目、跟踪同步卫星及发送指令等。

星体主要由电源、遥测指令系统、转发设备和天线四部分组成。

地面接收站一般由抛物面接收天线、高频头和卫星接收机等组成。地面接收站通过对准同步卫星的高增益天线，收集从卫星上发来的电视信号，然后经高频头、卫星电视接收机对信号进行两次变频放大、解调等技术处理，还原为普通视频信号和音频信号。

卫星电视节目的收视方法有个体直接收视、集体收视和地面电视台差转几种。校园有线电视网主要采用第二种收视方法，在有线电视前端将接收、处理的卫星电视信号通过校园有线电视网络传送到各个终端用户。

二、校园有线电视网的教育应用

校园有线电视网由于可以大容量地传输高质量的电视节目信号，其中包括大量的教育电视节目，目前广泛应用于学校的课堂教学、培训、远程网络教学、会议报告和新闻娱乐等方面。

校园有线电视网常见的教育功能有如下几种。

1. 传送电视节目

校园有线电视网可以传输多种电视信号源的信号，包括无线广播电视信号、卫星广播电视信号及其他校园有线电视网的广播电视信号，还可以传送自制的电视节目，如定时播出校园新闻、专题电视节目及召开全校范围的电视直播会议等。

2. 电视广播教学

利用校园有线电视网，可以对联网的教室进行电视广播教学。各教室可以向播控中心预约播出不同的电视节目或录像。校园有线电视网用于课堂教学，可开展多种形式的教学。例如，以教师讲授为主辅以电视插播的讲播结合教学；通过播放电视节目创设情境，引起学生联想，激发学生兴趣的情境式教学等。

3. 示范教学

利用校园有线电视网，可以转播某一教室的教学实况，进行大面积的观摩、示范，既不影响被观摩的课堂教学，又提供了大规模的示范。

4. 教学监控

利用双向的校园有线电视网，可进行教学监控管理。只要联网的教室装有摄像系统，在中央控制室便能监视各教室的教学实况，并且可将教学实况向本教室或其他教室传送。这种基于校园有线电视网的教学监控系统，可用于考试监控和公开教学等。

2.6.2　公共广播系统及其教学应用

数字网络音频广播系统是一套基于 IP 数据网络的纯数字化网络音频广播系统。区别于传统的模拟音频广播，网络音频广播系统在物理结构上与 IP 网络完全融合，不仅真正实现基于 IP 网络的数字化音频的广播、直播、点播，并借助 IP 网络的优势，突破了传统模拟广播系统的内容局限、空间局限和功能局限。网络音频广播系统不仅能够完全取代传统的模拟音频广播系统，更为音频广播的应用提供了更广阔的空间。

在传播内容方面，模拟音频广播系统只能使用和传送由卡座、CD 机、麦克风等设备输出的模拟信号，对于大量的、以数字格式存储于网络服务器和各种载体上的音频资源无法直接应用。网络音频广播系统支持各种模拟音源的数字化转换，同时作为数字化的音频广播系统，直接应用数字格式的音频资源。当今社会正是以数字化的方向快速发展，越来越多的媒体资源以数字格式存在，数字化网络音频广播系统是必然的发展方向。

在应用空间方面，模拟音频广播系统从节目源到发声单元，都需要专用的音频线路连接，受功率和线路的限制，传送距离、发声单元数量都受到很大局限，难以扩展。网络音频广播系统融合于 IP 数据网络，无须另行布线，嵌入式的硬件终端设置独立 IP 地址，可跨网关连接。

在系统功能方面，模拟音频广播系统的运行平台是一套硬件设备，决定了系统的应用功能和管理功能都是固化的、有限的，诸如点播、任意点对点、任意/无限分区、多任务预设等功能，模拟音频广播系统是无法实现的。网络音频广播系统的运行平台是系统软件，通过控制网络上的音频流信号，轻松实现任意路径、同时间多任务的传送，因此应用功能和管理功能是开放的、灵活的，随时按需要进行设置，真正满足实际应用，并能不断扩展。主要的系统功能有：

(1)编程自动播放

网络广播的每个网络语音终端因具有独立的IP地址，可以单独接收服务器的个性化定时播放节目。定时播放的操作，由电脑通过数字网络广播软件设置。可实现音乐上/下课铃声控制、各年级英语或语文听力同时考试、校园活动指挥等功能。

(2)远程分控广播

网络广播能够实现领导网上讲话。领导无须到广播中心，通过与系统服务器连接的任意一台计算机，便可经计算机的麦克风实现对全校或部分教室讲话。

实践项目

实践 2.1　多媒体网络教室或微格教室及其教学应用

1. 实践目的：

(1)熟悉并掌握多媒体网络教室或微格教室设备的使用。

(2)能运用多媒体网络教室或微格教室于教学中。

2. 实践材料、设备与环境：多媒体网络教室或微格教室。

3. 实践人员组成：每组4～5名同学。

4. 实践原理：利用多媒体网络教室或微格教室对同学的课堂教学进行观摩。

5. 实践任务要求：每位同学利用多媒体网络教室进行上课，其余同学进行观摩。

6. 实践所需资源：教学课件。

实践 2.2　数字化图书馆及其教学应用

1. 实践目的：熟悉使用数字化图书馆。

2. 实践材料、设备与环境：网络微机教室。

3. 实践原理：利用备课或制作课件熟悉数字图书馆在教学中的应用。

4. 实践任务要求：利用数字图书馆或网络资源制作课件或备课。

5. 实践所需资源：

(1)http://www.cnki.net/index.htm 中国知网

(2)http://202.195.136.17/index.asp 维普资讯网

(3)http://www.wanfangdata.com.cn/万方数据

(4)http://www.ssreader.com/超星数字图书室

实践 2.3　网上阅卷平台的使用

1. 实践目的：熟练使用网上阅卷平台。

2. 实践材料、设备与环境：网络微机教室、网上阅卷平台、高速扫描仪。

3. 实践人员组成：每组 4～5 人。

4. 实践原理：模拟网上阅卷的过程。

5. 实践任务要求：

(1)根据选择学科制作一份试卷和答题卡。

(2)模拟答题并扫描。

(3)设置网上阅卷平台。

(4)在网络微机教室模拟网上阅卷。

思考题与课后练习

1. 教育技术环境的基本构成是什么？
2. 简述校园网络的基本设备、基本功能及教育应用？
3. 谈谈实现“校校通”工程的意义。
4. 网络互联设备有哪些？各起什么作用？
5. 简述网络机房的基本构成，网络教学系统能实现哪些功能？
6. 简述多媒体教室系统的基本构成。
7. 你认为在多媒体教室上课，教师的教学会有哪些变化？
8. 语言实验室有哪几种类型？各有什么功能特点？
9. 如何组织微格教学训练？实施微格教学时需要注意哪些问题？
10. 数字图书馆有何功能及特点？
11. 教学质量监测与评估系统的主要功能有哪些？

第3章　现代教育教学软硬件技术与应用

学习目标

(1)掌握现代教学媒体的使用，能熟练应用于教学

(2)掌握 IM 实时交流软件下载、安装和使用

(3)掌握思维导图与思维导图软件的教学应用

(4)掌握 Web 2.0 技术的教学应用

3.1　常用媒体设备的使用

当今社会，电子信息技术的迅速发展，极大地丰富了教学中所需要使用的媒体。教师可以利用媒体向学生展现文本、图片、动画、音频和视频等教学信息，以扩大教学规模和提高教学质量。传统的教学媒体已经很难满足教师的教学和学生的学习需求，所以，对现代教学媒体的掌握已经成为衡量教师素养的标准之一。本节将介绍在教学中经常用到的一些现代教学媒体，从而帮助教师更好地辅助教学。

3.1.1　数码相机

在教学过程中，图片信息是经常需要给学生展现的，数码相机则是图片获取的主要来源之一。随着科技发展的日新月异，数码相机的质量与性能不断提高。数码相机就是我们常说的 DC，是英文 Digital Camera 的缩写。数码相机可以直接将拍摄的景物转换为数码图像文件，以特定的格式保存在固定的或可移动的存储器上。正是由于数码相机是以数字格式存放照片信息，所以可将拍摄的照片传输进电脑，进行后期编辑，或将数码相机直接连接打印机，打印出需要的照片。

数码相机是由镜头、成像感光组件(CCD 或 CMOS)、数码影像处理器、内置存储器、液晶显示器(LCD)、移动存储器和各种接口(主要有数据接口和 AV 接口)等部分组成，数码相机的构件中只有镜头的作用与传统相机相同，其余构件则有本质区别。传统相机通过胶卷完成曝光并记录影像，胶卷冲洗后

才能观看所拍摄的照片；数码相机则是通过成像感光组件曝光，经过数码影像处理器处理后生成数字格式文件，再利用存储器记录影像文件。在拍摄时可利用液晶显示器直接观看刚拍摄的图像，如果发现拍摄效果不好，可以把图像立即删除后重新拍摄。

数码相机通常可以分为普通型(图 3.1 和图 3.2)和专业型(数码单反)(图 3.3和图 3.4)两类，它们在结构上的区别在于镜头与机身是否可以分离，在拍摄效果上的差别主要是由镜头的品质、成像感光组件的尺寸和数码影像处理器的性能决定。普通型数码相机的镜头与机身不可分离，而专业型数码相机的机身可以更换匹配的不同规格的镜头，更换镜头可以适应不同的拍摄需求和提高画质。在整机性能上，专业型数码相机的镜头品质和数码影像处理器的性能远远优于普通型数码相机，成像感光组件的尺寸也远远大于普通型数码相机。

图 3.1　“富士”家用数码相机

图 3.2　“尼康”家用数码相机

图 3.3　“佳能”单反数码相机

图 3.4　“尼康”单反数码相机

数码相机具有立即成像、拍摄成本低、画质永久不变和方便的后期处理等特点，备受青睐。教师可利用数码相机，非常方便地拍摄教学所需的图片，加工整理后配合其他的教学信息展现给学生观看。

使用数码相机拍摄数码照片最简单、常用的方法就是使用自动模式拍摄，基本操作可以按以下步骤进行：

(1)打开数码相机电源开机。

(2)通过设置，把拍摄模式设置为“自动模式”。

(3)利用液晶显示器对所拍景物进行取景构图。

(4)拿稳数码相机，按下“快门”按钮进行拍摄，通过“播放”按钮，回看最新拍摄的照片。

不同品牌、型号的数码相机，要认真阅读使用说明书才能熟练掌握数码相机的使用。另外，摄影既是一门技术，也是一门艺术，只有通过大量的拍摄积累，才能提高拍摄质量。

3.1.2 数码摄像机

数码相机更多地应用在获取静态图片上，如果教学过程中教师需要原创性的动态影像和声音信息，则可利用数码摄像机来进行记录。数码摄像机(见图 3.5和图 3.6)，俗称 DV，是 Digital Video 的缩写，DV 既可以表示一种具体的数字视频格式，也可以指采用这种格式记录的数码摄像机。DV 格式是一种国际通用的数字视频标准，它的特点是：影像清晰，水平解析度 500 线，可产生无抖动的稳定画面；DV 视频的亮度取样频率为 13.5MHz，为了保证最好的画质记录，DV 使用了 4∶2∶2(PAL)数字分量记录系统；DV 录取的音频可以达到 48kHz，16bit 的高保真立体录音。数码摄像机相对于传统的模拟摄像机而言，画面更加清晰、色彩更为锐利、更适合与计算机组合完成非线性编辑、记录的信号可以无损复制、外形变得小巧和轻便。

图 3.5 “佳能”数码摄像机

图 3.6 “JVC”数码摄像机

数码摄像机的构造，主要由 7 个关键系统组成：

(1)成像系统

成像系统由光学镜头和感光器件组合而成，光学镜头摄取景物的光信号成像到感光器件上，由感光器件将光信号转换为电信号后再经过数字化处理，最后利用存储器进行记录。

(2)音频系统

音频系统包括录音功能和放音功能。录音功能一般由摄像机内置的麦克风完成，高档的摄像机还支持外接麦克风，其录音的效果要好于内置麦克风；放音功能是由摄像机内置的外放喇叭完成，主要作用是用来播放记录影片的声音。

(3)取景系统

取景系统由“电子取景器”和“液晶显示器”两部分组成。在进行拍摄时，它们都可以用来取景构图，电子取景器面积比较小，耗电量少，不受环境光线的影响；液晶显示器面积较大，方便观察拍摄景物，耗电量高，同时也可作为菜单操作和影片回放的显示器。

(4)控制系统

控制系统是完成数码摄像机各种操作的控制部件，通常包括变焦按钮、录制按钮、回放控制、各种拍摄功能按钮等。

(5)存储系统

存储系统是用来记录拍摄的音、视频信号，数码摄像机的存储介质目前主要有磁带、光盘、微硬盘和存储卡四种类型。存储卡一般多用于存储拍摄的静态图片，磁带、光盘和微硬盘用来存储动态的影音信号。

(6)接口系统

数码摄像机的接口分为输入和输出两个部分。输入接口作为录制外部信号的通道，比如电视机、录像机、计算机等播放的影音信号；输出接口是为了把拍摄好的影音信号传输到外部设备中，通常输出接口有：IEEE1394、USB、S端子和A/V端子等。

(7)电源系统

数码摄像机的电源系统主要由电源开关和电池组成。电源开关一般用ON/OFF标识，电池大多数采用充电锂电池。

教师如果在教学过程中应用数码摄像机拍摄的影像资料来辅助教学，则必须要掌握DV机的组成和工作原理，才能有助于实际的拍摄。数码摄像机所记录的影音信号，可以再现教师的语言、表情和肢体动作，从而让学生可以反复观看教师的教学，起到强化知识的目的；再现动态的场景环境与实际过程，可以使学生更仔细、深刻地观察事物的变化过程；对于学生无法前往的地区，通过数码摄像机的记录再现，让学生更为生动地了解当地的风土人情等。所以，教师适当地运用影像教学作为补充，能提高学生的学习兴趣和效率，进而更好地完成教学工作。

3.1.3 图像扫描仪

图像扫描仪是一种计算机的输入设备，它可以将各种纸质的图片、图纸和实物等扫描输入进计算机，转换为数字化的图像数据进行保存和使用。在教学中，可以从教科书、图书杂志、挂图、照片和印刷品等纸质材料上获取大量的图片，通过图像扫描仪把这些图片传输进计算机，转换成数字图像后以丰富教师的教学资源。图3.7为

图3.7 平板式图像扫描仪

平板式图像扫描仪。

图像扫描仪主要由光学部分、机械传动部分和转换电路三部分组成。扫描仪的核心部分是完成光电转换的部件，目前大多数图像扫描仪采用的光电转换部件是电荷耦合器件(CCD)，也有使用CMOS的图像扫描仪。图像扫描仪工作时，首先由光源将光线照在欲输入的图稿上，产生表示图像特征的反射光(反射稿)或透射光(透射稿)。光学系统采集这些光线，将其聚焦在感光器件上，由感光器件将光信号转换为电信号，然后由电路部分对这些信号进行A/D(Analog/Digital)转换及处理，产生对应的数字信号输送给计算机。当机械传动机构在控制电路的控制下带动装有光学系统和CCD的扫描头与图稿进行相对运动，将图稿全部扫描一遍，一幅完整的图像就输入到计算机中去了。

在整个图像扫描仪获取图像的过程中，有两个元件起到关键作用：一个是光电器件，它将光信号转换成为电信号；另一个是A/D变换器，它将模拟电信号变为数字电信号。这两个元件的性能直接影响扫描仪的整体性能指标，同时也关系到选购和使用扫描仪时如何正确理解和处理某些参数及设置。

图像扫描仪种类繁多，根据扫描仪扫描介质和用途的不同，目前市场上的扫描仪大体上可分为：平板式扫描仪、名片扫描仪、底片扫描仪、文件扫描仪，除此之外还有手持式扫描仪、鼓式扫描仪、笔式扫描仪、实物扫描仪和3D扫描仪等。当前，图像扫描仪已广泛应用于各类图形图像处理、出版、印刷、广告制作、办公自动化、多媒体、图文数据库、图文通信、工程图纸输入等许多领域，极大地促进了这些领域的技术进步甚至使一些领域的工作方式发生了革命性的变革。

3.1.4 DVD光盘刻录机

DVD光盘作为数据的存储介质，以其大容量、长寿命、工作稳定、便于携带等特点，已经被广泛使用，利用DVD光盘刻录机将数据记录在DVD光盘上，正受到越来越多人的喜爱。DVD光盘刻录机通常的接口类型有IDE接口、SCSI接口、USB接口和SATA接口，一般内置安装的DVD光盘刻录机采用IDE、SCSI和SATA接口，外置安装采用USB接口。

DVD光盘刻录机在刻录光盘时，操作系统会把需要刻录的数据预先读取到缓存中，然后从缓存读取数据进行刻录。通常采用大容量的缓存容量和防刻死技术，可以保证刻盘的成功率。教师可以利用DVD光盘刻录机和刻录软件，制作视频教学光盘、备份自己的教学材料或刻录大容量的文件与其他教学人员分享等。下面以德国Ahead公司的光盘刻录软件Nero为例，介绍刻录数据光盘的方法。

(1)将空白 DVD 光盘插进刻录机，启动 Nero8 Express，打开页面如图 3.8所示。

图 3.8　Nero 8 Express 初始界面

(2)点击“数据 DVD”按钮，打开图 3.9 窗口，接着点击“添加”按钮，在弹出的对话框中选择要刻录的文件夹或文件，完成后点击“下一步”，见图 3.10 和图 3.11(“添加”按钮可以反复点击，以增加更多的刻录内容)。

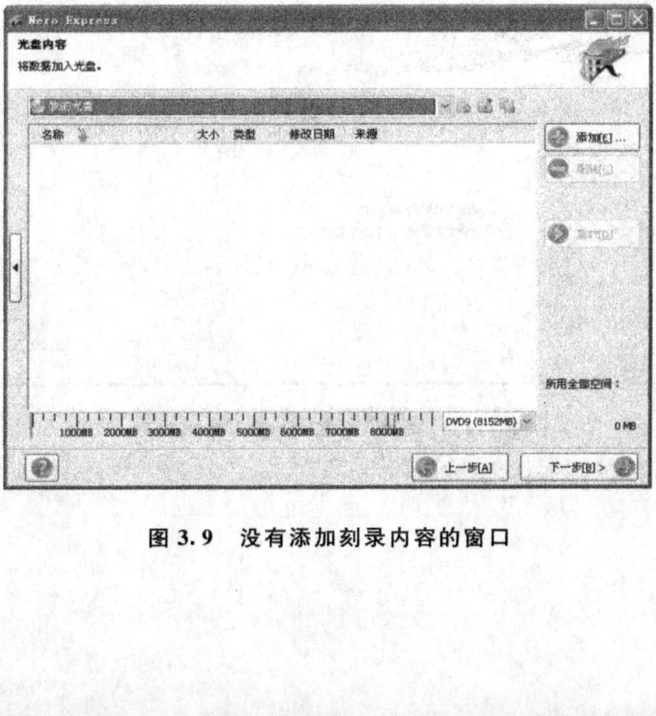

图 3.9　没有添加刻录内容的窗口

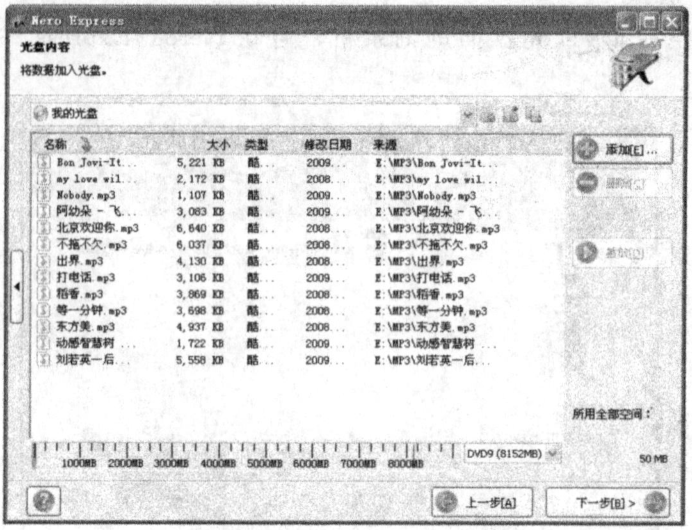

图 3.10　完成添加刻录内容的窗口

(3)在弹出的窗口中，如果不进行其他设置，则可点击“刻录”按钮，就可以将添加的刻录文件刻录在 DVD 光盘上。

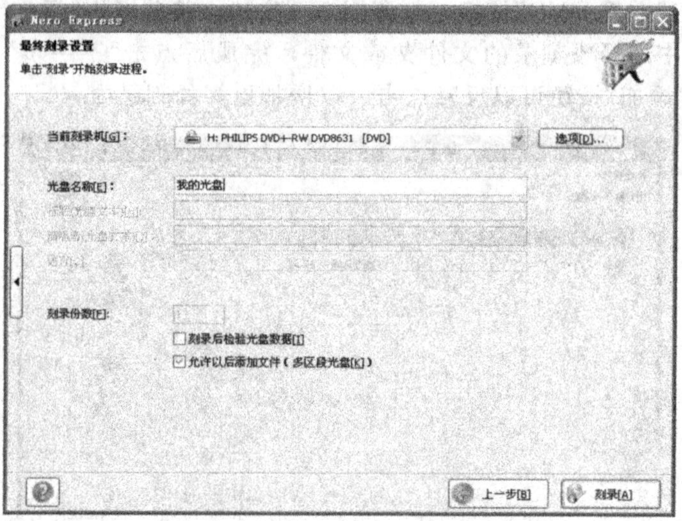

图 3.11　点击“刻录”按钮，开始刻录

3.1.5　交互式电子白板

在数字化教学背景下，交互式电子白板应运而生，并将成为在课堂教学中代替传统黑板的主流技术之一。电子白板是由硬件电子感应白板和软件白板操作系统集成，它的核心组件如图 3.12 所示，由电子感应白板、感应笔、计算机和投影仪组成。电子感应白板是一块具有正常黑板尺寸、在计算机软硬件支持下工作的大感应屏幕，其作用相当于计算机显示器并代替传统的黑板。电子感应笔承担的是电子白板书写和计算机鼠标的双重功用，其作用是代替传统的粉笔。教师或学生直接用感应笔在白板上操作(相当于传统教学中师生用粉笔在黑板上操作)：写字或调用各种软件，然后通过电磁感应反馈到计算机中并迅速通过投影仪投射到电子白板上。

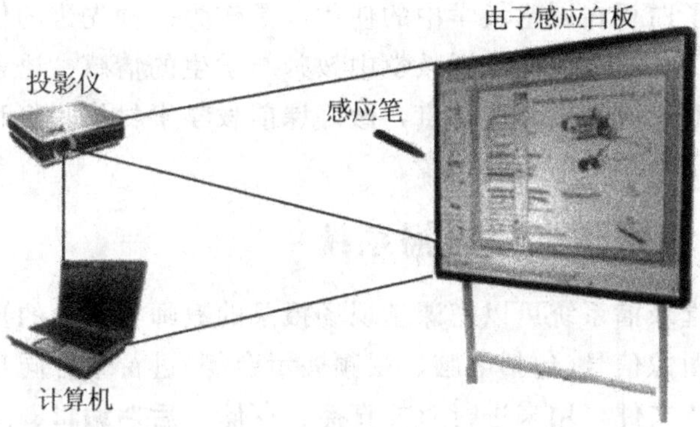

图 3.12　交互式电子白板工作原理

交互式电子白板作为一种新的教学工具出现在课堂教学中，主要体现了以下几个特点。

(1)充分体现了学生的主体性、参与性

在课堂教学中，学生是学习的主体，交互式电子白板强调了学生主动参与学习的能力，其强大的交互功能改变了课堂中教师以讲授为主的教学模式。交互式电子白板给教师提供了方便快捷的操作，增强了教师与学生在课堂上的交流，同时学生在课堂中学习的主动性也被调动起来。

(2)实时记录功能

在课堂上，交互式电子白板可以实时记录白板上所有教学内容，并自动生成图文并茂的电子文档，教师可以非常方便地调出记录的任何一页进行再讲解，学生课后也可以随时调阅与回放，或将文件进行复制，这使学生省去了记笔记的时间，不会因为集中注意记笔记而忽略了听讲与思考。

(3)多媒体展现平台

从整体来讲，交互式电子白板集成了黑板与多媒体讲台的功能，与其他设备的连接也变得更加简单，如摄像机、电脑、或 DVD 播放机等，只需随手插在连接面板上即可。教师可以非常方便地呈现教学中所使用的文字、图片、声音、视频、动画等教学信息，灵活多变地结合教学内容完成教学。

(4)无污染设计

交互式电子白板和感应笔可以代替黑板和粉笔，结束了教师与学生受粉笔灰污染的历史，做到了无纸化教学与办公。交互式电子白板一次可储存几百页板书内容，当写满白板又不需要保存时，也只需轻轻一敲，文字、图形即刻被“擦掉”，真正做到省时省力，实现现代化的“无尘、无污”教学。

交互式电子白板在课堂教学中的使用，是作为一种先进的信息技术辅助手段，教师不能过分地依赖而忽视教学中教师与学生的情感、语言交流。教师应该充分体现交互式电子白板的特点，做好课前教学素材的收集和教学设计，做到信息技术与教学艺术的完美结合。

3.1.6 多媒体课堂录播系统

多媒体课堂录播系统可以把课堂现场摄录的教师与学生的视频、音频，以及电子设备的图像信号(包括电脑、视频展示台等)进行整合同步录制，并生成标准化的流媒体文件，用来进行对外直播、存储、后期编辑、点播等用途。在学校中，多媒体课堂录播系统通常用于精品课程、微格教学、远程教育、公开课、优质课评比的使用。

多媒体课堂录播系统由多媒体教室、摄像机、网络设备、专用软件等组成。其主要功能如下：

(1)同步录制：能同步录制视频、音频和计算机视频展示台的动态屏幕内容，支持同时录制两路视音频信号和一路动态屏幕内容。即同时将教师、学生场面以及讲课内容(多媒体课件或展示台视频)录制在同一计算机界面上，以全方位、高清晰地显示授课场景。

(2)在线直播：可通过单播或组播方式，将课堂现场的视频、音频、计算机动态屏幕在网络上进行实时直播。在远程教育中，此功能应用最为广泛。在教师上公开课方面，也能有效地解决教室容量不太，其他教师需要在诸多分散点同时收听收看的问题。

(3)VOD 点播：内置的 VOD 点播功能可通过 IE 浏览器或专用媒体播放器

两种方式点播录制好并存储在录播服务器上的文件。此功能为回顾授课场景、学生课后补习、教师之间进行研究讨论和学术交流等活动提供了方便。

(4)文件管理：多媒体课堂录播系统安装的专用软件可对录制好的文件进行更名、删除、分类等操作，为资料的数字化管理提供便利。

总之，教师在教学过程中合理地使用多媒体辅助手段，能有效地促进教师的教与学生的学，最终全面提高教学质量。

3.2　IM 实时交流软件的教学应用

3.2.1　IM 实时交流软件简介

随着计算机网络技术的发展，人与人之间的信息交流方式变得更加多元化。从传统的信函到如今流行的 IM，时空的限制已经被打破，人们之间的沟通变得更加方便快捷。IM 是 Instant Messaging 的英文缩写，译为即时信息，也泛指基于 Internet 的实时交流软件，它拥有大量的互联网用户，并成为新一代的信息交流工具。即时信息早在 1996 年就开始流行，当时最著名的即时交流软件为 ICQ。即时信息有针对个人应用和企业应用的不同类型，目前占主导地位的是个人应用，并且大多是免费服务。常用的实时交流软件有国外的 ICQ、Yahoo 信使(Yahoo! Messenger)、微软公司的 MSN(MSN Messenger)等，以及国内网站提供的即时信息聊天工具，如腾讯公司的 QQ、新浪 UC 等。实时交流软件的功能大致相同且操作简便，它们一般可以完成在线聊天(文字、语言及视频聊天)、收发电子邮件、传输文件、群操作、屏幕抓取、远程协助等。此外，一个网站内部的在线用户之间的实时交流也是即时信息的一种具体应用形式。下面将主要介绍 QQ 和 MSN 的下载、安装及运行。

在中国，腾讯公司的 QQ 拥有绝对的市场占有率，超过 3 亿的互联网用户正在使用 QQ 作为实时交流的工具，而且每天还有很多新的用户即将使用 QQ。腾讯 QQ 支持在线聊天、视频电话、点对点断点续传文件、共享文件、网络硬盘、自定义面板、QQ 邮箱等多种功能，并可与移动通信终端等多种通信方式相连。使用 QQ 能非常方便、实用、高效地和朋友联系，而这一切也都是免费的。

下面介绍 QQ 软件的下载、安装及运行：

(1)登录腾讯官方网站：http://www.qq.com，接着用鼠标点击“腾讯软件”，如图 3.13。

图 3.13　腾讯网站主页

(2)在新打开的页面中点击“QQ2009Beta”的“下载”按钮，在弹出的对话框中选择“保存”，如图 3.14 和图 3.15，选择保存路径，将“QQ2009Beta”保存在硬盘中。

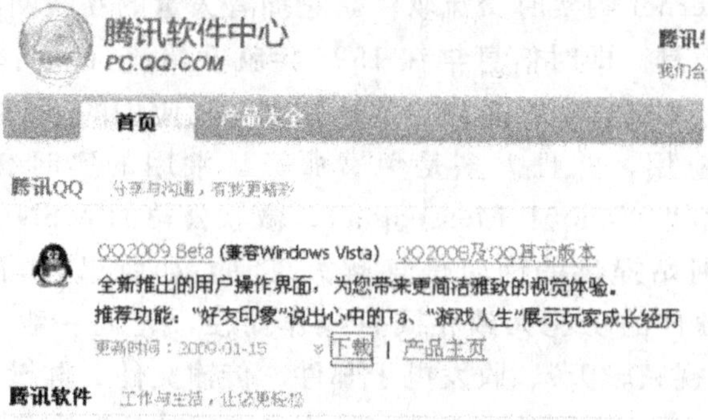

图 3.14　QQ 软件下载页面

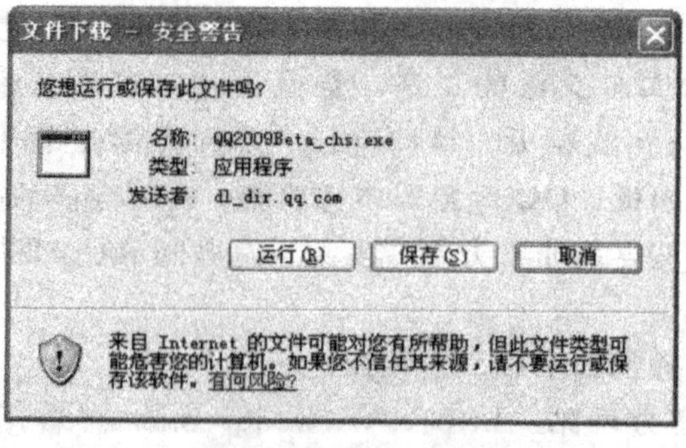

图 3.15　下载对话框

(3)鼠标双击下载完成的“QQ2009Beta”安装程序图标，见图 3.16，进入安装程序界面，根据提示进行安装，图 3.17 为安装初始界面。

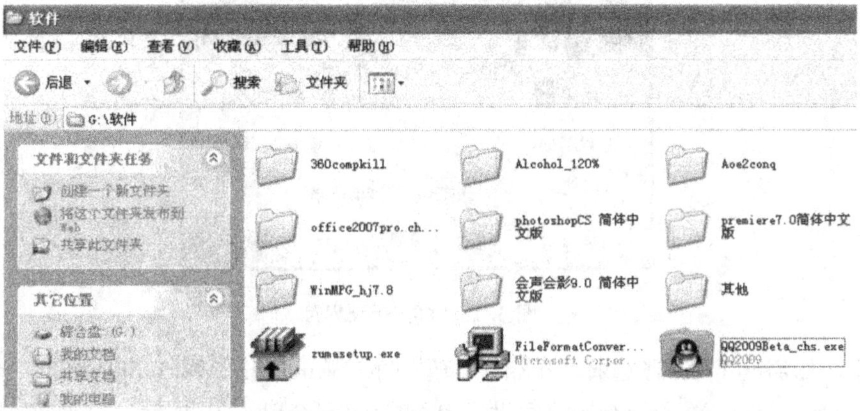

图 3.16　鼠标双击“QQ2009Beta”安装程序图标面

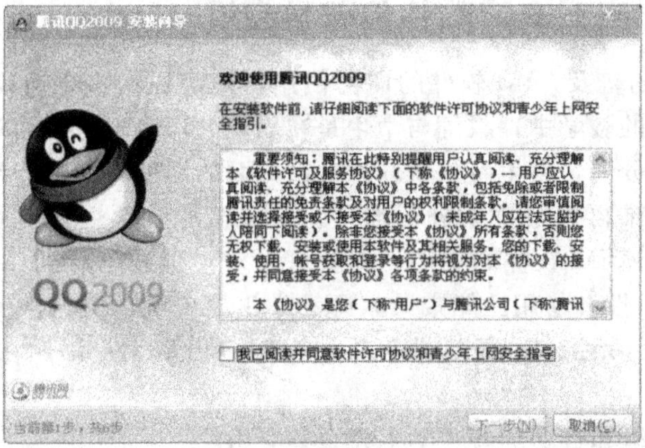

图 3.17　安装初始界面

(4)运行安装成功的 QQ 程序，将弹出如图 3.18 的登录对话框，如果用户已经拥有自己的 QQ 账号和密码，则可直接输入登录，如果没有 QQ 账号，则需要点击“注册新账号”按钮，根据提示获取自己的 QQ 账号。

MSN 是另外一款受人喜爱的 IM 软件，它是 Microsoft Service Network 的缩写，即微软网络服务。它是微软公司推出的即时通信工具，类似 QQ。MSN 通过注册 Hotmail 的邮箱获得账号，即账号就是邮箱名，同时这个账号还具有使用 MSN 浏览器等功能。在 Windows XP 操作系统中，捆绑了 MSN

图 3.18　QQ 登录界面

软件，如需运行只需选择“开始”菜单中的 Windows Messenger 即可。随着 Windows Live Messenger 的问世，其独特的安全性与优越性，让越来越多的中国人开始使用 MSN。

3.2.2　实时交流软件的教学应用

Internet 的普及，IM 软件的广泛使用，已经在慢慢地改变着人们的交流方式。在传统的教学中，教师与学生是在固定的环境下进行面对面的交流，倘若教师与学生分离，学生希望获取教师面对面的帮助将变得非常困难，教师的教学资源也很难再现给学生进行强化。如果教师与学生都能共享 Internet 资源，并充分发挥 IM 软件的功能，那就可以对传统教学起到非常有益的补充。IM 软件的实时性和易用性能带给教师和学生更广阔的交流空间，提高交互效率和沟通的灵活性。下面以 QQ 软件为例，列举 IM 软件在教学中的具体应用。

下面以分组和群功能管理学生介绍其应用。

教师登录 QQ 后，可以利用用户管理功能，把添加到“好友”的学生的 QQ 号码，根据不同的关系直接分到不同的组里，这样操作可以方便教师管理不同的班级的学生。教师还可以申请群组，把具有相同学习目标的学生加到这个群组中，好似一个虚拟的网络教室，学生们可以在这个群组内共同讨论感兴趣的话题。操作如下所示。

(1)教师登录 QQ 后，在“联系人”面板内的任何一个分组名称上单击鼠标，再单击“添加分组”选项，如图 3.19，进行命名后将好友列表中的图标直接拖动到分组中，如图 3.20。

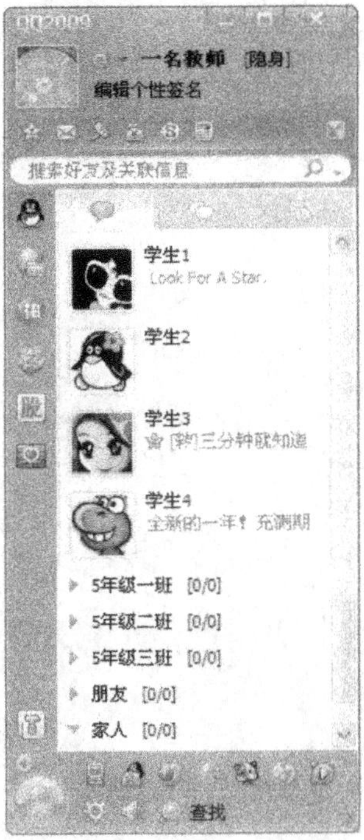

图 3.19　联系人面板

图 3.20　联系人面板中的新建组

(2)教师要想建立群组，必须要满足一定的条件。以一个级别为“太阳”的用户为例建立群组，首先进入“群/讨论组”面板，在空白区域单击鼠标右键，再单击“创建一个群”选项，如图 3.21，在弹出的页面中单击“创建”按钮，根据提示则可以创建一个群组如图 3.22。群组建立以后，就可以添加群成员了。

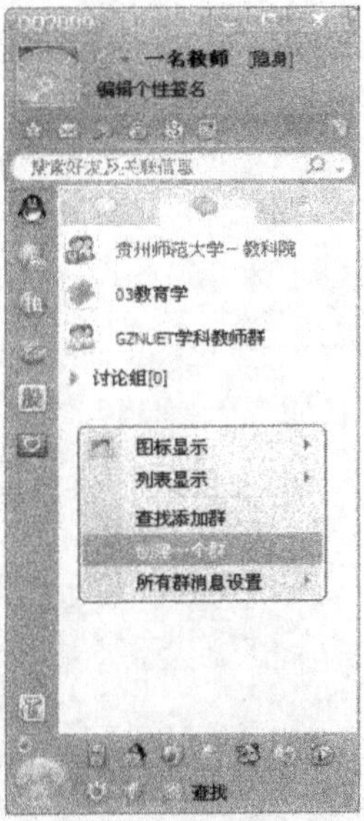

图 3.21　“群/讨论组”面板

如果教师和学生的计算机配上摄像头和耳麦，就可直接利用 QQ 提供的“视频会话”功能进行网络面对面的交流，教学效果会更好。

当教师建立一个群组后，就可以利用 QQ 提供的“群共享”功能，将自己的一些教学资料存放在群共享里，供学生下载学习，群组里的学生也可以上传文件与其他的群成员分享。

(1)群组里的成员都可以在群共享里上传文

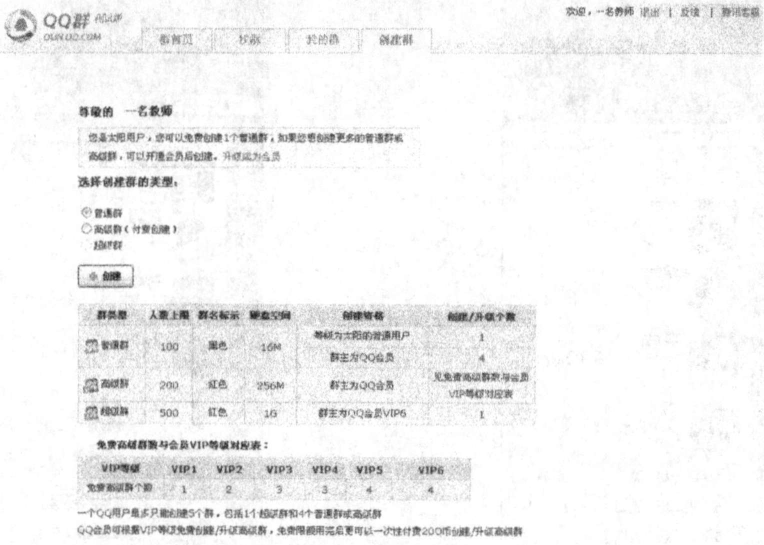

图 3.22 创建群页面

件，首先进入“群/讨论组”面板，鼠标双击“一名教师”群组，如图 3.23，进入群组交流界面，如图 3.24。

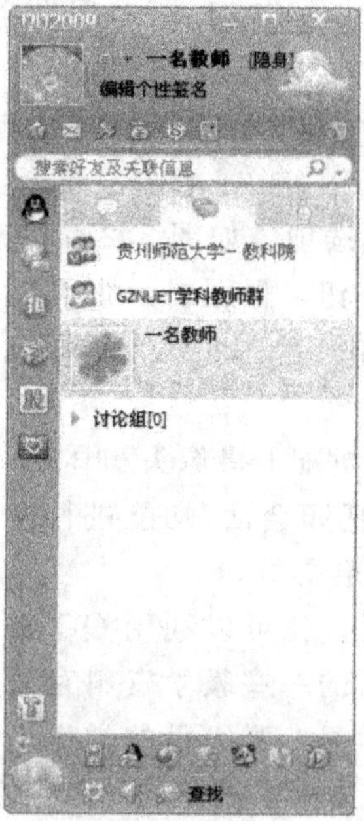

图 3.23 双击“一名教师”群组图标

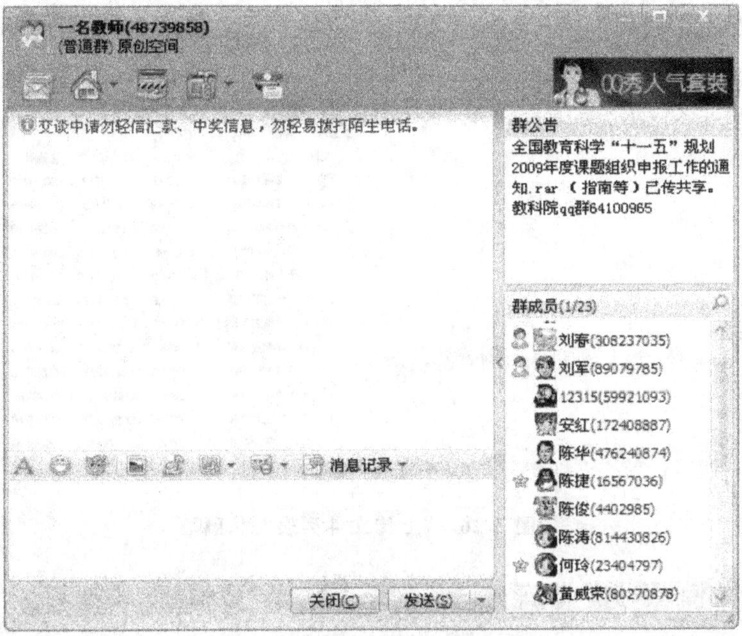

图 3.24　群组交流界面

(2)鼠标单击按钮　　　　，打开“群共享”窗口，如图 3.25，鼠标单击“上传”按钮，会弹出“上传文件列表”对话框，如图 3.26，单击“添加”按钮，在“打开”对话框中选择要上传的文件，单击“打开”按钮即可，如图 3.27。

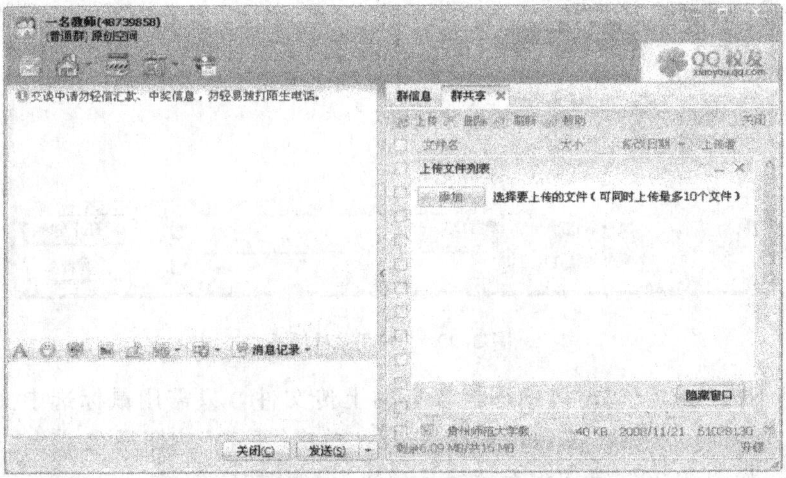

图 3.25　群共享窗口

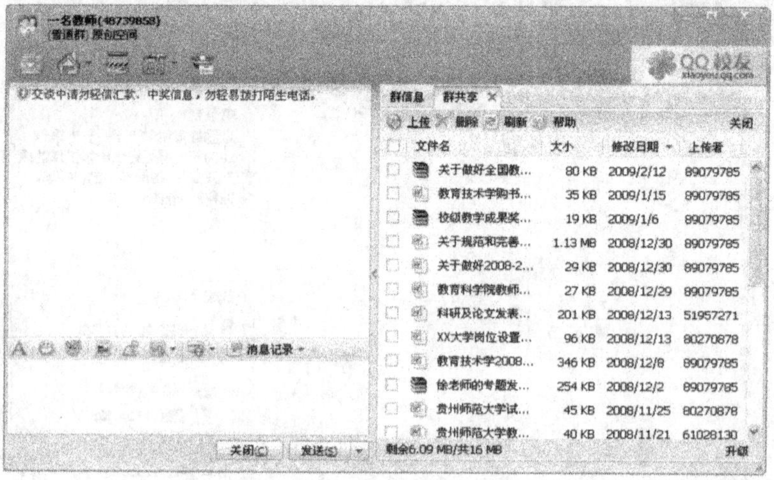

图 3.26 “上传文件列表”对话框

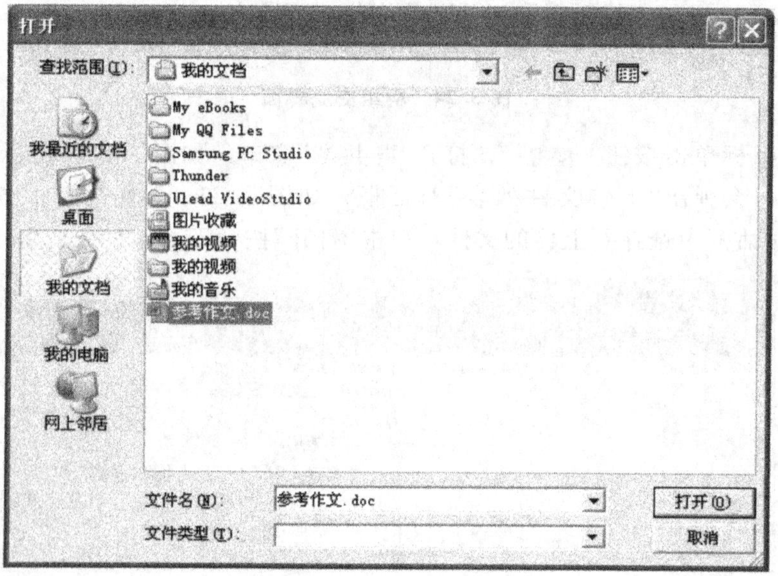

图 3.27 “打开”对话框

(3)下载“群共享”窗口中已经存有的上传文件，只需用鼠标选中文件，文件名下方会出现“下载”按钮，如图 3.28，单击“下载”按钮后会弹出“另存为”对话框，如图 3.29，确定保存路径后单击“保存”按钮即可。

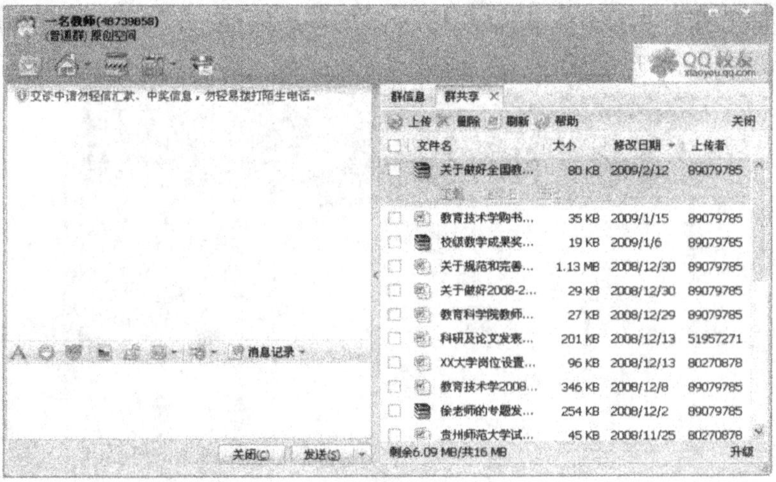

图 3.28　鼠标选中要下载的文件

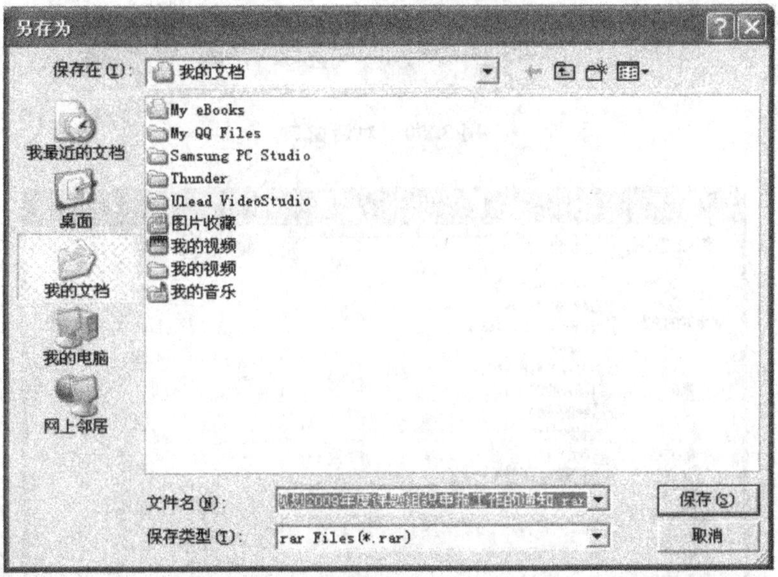

图 3.29　“另存为”对话框

QQ 能实现点对点的传输文件，对方是否在线均可。教师可以用“文件传输”的功能给学生分发资料，而学生可以利用此项功能进行作业的提交，都非常方便快捷。下面以教师传送给学生 1 为例，讲解操作步骤。

(1)教师在“好友”列表中用鼠标双击学生 1(在线)图标，打开对话窗口，如图 3.30，接着用鼠标单击按钮，在弹出的“打开”对话框中选择要传输的文件，单击“打开”按钮即可，如图 3.31。

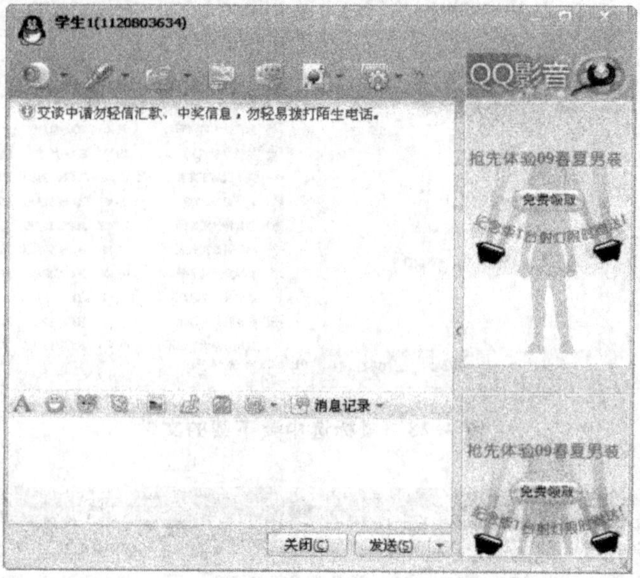

图 3.30　对话窗口

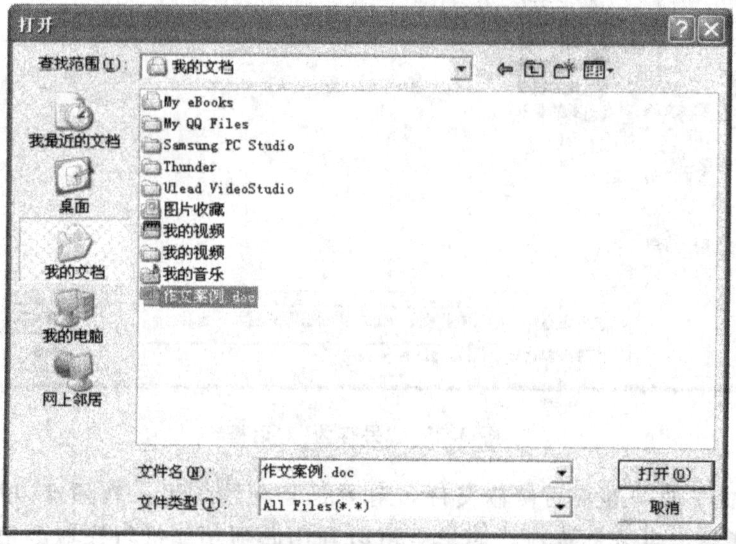

图 3.31　“打开”对话框

(2)学生 1 在和教师的对话窗口中单击“另存为”按钮将文件保存在自己的计算机内，如图 3.32，在弹出的“另存为”对话框中确定保存路径后单击“保存”按钮即可，如图 3.33。

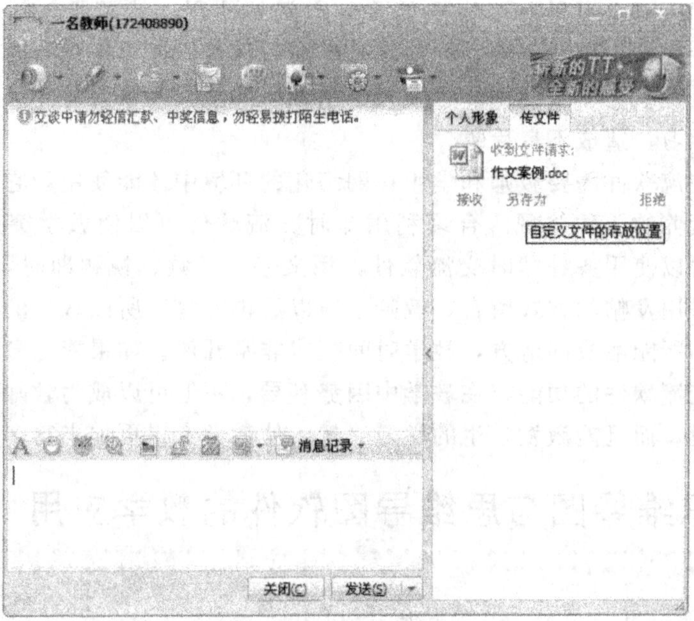

图 3.32　学生 1 的对话窗口图

图 3.33　“另存为”对话框

QQ也支持离线文件发送，发送的文件将暂时存放在服务器中，接收方登录以后即可下载。

QQ所提供的网络功能以及对教学的支持要靠教师在平时多多积累，才能最有效地利用QQ帮助教学。比如QQ空间的使用，就需要教师认真撰写日志，才能发挥其作用。当然，在使用QQ时，因为其所具有的娱乐性特点，教师必须要合理引导学生使用，否则QQ游戏、网上交友聊天等将会从负面影响到学生的学习，造成不良后果。

即时交流软件需要教师和学生在网络化的环境中才能使用，它也是教师和学生信息素养的一种体现。合理利用即时交流软件可以使教学突破时空的限制。教师可以使用各种即时交流软件，用文字、音频、视频即时与学生交流，学生也可以用发帖的方式留言，教师上线以后再回答。所以教学的场所可以是任何互联网所能触及的地方，教学时间变得非常开放。如果能充分挖掘和合理利用即时交流软件的功能，在教学中因势利导，不但可以成为教师强有力的教学辅助手段，而且能激发学生的学习兴趣，使教学变得更加丰富多彩。

3.3 思维导图与思维导图软件的教学应用

3.3.1 什么是思维导图

让学生学会学习、学会思考，是教师必须思考的一个问题。教育学和心理学的研究表明，将信息图像化，有利于提高学习者的学习效率和记忆力，思维导图就是这样一种革命性的思维工具。思维导图是享有“世界大脑先生”美誉的英国著名心理学家、教育专家托尼·博赞(Tony Buzan)于20世纪60年代初期所创，是一种将放射性思考具体化的方法，它可以帮助使用者用图像和联想进行思维，是一种创造性的、有效的记笔记的方法，它用文字将人的想法“画出来”，帮助使用者思考，理清思路，是一种可以提高记忆、提高工作和学习效率的方法，思维导图让进入我们大脑的任何信息都可以成为一个思考中心，并由此中心向外发散出成千上万条分支，每条分支与中心联结，而每一个联结又可以成为另一个思考中心，再向外进行发散……如图3.34所示，这是一张“现代教育技术”思维导图，从这张图中我们可以看出现代教育技术所涉及的领域，以便学习者可以有针对性地进行学习。

如今在教育领域，已经有很多专家、学者和一线教师正在探索、研究“思维导图”的教学应用，并获得了大量有价值的成果。研究表明，思维导图不但

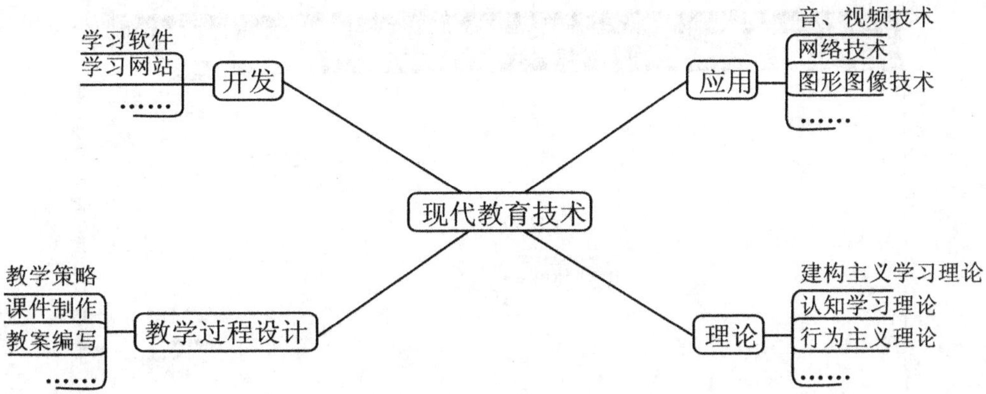

图 3.34　“现代教育技术”思维导图

可以增强学习者的记忆力，还能够增进学习者的创造力与联想力，简单有效。思维导图正像一个人大脑的结构图，突出了思维内容的重心和层次，强化了联想功能，正像大脑细胞之间无限丰富的连接，让学习者更有效地把信息放进大脑，或是把信息从大脑中取出来，特别是现在一些相关软件的开发和应用，更使得这种思维方法深受欢迎。

3.3.2　思维导图软件介绍

目前，可以制作思维导图的软件比较多，常见的有 XMIND、Mind Manager、MindMapper、ConceptDraw、MindMAP 等，其中 Mind Manager 是所见最多，流传最广的一款软件。Mind Manager 是德国程序师 Mike Jettier 编写，目前大概在全世界 65%以上的国家(地区)中的商业、政府、教育、集团公司等领域中使用。Mind Manager 操作简单，功能强大，可以插入各种格式的图片、超链接、注释、子概念等，可以和 PowerPoint、Word、网页、PDF 文件等进行直接转换。图 3.35 是 Mind Manager Pro 6 的操作界面。

3.4　Web 2.0 技术的教学应用

3.4.1　Web 2.0 概述

Web 是一个生长着的、开放的、动态的分布式系统。Web 始于 1989 年，当时英国科学家 Tim Berners-Lee 和比利时人 Robert Cailliau 在欧洲粒子物理

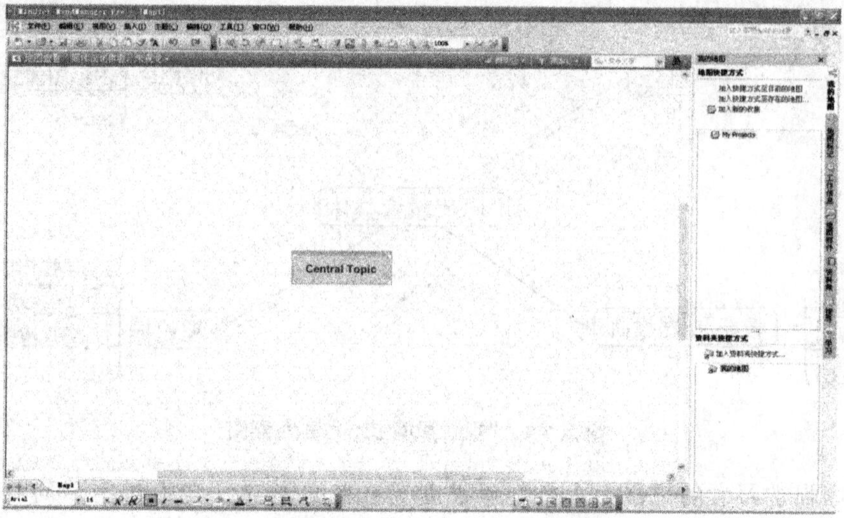

图 3.35　Mind Manager Pro 6 的操作界面

研究所(European Organization for Nuclear Research，CERN)共同提议和构造了在因特网(Internet)上使用超文本来发布、分享和管理信息。Web 是 World　Wide Web 的缩写，即万维网的简称，是一个相互链接在一起、通过 Web 浏览器来访问的超文本文档系统。浏览器里看到的网页，可以包含文本、图像以及其他的多媒体形式，通过文档之间的超链接，可以从一个网页浏览到其他网页。随后，Web 逐渐在科研院所和大学中流行起来，然后走向大众，变成人们生活、娱乐和工作中的基本工具。在这个发展过程中，Web 拥有大量的用户，人们随时在使用它，并把它变成了最大的分布式计算系统，基于最广为接受的开放标准，成为一个动态生长着的开放系统。

Web 2.0 模式通常被称为第二代互联网模式，其最大的特点是全面转向“个人互联网时代”。互联网实验室对 Web 2.0 的定义是：Web 2.0 不单纯是技术或者解决方案，更是一套可执行的理念体系，实践着网络社会化和个性化的理想，使个人成为真正意义的主体，实现互联网生产方式的变革，从而解放生产力，这个理念体系在不断发展完善中，并且会越来越清晰。黎加厚教授在谈到 Web 2.0 时指出，“每一个人都可以充分享受在互联网上表达、创新分享的自由，每一个人在自我思考和学习的同时，也在创造他人学习的资源。学习的方式正在静悄悄地发生变化；一个共同学习和创造的‘集体智慧教学时代’来到了我们身旁”。Web 2.0 以个人展示为中心，以个人网页为节点，真正体现用户的个性化和信息自主权，强调开放、共享、交流、创造的思想和理念，给互联网用户带来了全新的网络环境。

Web 2.0是在Web 1.0的基础上发展起来的，它主要有以下六大特点：

(1)大规模互连。Web从过去一对多的发布和通信，转向多对多的链接，网络效应使得边际同核心一样重要，颠覆着旧的通信、发布、分发和聚合模式。

(2)去中心化。这种大规模互联，颠覆着传统的控制和权力结构，带来更大程度的去中心化。从全球信息流动，营销，到新产品设计，这种发自底层的草根力量，都在"叫板"来自权力阶层的声音。系统更多地从通过边沿的拉动来生长，而不是借助核心的推动向外生长。

(3)以用户为中心。网络效应给予用户前所未有的力量，他们参与、对话、协作，最终产生巨大的影响。消费者可以说话、交流和讨论他们的经验，他们拥有控制权，积极主动地影响着产品的方向，同时也对那些积极应对的公司报以忠诚和口口相传的口碑营销。

(4)开放。这种开放性，是以因特网的开放技术标准为基础的，但很快地演进到一个由开放应用所构成的生态系统，这些应用建构在开放数据、开放API和可重用的组件之上。开放，还意味着超越技术层次的更大程度的透明性，如公司对外沟通，共享知识产权、产品的开发过程等。

(5)轻量级。软件由小团队使用敏捷方法设计和开发，使用简单数据格式和协议，采用运行开销小的平台和框架，应用和服务部署简易，商业上力图保持低的投资和成本，营销上利用简单的消费者之间的口口相传来形成病毒式传播。

(6)自然浮现。不是依靠预先完整定义好的应用结构，而是让应用的结构和行为随着用户的实际使用而灵活适应和自然演变，成功来自合作，而不是控制。

Web 2.0应用于教学中不仅可以培养教师与学生使用信息技术工具的能力，而且能培养他们在信息技术环境下获取知识、应用知识、与人协作的能力。目前，实践Web 2.0成型的应用元素包括：Blog(博客)、RSS(简易聚合)、Web service(Web服务)、开放式API's(开放式应用程序接口)、Wiki(维基)、Dig(掘客)、Tags(标签)、BookMark(社会性书签)、SNS(社会性网络服务)等，Web 2.0使网络由过去的中心化转向分散化，用户可以在网上获得更多传播、分享、交流的自由。一般认为，Web 2.0意味着互联网的可读、可写和交互性更强。本节将主要介绍Blog、Wiki、Dig和SNS在教学中的应用。

3.4.2 Blog(博客)

博客，是目前 Web 2.0 技术中最广泛的应用。“博客”一词是从英文单词 Blog 翻译而来。Blog 是 Weblog 的简称，而 Weblog 则是由 Web 和 Log 两个英文单词组合而成，Weblog 就是在网络上发布和阅读的流水记录，通常称为“网络日志”，简称为“网志”。Blogger 指撰写 Blog 的人，Blogger 在很多时候也被翻译成为“博客”一词，而撰写 Blog 这种行为，有时候也被翻译成“博客”。因而，中文“博客”一词，既可作为名词，分别指代 Blog(网志)和 Blogger(撰写网志的人)，也可作为动词，意思为撰写网志这种行为。

根据博客内容的不同，可以分为教育博客、日记博客、知识博客、新闻博客、专家博客、技术博客、群体博客、移动博客、视频博客、音频博客、图片博客、法律博客、文摘博客等。众多博客类别中有一种就是教师博客，它属于教育博客，是各年级各学科的教师以博客的形式将自己日常的生活感悟、教学心得、教案设计、课堂实录、课件等上传发表，实现与自己的学生、同行跨时空的交流。教师博客的建立，可以表现为以下五方面的优点：

(1)上传文件资料：博客可作为日常教学、课程信息的发布系统，上传教学大纲、课件、课堂录像、试题练习等有关教学信息，供学生乃至全社会共享。

(2)即时更新教育新闻与信息：博客可以转贴教育新闻、校园新闻等，通过对相关材料的转帖，可以扩大教师和学生的视野，活跃他们的思想。

(3)分享日常教学经验与感悟：博客可以当做个人的日记本，发表有关的工作过程、教学故事、心得感悟、思想评论、学生作品等，以供备忘或日后研究。这既有利于教师进行教学反思，也有利于师生沟通，拉近心理距离。

(4)链接有关资源网站：博客可按个人兴趣加入网站链接，或通过博客的 TrackBack 和 RSS 技术，使博客变成跨资源共享平台，帮助学生方便地找到有关学习的专门网站，获得更广泛的学习资源。

(5)促进教研和学术活动：有共同兴趣的教师之间，通过博客，或组建博客群、博客小组等虚拟研究平台，进行有关教育、科研的交流，甚至可以合作开展科研项目、编写教材等。

目前大多数网站都提供博客服务，比较常见的有博客网(www.bokee.com)、博尚网、原中国博客网(www.blogcn.com)。另外，新浪网的博客和腾讯网的 QQ 空间也很有影响力。

如果教师希望将博客应用在自己的教学当中，那首先就是要申请自己的博客。申请博客的方法与流程大致相同，下面以在博尚网注册申请博客为例。

(1)在浏览器的地址栏输入 http://www.blogcn.com，或用百度等搜索引擎搜索博尚网，都可进入博尚网主页，如图 3.36。

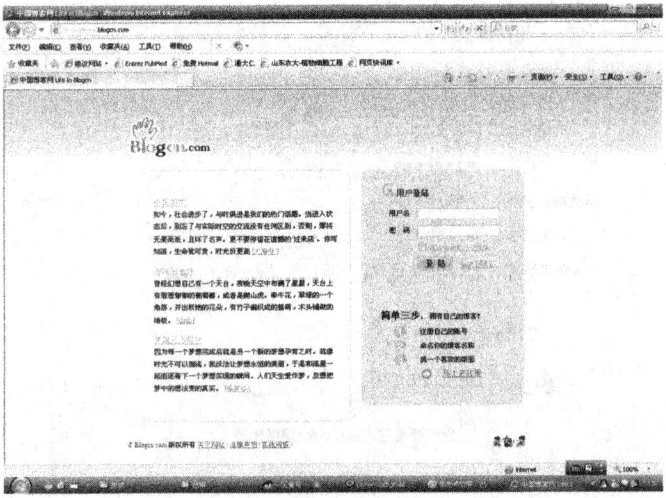

图 3.36 “博尚网”主页

(2)在主页的右上角点击“注册”按钮，进入注册页面，如图 3.37 和图 3.38。

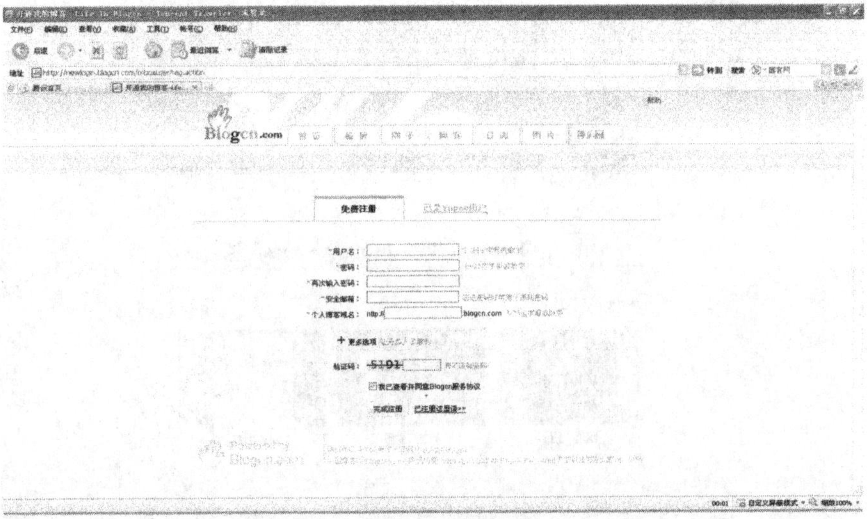

图 3.37 注册页面 1

(3)将个人信息填入方框内，系统验证成功后点击“完成注册”按钮，如图3.38，接着会弹出“注册成功”页面，如图3.39。

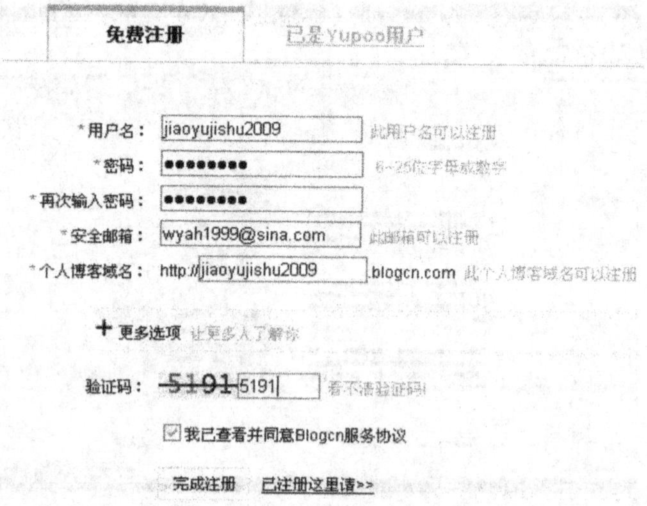

图 3.38 注册页面 2

图 3.39 注册成功页面

(4)在“注册成功”页面中，点击您的博客地址，即图中的 http://jiaoyujishu2009. blogcn. com，接着就进入了所注册的博客首页，如图 3. 40。

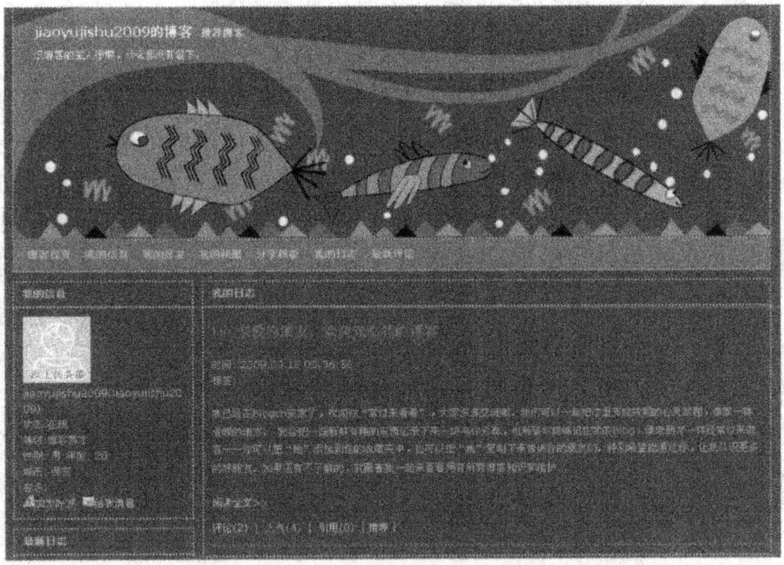

图 3. 40　博客首页

(5)在博客首页中，用户就可以利用提供的各个功能编辑和撰写自己的博客了。如果希望重新登录自己的博客，可以在地址栏中直接输入 http://jiaoyujishu2009. blogcn. com 即可。

3. 4. 3　Wiki(维基)

Wiki 中文译名“维基”或“维客”，源于夏威夷语“wee kee wee kee”，意思是“快点快点”。1995 年 3 月，在美国普度大学计算机中心工作的奥得・坎宁安(cunhigham)为了方便社区群落方式的内容交流，开发了一套名为波特兰模式的知识库工具。在建立这个系统的过程中创建了“维基”的概念和名称，并实现了支持这一概念的服务系统。Wiki 是一种服务软件，它允许用户通过 Web 搜索引擎，自由创建和编辑 Web 网页内容。用户可以使用十分简单的、基于内容的标识在 Web 基础上对“维基”文本进行浏览、创建和更改，而且创建更改发布的代价远比 HTML 文本要小。Wiki 不仅给人们提供了一种面向社区群落的协作式写作，同时还提供一组支持这种写作的辅助工具。可以说，Wiki 的目的就在于构建知识库，并且所有的人都可以参与知识库的构建，贡献自己的知识。因此，在 Web 环境下，Wiki 使人们容易创造、组织和获得与其他网站(页)相链接的一个 Web 网站。这样，它就成为一个全社会信息交流的软件，可以给人们提供一个一起工作和交流的机会。

基于 Web 2.0 的 Wiki 作为新兴的网络应用形式，已经迅速渗透到文化、新闻评论、娱乐、旅游等领域，其在教育中的应用研究正处于探索阶段。目前，Wiki 系统还不能很好地支持动画、视频等媒体技术，表达信息主要以文本、图片为主。对于 Wiki 平台的选择，一般有两种方式，第一种是选择比较稳定易用、界面友好的商业性 Wiki 服务商提供的平台，比如“百度百科”(http://baike.baidu.com)、“互动百科”(http://www.hudong.com)等；第二种是搭建自主的 Wiki 平台，如利用 HD Wiki 建立站点，采用这种方式利于控制管理，但技术难度较大。如果是中小学一线的教师在教学过程中利用 Wiki 开展协作教学，则可以选择第一种方式，在高等教育中应用 Wiki 则可以选择第二种方式。以“互动百科”为例介绍如何注册自己的 Wiki 空间。

(1)教师登录 http://www.hudong.com，点击“注册”按钮，如图 3.41。

图 3.41 “互动百科”首页

(2)在注册页面中填入相关有效信息后，点击“提交注册信息”按钮，如图 3.42，页面会重新回到“互动百科”首页，在首页右上角会出现“您好，一名中学教师”(“一名中学教师”为注册昵称)，如图 3.43。

(3)点击“一名中学教师”，页面则会跳转到“一名中学教师”的 Wiki 空间，如图 3.44。

(4)Wiki 空间的外观美化以及信息的完善可以通过点击“空间管理”进行操作。

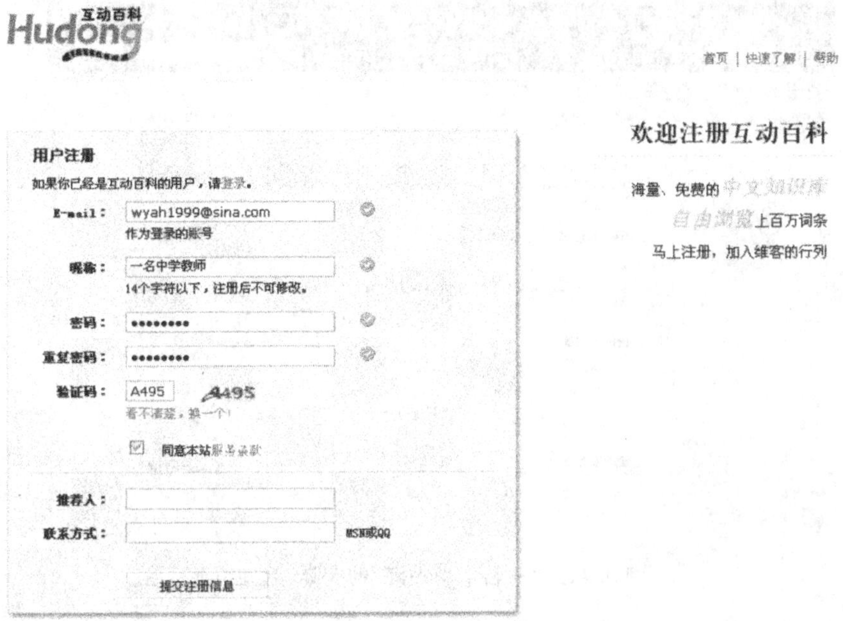

图 3.42　注册页面

图 3.43　注册成功后弹出的页面

图 3.44 “一名中学教师”的 Wiki 空间页面

“互动百科”网站的具体使用，学习者可以点击首页的“帮助”按钮，在弹出的新页面中认真阅读相关内容进行学习。教师有了自己的 Wiki 空间，就可以创建“词条”并让学生不断完善“词条”的内容，从而使学生主动地参与到教学过程之中。另外，一般 Wiki 站点已经创建的词条都可以进行再编辑，教师也可通过布置任务的形式，让学生阅读与教学内容相关的词条，这样既可以扩大学生的阅读量，也能让学生在阅读过程中养成完善“词条”的好习惯，使其做人做事都要求做到完美。

3.4.4 Dig（掘客）

在 Web 2.0 中出来的“掘客”概念，出自于美国人凯文·罗斯在 2004 年创办的 www.digg.com 网站。Digg 网站最初定位于科技新闻的挖掘，从 2005 年 3 月起，这种类型的网站逐渐被人所知；2006 年 6 月，经过第三次改版，www.digg.com 把新闻面扩充到其他门类之后，该网站访问流量迅速飙升。“掘客”网站的每个注册会员都可以引进一条自己认为不错的新闻，每一个读者就是“掘客”，“掘客”认为好的新闻就“顶”一下，被顶次数越多的新闻就会排在前面，因此“掘客”网也被称为草根新闻网站。“掘客”网站完全由用户自发参与内容创建、评论和分类，网站内容完全由用户提交，并根据用户集体意志决定哪些内容显示在首页上；这样就避免了传统新闻网站完全由少数编辑决定内容排序、阅读者只能被动接受的局面。网站用户不仅是新闻的阅读者，也成为了新闻的发掘者。大家在一起“发掘信息、传递知识、分享快乐”，参与者因此被称为“掘客”。

中国也有一批“掘客”网站正在兴起：“人民网掘客”“至酷掘客”“掘客网”“一起掘客”“奇客发现”等网站都是国内采用 Digg 模式比较知名的网站，图 3.45 所示为“人民网掘客”首页。“掘客”的思想如果应用在教学中，则要求教师要改变以教师为中心的教学模式、学生被动接受知识的学习方法，转而培养学生主动参与学习的能力，教师更多的是扮演指导者、组织者的角色。比如，教师可以通过完成任务的方式，让学生就某一相关科目收集资料，发布在“掘客”平台上，然后学生相互去阅读其他同学发布的材料，认为好就“顶”一下，最后根据被“顶”次数作为教师评定成绩的参考。这种基于“掘客”平台的教学方法，不仅可以让学生主动学习，而且可以通过评价其他同学的作业发现自己的不足之处。

图 3.45　“人民网掘客”首页

3.4.5 SNS(社会性网络服务)

SNS是Social Network Service的缩写，中文可译为社会性网络服务，是一种为用户提供信息展示、交流与共享平台，并注重用户关系管理的服务形式，当前该服务常以社会性网络服务网站的形式存在。1967年，哈佛大学的心理学教授Stanley Milgram(1933—1984)创立了六度分割理论，简单地说："你和任何一个陌生人之间所间隔的人不会超过六个，也就是说，最多通过六个人你就能够认识任何一个陌生人。"按照六度分隔理论，每个个体的社交圈都不断放大，最后成为一个大型网络。这是社会性网络(Social Networking)的早期理解。后来有人根据这种理论，创立了面向社会性网络的互联网服务，通过"熟人的熟人"来进行网络社交拓展。

社会性网络服务使互联网应用模式从传统的"人机对话"向"人与人对话"转变。从功能上来看，社会性网络服务(SNS)能够以认识朋友的朋友为基础，不断扩大自己的人际网络，在需要的时候，可以随时寻求帮助。不管是教师还是学生如果经常使用SNS，那遇到自己很难解决的问题时，寻求帮助将变得非常容易。从技术角度看，SNS是一个采用P2P技术构建的基于个人的网络基础服务。它通过分布式软件编程，将现在分散在个人设备上的硬件资源进行统筹安排，并赋予这些设备以更强大的能力(包括计算速度、通信速度、存储空间)。SNS是Web 2.0时代标志性的网络服务新型模式，它成为连接虚拟网络与真实人际关系的桥梁，也成为人们青睐的人际传播新工具。

实践项目

实践3.1　数码相机和数码摄像机的使用。

1. 实践目的：

(1)熟悉并掌握数码相机和数码摄像机的使用。

(2)能运用数码相机和数码摄像机拍摄教学素材。

2. 实践材料、设备与环境：数码相机、数码摄像机，室内、室外做实验均可。

3. 实践人员组成：每组4～5名同学。

4. 实践原理：利用数码相机或数码摄像机拍摄教学中需要的素材，并将素材传进电脑做后期编辑。

5. 实践任务要求：每位同学利用数码相机或数码摄像机拍摄教学素材。

6. 实践所需资源：数码相机、数码摄像机。

实践 3.2　图像扫描仪、光盘刻录机的使用。

1. 实践目的：

(1)熟悉并掌握图像扫描仪和光盘刻录机的使用。

(2)能运用图像扫描仪扫描各种纸质图片、教学实物等。

(3)能运用刻录软件和光盘刻录机刻录各种光盘。

2. 实践材料、设备与环境：图像扫描仪、安装有刻录机和刻录软件的计算机网络机房。

3. 实践人员组成：每组 4～5 名同学

4. 实践原理：利用图像扫描仪获取数字化的教学图片信息，利用光盘刻录机刻录教学数据或制作教学视频等。

5. 实践任务要求：每位同学利用图像扫描仪将纸质图片或实物扫描进计算机，能使用刻录软件和光盘刻录机、刻录光盘制作数据光盘或刻录 VCD、DVD 教学光盘。

6. 实践所需资源：图像扫描仪、光盘刻录机、刻录软件、刻录光盘、计算机网络机房。

实践 3.3　交互式电子白板的使用。

1. 实践目的：

(1)熟悉并掌握交互式电子白板的使用。

(2)能运用交互式电子白板和多媒体教室进行课堂教学。

2. 实践材料、设备与环境：交互式电子白板、多媒体教室。

3. 实践人员组成：每组 8～10 名同学

4. 实践原理：利用交互式电子白板和多媒体教室呈现教学素材，辅助课堂教学。

5. 实践任务要求：每位同学利用交互式电子白板和多媒体教室完成一次微型教学。

6. 实践所需资源：交互式电子白板、多媒体教室。

实践 3.4　完成一个中小学学科(即本学科)相关教学主题的思维导图。

1. 实践目的：

(1)熟悉并掌握 Mind Manager 软件的使用。

(2)能运用 Mind Manager 制作思维导图。

2. 实践材料、设备与环境：安装有 Mind Manager 软件的计算机网络机房。

3. 实践人员组成：由同学独立完成。

4. 实践原理：利用 Mind Manager 软件制作相关教学主题的思维导图，并将应用于教学实践中。

5. 实践任务要求：每位同学根据自己的专业，利用 Mind Manager 软件制作相关教学主题的思维导图。

6. 实践所需资源：Mind Manager 软件、计算机网络机房。

实践 3.5　建立一个教学 Blog(博客)。

1. 实践目的：

(1)熟悉并掌握 Blog(博客)的使用。

(2)能在相关网站建立自己的一个教学 Blog(博客)。

2. 实践材料、设备与环境：计算机网络机房。

3. 实践人员组成：由同学独立完成。

4. 实践任务要求：每位同学根据自己所学专业，在能开通博客的网站建立自己的教学博客。

5. 实践所需资源：http://blog.sina.com.cn 新浪博客。
http://blog.163.com 网易博客。
http://www.blogcn.com 中国博客网。
http://www.bokee.com 博客网。

计算机网络机房。

实践 3.6　在 Wiki 平台上完成一个主题并修改完善。

1. 实践目的：

(1)熟悉并掌握 Wiki 平台的使用。

(2)能运用 Wiki 平台建立一个主题。

2. 实践材料、设备与环境：计算机网络机房。

3. 实践人员组成：由同学独立完成。

4. 实践原理：每位同学根据自己所学专业，在 Wiki 网站建立教学词条，并能对词条作出修改完善。

5. 实践所需资源：http://www.hudong.com 互动百科网。
http://baike.baidu.com 百度百科。

http://www.cnwikis.com 中华维客网。

http://www.zhiyebaike.com 职业百科。

计算机网络机房。

思考题与课后练习

1. 教学中常用的数字媒体有哪些，并谈谈交互式电子白板有哪些特点？
2. 如果将腾讯公司的QQ软件应用于教学，会带来哪些优缺点？
3. 什么是思维导图，常用的思维导图软件有哪些？
4. Web 2.0是什么，它有哪些特点？
5. 什么是博客，教师使用博客应用于教学，有哪些优点？
6. 什么是Wiki，利用Wiki网站怎样更好地辅助教学？
7. 基于Web 2.0的教学，给教师的教与学生的学带来了怎样的变革？

第4章 数字教学资源的搜集、管理与应用

学习目标

(1)了解教学资源、数字资源的概念
(2)了解信息搜索的一般方法，掌握搜索引擎的高级应用
(3)掌握网络资源获取的一般方法，各种类型资源的下载方法
(4)养成良好的资源整理习惯

4.1 网络教学信息资源概论

资源是一切可被人类开发和利用的对象的总称，包括物质、能量和信息。可分为有形和无形两类；有形的人、物和财；无形的技术、品牌、声誉以及人际关系等。我们常说："这里资源匮乏"，"没有人力资源"指的是有形资源；"这是名牌效应"，"知识产权"则是无形资源。合理开发与利用资源是人类社会进步的前提，是社会文明进步的推动力。信息资源指以文字、图形、图像、声音、动画和视频等形式储存在一定载体上并可供利用的信息。如蕴涵一定信息的图书、报刊、磁带、光盘、网页、数据库等。

教学资源指在学校教学过程中，支持教与学的所有资源，即一切可以被师生开发和利用的物质、能量和信息，包括各种学习材料、媒体设备、教学环境以及人力资源等。

数字化是将复杂的信息转变为可以度量的数字、数据，使用适当的数字化模型将其转变为一系列二进制代码，引入计算机内部，进行统一处理，这就是数字化的基本过程。数字教学资源泛指一切经过数字化处理，以数字化形态存在的教学资源。如数字图片、电子文档、教学光盘、多媒体课件、网络课程等。数字资源的设计、开发、利用往往与多媒体计算机有不可分割的联系，使用数字计算机加工处理的资源一定是数字资源，数字资源的开发利用往往离不开计算机的支持。

一、数字化教学资源的优势

数字化教学资源相对于传统教学资源有其不可替代的优势：

1. 有利于资源的集成

数字教学资源尽管有多种类型，不同的格式，但其采用了数字化标准，各种数字资源如图片、声音、视频、动画等都可以通过计算机技术将其整合集成，这非常有利于大型学习系统、教学课件的开发与应用。

2. 有利于资源的迁移

数字化教学资源可以任意多次复制，反复使用，可以将集成的教学资源整体迁移到其他方面使用，也可以将集成的教学资源中的某个积件提取出来使用在其他领域。数字化资源的迁移往往是以整个成品、某个积件、某种资源类型的形式进行，这大大超越了传统教学资源的迁移，广泛提高了效率。

3. 提高学习资源的使用效率，资源的生命周期长

数字化教学资源的复制及反复使用不会对其产生磨损、消耗，这提高了教学资源的使用效率，增长了教学资源的生命周期，免于资源的浪费。传统的教学资源如书籍、报刊、黑板、粉笔都是消耗品，随着教学规模的扩大，这样的消耗品必然需要重大投入，并产生资源匮乏、环境污染等社会问题。

4. 有利于资源安全、保护知识产权

随着印刷及复印等技术的出现，传统的文献信息资源经常遭受复制盗版的问题，数字化教学资源可以采用特殊的加密技术保护版权，防止教学资源的侵权。在一些有偿资源提供的过程中，使用特殊安全技术可以保证开发商的利益，提高其开发的积极性和必要的回报。

5. 有利于信息的传播

数字教学资源采用了数字化技术，便于复制、迁移、传播，尤其是网络技术的出现，让数字化教学资源的传播变得更加容易及普及。教育的目的之一是提高全民的整体素质，教学资源的高效传播特性在未来教育中将会发挥重大作用。

21 世纪是信息爆炸的时代，互联网的出现让信息资源的获取变得如此容易，只要有相应的网络软硬件条件，我们可以不分时间、地域，根据自身的需求去获取网络资源。互联网是全球最大的信息资源库，对教学资源而言，其中有很多用于教学的多媒体素材、课件、教案、论文、试题等资料。当前，一般有以下几种教学资源的类型：演示型课件、教学网页、专题学习网站、教学素材库、积件等多种形式。从教学资源的制作、发布途径上来看，一般有教育部门、专业软件公司、学校(主要是大专院校或网校)、教师自主开发制作的课件、专题学习网站等。

凡是利用互联网平台进行传输、呈现的信息都是数字资源，结合前文所讲数字资源的优势，可以预测，网络教学资源将是教育中不可替代的重要组成部分，将是重构教育新观念、建立新学习方法的推动力。

二、网络教学资源的特点

1. 内容极为丰富

2009年，全球网民已突破10亿，中国网民已超过3亿，网民既是网络资源的获取者，也是资源的提供者，难以计数的网民为丰富的网络资源作出了重大贡献。网络平台已成为人们交流、工作、生活的重要环境，谁占据谁获利，所以许多专门的机构、团队大力开发、发布网络资源，这为网络资源的权威性、规范性、丰富性发挥了重大作用。网上的信息资源覆盖面广，涵盖了各个领域。

2. 极大的共享性

网络资源的共享性是其非常重要的特性，共享性让网络资源的获取及利用更加容易，让网络资源发挥更加广阔的作用。大多数网络教学资源都可以免费获取，可以在非营利目的的情况下传播，让更多的学习者无代价拥有学习资源。

3. 时效性强

网络信息的发布大大压缩了传统文献的编辑、出版和发行等环节，通过网上发行大大缩短了信息编辑出版的时间，使得信息具有较强的时效性。网络信息发布所需的软硬件条件简单，广大网民都可以作为网络信息的开发者与发布者，针对网络信息资源，网民可以下载、修改、重新发布，这增加了网络信息资源的有效性、适用性。

4. 整体分布混乱

当前，网上信息资源没有统一的管理机构，也难有统一的发布标准，且变化、更迭、新生、消亡等都时有发生，难以控制。这就造成了网络资源在某个局部范围内是有序的，而资源的整体分布较为分散、无序，甚至呈混乱状态。这为我们有序、高效获取及利用网络信息资源提高了难度，尤其是网络教学资源的类型、格式较为混乱，为我们整合教学资源增加了困难。

网络教学资源具有传统教学资源所不具备的一些特性，当然这些特性不都是优势，我们应该充分理解网络教学资源及传统教学资源的特点，充分发挥其各自的优势，相互补充，让教学资源为教学发挥更大的作用。

丰富的网络教学资源给教育注入了新的活力，信息化教学将逐步取代传统的教学模式。传统教学环境下教学资源缺乏、理论性知识难以直观呈现等问题得以解决。教师实现了更大空间范围内的相互交流、合作，提升了教学能力，课堂教学效率得以提高、使学科整体教学水平和质量得到提升。但是，很多学科教师的教育技术能力还不是很强，信息素养也还在进一步加强，在搜集和利用网络信息资源中，碰到了诸多问题。为了便捷、快速而又充分有效地利用网络教学资源，教师必须掌握必要的搜集、下载、管理网络教学资源的技能与方法。在网络信息时代，信息如水——匮乏时，它是甘霖；泛滥时，它犹如洪水。不要做网络的奴隶，要做网络的主人。作为现代人要学会收集、识别、利用信息，作为教师更应该如此。

4.2　搜索引擎高级应用

网络教学资源浩如烟海、纷繁复杂、良莠不齐，如何在错综复杂的网络海洋中获取到有价值的教学资源？如何高效地找到自己最需要的资源？现代信息技术给我们提供了许多方法，其中搜索引擎是最有效的。

一、搜索引擎概述

搜索引擎(search engine)是指根据一定的策略、运用特定的计算机程序搜集互联网上的信息，在对信息进行组织和处理后，并将处理后的信息显示给用户，是为用户提供检索服务的系统。从使用者的角度看，搜索引擎提供一个包含搜索框的页面，在搜索框中输入检索关键字、词组或短语等检索项，通过浏览器提交给搜索引擎后，搜索引擎就会返回跟用户输入的内容相关的所有网址，并提供打开该网址的网站链接。如百度、谷歌、雅虎搜索等。

搜索引擎并不真正搜索互联网，它搜索的实际上是预先整理好的网页索引数据库。搜索引擎收集了 Internet 上几千万到几十亿个网页并对网页中的每一个词(即关键词)进行索引，建立索引数据库的全文搜索引擎。当用户查找某个关键词的时候，所有在页面内容中包含了该关键词的网页都将作为搜索结果被调出来。在经过复杂的算法进行排序后，这些结果将按照与搜索关键词的相关度高低依次排列。

现在的搜索引擎已普遍使用超链分析技术，除了分析索引网页本身的内容，还分析索引所有指向该网页的链接的 URL、Anchor Text，甚至链接周围的文字。所以，有时候，即使某个网页 A 中并没有某个词，比如“信息检索”，但如果网页 B 中有链接“信息检索”指向这个网页 A，那么用户搜索“信息检索”时也能找到网页 A。而且，如果有越多网页的“信息检索”链接指向网页 A，那么网页 A 在用户搜索“信息检索”时也会被认为更相关，排序也会越靠前。

搜索引擎的原理可以分为四步：从 Internet 网上抓取网页、建立索引数据库、在索引数据库中搜索排序、对搜索结果进行处理和排序。

(1)从 Internet 上抓取网页。利用能够从 Internet 上自动收集网页的 Sp5der 系统程序，自动访问 Internet，并沿着任何网页中的所有 URL 爬到其他网页，重复这过程，并把爬过的所有网页收集回来。

(2)建立索引数据库。由分析索引系统程序对收集回来的网页进行分析，提取相关网页信息(包括网页编码类型、页面内容包含的关键词、关键词位置、生成时间、大小、与其他网页的链接关系等)，根据一定的相关度算法进行大量复杂的计算，得到每一个网页针对页面内容中及超链接中每一个关键词的相关度(或重要性)，然后用这些相关信息建立网页索引数据库。

(3)在索引数据库中搜索排序。当用户输入关键词搜索后，由搜索系统程序从网页索引数据库中找到符合该关键词的所有相关网页。因为所有相关网页针对该关键词的相关度早已计算好，所以只需按照现成的相关度数值排序，相关度越高，排名越靠前。最后，由页面生成系统将搜索结果的链接地址和页面内容摘要等组织起来返回给用户。

(4)对搜索结果进行处理排序。所有相关网页针对该关键词的相关信息在索引库中都有记录，只需综合相关信息和网页级别形成相关度数值，然后进行排序，相关度越高，排名越靠前。最后系统将搜索结果的链接地址和页面内容摘要等组织起来生成页面返回给用户。

二、搜索引擎的分类

随着搜索引擎技术和市场的不断发展，出现了很多不同类型的搜索引擎，如桌面搜索引擎、地址栏搜索引擎、专家型搜索引擎、音乐搜索引擎、图片搜索引擎、购物搜索引擎等。如此多样的搜索引擎按工作原理大致可以分为三类。

1. 全文搜索引擎

全文搜索引擎是名副其实的搜索引擎，在国外具有代表性的搜索引擎有 Google、A1taVista、Inktomi、Teoma 等，国内著名的有百度中文搜索、北大天网、有道、爱问、搜狗等。它们都是通过从互联网上提取的各个网站的信息(以网页文字为主)而建立的数据库中，检索与用户查询条件相匹配的相关记录，然后按一定的排列顺序将结果返回给用户，因此它们是真正的搜索引擎。从搜索结果来源的角度，全文搜索引擎又可分为两种，一种是拥有自己的检索程序，俗称“蜘蛛”(Spidg)程序或“机器人”(Robot)程序，并自建网页数据库，搜索结果直接从自身的数据库中调用，如上面提到的 Google、百度等；另一种则是租用其他引擎的数据库，并按自定的格式排列搜索结果，如 Lycos 引擎。

全文搜索引擎有全文搜索、检索功能强、信息更新速度快等优点。但同时也有其不足之处，提供的信息虽然多而全，但可供选择的信息太多反而降低了相应的命中率，并且提供的查询结果重复链接较多，层次结构不清晰，给人一种繁多杂乱的感觉。

2. 目录索引

目录索引虽然有搜索功能，但在严格意义上算不上是真正的搜索引擎，仅仅是按目录分类的网站链接列表而已。用户完全可以不用进行关键词（Keywords）查询，仅靠分类目录也可找到需要的信息。目录索引中最具代表性的莫过于大名鼎鼎的 Yahoo，其他的还有 Open Directory Project（DMOZ）、LookSmart、About 等。国内的搜狐、新浪、网易搜索也都属于这一类。

目录索引与全文搜索引擎的区别在于它是由人工建立的，通过"人工方式"将站点进行了分类，不像全文搜索引擎那样，将网站上的所有文章和信息都收录进去，而是首先将该网站划分到某个分类下，再记录一些摘要信息，对该网站进行概述性的简要介绍，用户提出搜索要求时，搜索引擎只在网站的简介中搜索。它的主要优点有：层次、结构清晰，易于查找；多级类目，便于查询到具体明确的主题；在内容提要、分类目录下有简明扼要的内容，可以使用户一目了然。其缺点是搜索范围较小、更新速度慢、查询交叉类目时容易遗漏。

3. 元搜索引擎

元搜索引擎在接受用户查询请求时，同时在其他多个引擎上进行搜索，并将结果返回给用户。著名的元搜索引擎有 InfoSpace、Dogpile、Vivisimo 等，中文元搜索引擎中具有代表性的有北斗搜索、谷歌、百度等。

三、主流中文搜索引擎介绍

我国网民众多，搜索引擎用户规模已超过两亿，在未来数年将会迅速剧增，中国搜索引擎市场成为国内外搜索引擎服务商争先抢占的阵地，在短短数年出现了大量基于中文网络信息资源检索的搜索引擎。如 Google、Yahoo、bing、baidu、sogou、iask、niudown、youdao、webGather，等等，其中用户使用最多的是百度与谷歌。下面介绍一下主流的几款中文搜索引擎的功能与特点。

1. 百度

百度（www. baidu. com）是全球最大的中文搜索引擎，2000 年 1 月由李彦宏、徐勇 2 人创立于北京中关村，致力于向人们提供"简单、可依赖"的信息获取方式。"百度"二字源于中国宋朝词人辛弃疾的《青玉案・元夕》诗句："众里寻他千百度”，象征着百度对中文信息检索技术的执着追求。百度搜索引擎是当前功能最为强大、中文用户最多的中文搜索引擎，其首先是一个强大的全文搜索引擎，同时提供了众多适合于中国用户的个性化搜索功能，其特色如下：

(1)百度快照

如果无法打开某个搜索结果，或者打开速度特别慢，该怎么办？“百度快照”能帮您解决问题。每个未被禁止搜索的网页，在百度上都会自动生成临时缓存页面，称为“百度快照”。当您遇到网站服务器暂时故障或网络传输堵塞时，可以通过“百度快照”快速浏览页面文本内容。百度快照只会临时缓存网页的文本内容，所以那些图片、音乐等非文本信息，仍是存储于原网页。当原网页进行了修改、删除或者屏蔽后，百度搜索引擎会根据技术安排自动修改、删除或者屏蔽相应的网页快照。

(2)相关搜索

搜索结果不佳，有时候是因为选择的查询词不是很妥当。您可以通过参考别人是怎么搜的，来获得一些启发。百度的“相关搜索”，就是和您的搜索很相似的一系列查询词。百度相关搜索排列在搜索结果页的下方，按搜索热门度排序。

下面是“小说”的相关搜索。点击这些词，可以直接获得他们的搜索结果。

相关搜索	言情小说	小说阅读网	玄幻小说	小说网	小说下载
	网游小说	小说网	武侠小说	网络小说	txt 小说下载

(3)拼音提示

如果只知道某个词的发音，却不知道怎么写，或者嫌某个词拼写输入太麻烦，该怎么办？百度拼音提示能帮您解决问题。只要您输入查询词的汉语拼音，百度就能把最符合要求的对应汉字提示出来。它事实上是一个无比强大的拼音输入法。拼音提示显示在搜索结果上方。

如，输入“jinyong”，提示如下：您要找的是不是：金庸

(4)错别字提示

由于汉字输入法的局限性，我们在搜索时经常会输入一些错别字，导致搜索结果不佳。别担心，百度会给出错别字纠正提示。错别字提示显示在搜索结果上方。

如，输入“唐醋排骨”，提示如下：您要找的是不是：糖醋排骨

(5)英汉互译词典

百度网页搜索内嵌英汉互译词典功能。如果您想查询英文单词或词组的解

释，您可以在搜索框中输入想查询的“英文单词或词组”＋“是什么意思”，搜索结果第一条就是英汉词典的解释，如，received 是什么意思；如果您想查询某个汉字或词语的英文翻译，您可以在搜索框中输入想查询的“汉字或词语”＋“的英语”，搜索结果第一条就是汉英词典的解释，如“龙的英语”。另外，您也可以通过点击搜索框右上方的“词典”链接，到百度词典中查看想要的词典解释。

(6)计算器和度量衡转换

Windows 系统自带的计算器功能过于简陋，尤其是无法处理一个复杂计算式，很不方便。而百度网页搜索内嵌的计算器功能，则能快速高效的解决您的计算需求。

只需简单的在搜索框内输入计算式，回车即可。看一下这个复杂计算式的结果：

log((sin(5))^2)－3＋pi

如果您要搜的是含有数学计算式的网页，而不是做数学计算，点击搜索结果上的表达式链接，就可以达到目的。

在百度的搜索框中，您也可以做度量衡转换。格式如下：

换算数量换算前单位＝？换算后单位

例如：－5 摄氏度＝？华氏度

如果需要更多信息，请查看详细的计算器和度量衡转换帮助。

(7)专业文档搜索

很多有价值的资料，在互联网上并非是普通的网页，而是以 Word、PowerPoint、PDF 等格式存在。百度支持对 Office 文档(包括 Word、Excel、Powerpoint)、Adobe PDF 文档、RTF 文档进行了全文搜索。要搜索这类文档，很简单，在普通的查询词后面，加一个“filetype:”文档类型限定。“Filetype:”后可以跟以下文件格式：DOC、XLS、PPT、PDF、RTF、ALL。其中，ALL 表示搜索所有这些文件类型。例如，查找张五常关于交易费用方面的经济学论文。“交易费用 张五常 filetype：doc”，点击结果标题，直接下载该文档，也可以点击标题后的“HTML 版”快速查看该文档的网页格式内容。

您也可以通过百度文档搜索界面(http://file.baidu.com/，直接使用专业文档搜索功能。

(8)股票、列车时刻表和飞机航班查询

在百度搜索框中输入股票代码、列车车次或者飞机航班号，您就能直接获得相关信息。例如，输入深发展的股票代码“000001”，搜索结果上方显示深发展的股票实时行情。也可以在百度常用搜索中，进行上述查询。

(9)精确匹配——双引号和书名号

如果输入的查询词很长，百度在经过分析后，给出的搜索结果中的查询词，可能是拆分的。如果您对这种情况不满意，可以尝试让百度不拆分查询词。给查询词加上双引号，就可以达到这种效果。

例如，搜索上海科技大学，如果不加双引号，搜索结果被拆分，效果不是很好，但加上双引号后，获得的结果就全是符合要求的了。

书名号是百度独有的一个特殊查询语法。在其他搜索引擎中，书名号会被忽略，而在百度，中文书名号是可被查询的。加上书名号的查询词，有两层特殊功能，一是书名号会出现在搜索结果中；二是被书名号扩起来的内容，不会被拆分。书名号在某些情况下特别有效果，例如，查名字很通俗和常用的那些电影或者小说。比如，查电影"手机"，如果不加书名号，很多情况下出来的是通信工具——手机，而加上书名号后，搜索结果就都是关于电影方面的了。

(10)高级搜索和个性设置

如果对百度各种查询语法不熟悉，可以使用百度集成的高级搜索界面，可以方便地做各种搜索查询。

您还可以根据自己的习惯，在搜索框右侧的设置中，改变百度默认的搜索设定，如搜索框提示的设置，每页搜索结果数量等。

(11)天气查询

使用百度就可以随时查询天气预报，再也不用四处打听天气情况了。在百度搜索框中输入您要查询的城市名称加上天气这个词，您就能获得该城市当天的天气情况。例如，搜索"北京天气"，就可以在搜索结果上面看到北京当天的天气情况。

百度支持全国多达 400 多个城市和近百个国外著名城市的天气查询。

(12)货币换算

要使用百度的内置货币换算器，只需在百度网页搜索框中键入您需要完成的货币转换，单击"回车"键或点击"百度一下"按钮即可。下面是一些查寻示例：

100 美元等于多少人民币

1USD=？RMB

5 元人民币换成新加坡的货币

货币换算免责声明：百度无法保证计算所使用汇率的准确性。汇率的变化会对交易产生影响，因此在进行任何交易之前，您应确认汇率是否准确。外币汇率由金融界提供。汇率信息仅供参考，如有变化，恕不另行通知。

(13)搜索框提示

百度会根据您的输入内容，在搜索框下方实时展示最符合的提示词。您只需用鼠标点击您想要的提示词，或者用键盘上下键选择您想要的提示词并按回车，就会返回该词的查询结果。您不必再费力地敲打键盘即可轻松地完成查询。

您输入拼音或汉字，百度会给出最符合您要求的提示。如，输入"moshou"，搜索框提示中会显示"魔兽世界""魔兽秘籍"等；输入"kaix"，搜索框提示中会显示"开心网""开心农场"等；输入"百度"，搜索框提示中会显示"百度地图""百度空间"等。

默认情况下，在百度主页和搜索结果页上方的搜索框都会显示搜索框提示。如果您不希望显示搜索框提示，可以在搜索框右侧设置的"搜索框提示"中选择"不显示"来关闭搜索框提示功能。关闭之后您还可以在搜索框右侧设置的"搜索框提示"中选择"显示"来重新开启它。

显示搜索框提示时，会默认屏蔽您的浏览器的搜索框历史提示功能。如果您想恢复浏览器的搜索框历史提示功能，请在搜索框右侧设置的"搜索框提示"中选择"不显示"。

2. 谷歌

谷歌(www. google. com) 创始人 Larry Page 和 Sergey Brin 在斯坦福大学的学生宿舍内共同开发了全新的在线搜索引擎，于 1998 年 9 月 7 日以私有股份公司的形式创立，以设计并管理一个互联网搜索引擎然后迅速传播给全球的信息搜索者。Google 目前被公认为是全球规模最大的搜索引擎，它提供了简单易用的免费服务，用户可以在瞬间得到相关的搜索结果。是全球最大的搜索引擎，在世界范围内用户最多，影响最广的搜索引擎。下面介绍一下谷歌的特色应用。

(1)计算器

要使用 Google 的内置计算器功能，只需在搜索框中输入您想要完成的算式即可。

(2)地图

在查找地图吗？只需在搜索框中键入位置名称以及“map”或“地图”，Google 就会返回此位置的相关地图。点击此地图可通过“Google 地图”将其放大查看。

示例:

(3)手机号码

用 Google 查询手机电话号码归属地，您只需直接输入要查的号码即可(不需要任何关键词)。Google 能自动识别以 13 开头的 11 位数字为手机号码而返回相关的网站链接，让您即刻便知道答案。

示例:

(4)电影放映时间

要获知附近正在上演的电影的评论和放映时间，只需在 Google 搜索框中键入“电影”“影讯”、影院名称或近期电影的名称即可。

示例:

(5)单位换算

您可以使用 Google 进行诸如高度、重量等众多计量单位间的换算。只需在搜索框中输入您想要进行的换算，剩下的事就交给我们了。

示例:

(6)天气查询

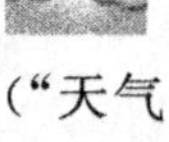用 Google 查询中国城市地区的天气和天气预报，只需输入一个关键词(“天气”、“tq” 或“TQ”任选其一)。Google 返回的网站链接会带给您最新

的当地天气状况和天气预报。

(7)同义词搜索

如果您并不仅仅想搜索单个字词，而是想一并搜索其同义词，则在搜索字词前加上一个代字符(～)即可。

(8)字典定义

要查看某个字词或词组的定义，在此字词或词组前加上“define:”即可。请注意，搜索结果会提供整个词组的定义。

示例:

(9)本地搜索

如果想要查找商店、餐馆或其他本地商户，您可以搜索商户类别和位置，Google 会将搜索结果连同地图、评论及其联系方式一并返回。

示例:

(10)相关搜索

要搜索与指定网站有相似内容的网页，请在 Google 搜索框中键入“related:”，并在其后键入相应的网址。

示例:

(11)填空

有时，最好的提问方式是让 Google“填空”：只需在 Google 搜索框中键入句子的一部分，然后加星号（＊）即可。

示例:

(12)邮编区号

用Google查询邮政编码或长途电话区号，您只需输入关键词(“邮编”，“yb”和“YB”任选其一；“区号”，“qh”和“QH”任选其一)和要查的城市地名或邮政编码或电话区号即可。Google会为您提供相关的所有信息，包括所在地的省市名称，邮政编码及长途电话区号。

示例:
示例:
示例:

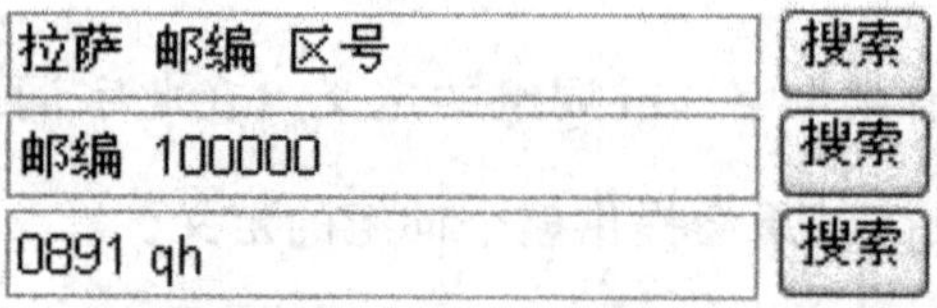

3. 雅虎

雅虎(www. yahoo. com. cn)是华裔杨致远所创办，是当今Internet上最为火爆的搜索引擎之一，与绝大多数搜索引擎不同的是，Yahoo是以网站为其主要搜索目标，以其完备的分类目录索引和轻松自如的浏览方式吸引了数以万计的网络用户。

Yahoo的数据库收录了几百余万条网站信息，经专家人工筛选、甄别之后，将其精心地分布在2.5万个主题(类目)之中。用户可以通过Yahoo的分类目录去层层浏览，初次上网的新手，也可以在Yahoo精心编排的分类目录的引导下，轻松地找到自己感兴趣的资料。

Yahoo编排续密的分类目录体系是Yahoo获得成功的重要因素。一般搜索引擎提供的分类目录只有两三层，每层却要容纳数以万计的网站信息、而Yahoo的分类目录，通常都有十几层，而且全部由人工组织编排，用户可以借此迅速找到相关的站点而不致迷失在信息的汪洋大海之中。

Yahoo提供的关键词检索，并不是通常意义下的关于网页全文的关键词检索，而是作为其分类目录索引的辅助工具。当用户在检索框中输入关键词后、系统首先将在Yahoo分类目录的类目中搜寻，然后在Yahoo资料库的网站信息以及Yahoo的新闻资料库中搜寻。系统返回的检索结果，也是先列出符合检索条件的Yahoo分类目录中的有关类目，然后才是符合条件的相关网站，用户也可以在此基础上访问相关的网页和新闻资料。

Yahoo的关键词检索虽然也支持逻辑检索(只支持"AND"和"OR")和一些特殊操作符，但使用起来远不及Yahoo的分类目录来得直观和方便，所以应用的机会并不多。

Yahoo的中文版于1998年5月问世，并起了一个很好听的名字："雅虎中文"。雅虎中文并非是Yahoo的翻译版，它只是Yahoo为全球中文网上用户提供的一个Internet中文信息导航，其实际内容较之Yahoo要少许多，与其他一些有影响的中文搜索引擎相比，雅虎中文并没有多少优势可言。由于雅虎中文要顾及全球华人的使用与需要，在类目的编制和内容的安排方面就难免顾此失彼，仅仅就局部资源的开发与导航而言，雅虎中文反而不及一些地区性的中文搜索引擎有特色。

4. 搜狗

搜狗(www.sogou.com)是搜狐公司于2004年8月3日推出的全球首个第三代互动式中文搜索引擎，域名为www.sogou.com。搜狗以搜索技术为核心，致力于中文互联网信息的深度挖掘，帮助中国上亿网民加快信息获取速度，为用户创造价值。

搜狗的产品线包括了网页应用和桌面应用两大部分。网页应用以网页搜索为核心，在音乐、图片、新闻、地图领域提供垂直搜索服务，通过说吧建立用户间的搜索型社区；桌面应用则旨在提升用户的使用体验：搜狗工具条帮助用户快速启动搜索，拼音输入法帮助用户更快速地输入，PXP加速引擎帮助用户更流畅地享受在线音视频直播、点播服务。

尽管当前搜索引擎种类繁多、品牌各异，但其主要功能往往大同小异，操作基本相同，只要我们运用了其中某一个搜索引擎，往往就能找到所需信息资源，但由于不同搜索引擎的算法有差异，数据库不同、容量不一样，信息资源检索的结果、效率还是有一定的差异。虽然百度、谷歌等搜索引擎常常作为我们的首选，其全文搜索及分类搜索、特色搜索功能都很强大，但二者之间还是有差异。百度在中国使用用户最多，其以搜索效率高、用时少著称，适合于中文信息的检索。谷歌是全球使用用户最多的搜索引擎，谷歌搜索的结果多于百度，适合于中文及外文检索。牛档侧重于各种专用文档(pdf、office系列)的搜索，是一个实用的搜索引擎。狗狗侧重于视频文件搜索，其不同于百度视频搜索，能搜索各种视频格式的文件。雅虎的目录检索功能适合于搜索目的性不强的用户查找资源。可见，不同的搜索引擎有其自身不同的特点与优势，在网络信息教学资源的查找过程中，我们要根据自己的需求，结合搜索引擎的特点，才能使网络信息资源检索更加高效。

四、搜索引擎使用技巧

1. 选择合适的搜索引擎

每种搜索引擎都有不同的特点，在查询范围、检索功能上各有千秋，只有选择合适的搜索工具才能得到最佳的结果。选择合适的搜索工具主要从工具的类别、收录范围、检索问题的类型、检索具体要求等方面综合进行考虑。前文已介绍各种类型搜索引擎的特点，我们要根据搜索信息的类别，在了解各搜索引擎特性的前提下选择合适的搜索引擎种类及具体的某个搜索引擎。

2. 使用恰当的关键词

关键词的确定是使用搜索引擎搜索信息的开始，也是整个信息搜索的关键。在很多情况下，找不到理想的信息往往是因为关键词选择的方向发生了偏移，所以学会从复杂搜索意图中提炼出最具代表性的指示性的关键词对提高搜索效率至关重要，这方面的技巧、经验是所有其他搜索技巧的基础。

选择关键词的原则是，首先确定所要达到的目标，在脑子里形成一个比较清晰的概念，即要找的到底是什么？是资料性的文档，还是某种产品、某个地方或某种服务？然后再分析这些信息都有些什么共性，以及区别于其他同类信息的特性，最后从这些方向性的概念中提炼出此类信息最具代表性的关键词。同时，还要考虑诸多其他因素，如输入的关键词是否与所搜索的网站内容有关，如不要在美食网上搜索有关文艺演出的信息；是否符合搜索工具的要求；尽量避免采用热门关键词等。如果这一步做好了，往往就能迅速地定位所要找的东西，而且多数时候根本不需要使用更复杂的搜索技巧。所以说选择正确的关键词绝对是需要下一番功夫的。下面介绍一些选择关键词的技巧和方法。

(1)单词检索

- 尽量选择专有名词、特定概念或专业术语等关键词。这类词语作为关键词搜索出来的结果一般与检索的主题相关性很大。
- 不使用过于通俗简单的词语。大多数搜索引擎在处理过于简单通俗的词语方面有问题。往往太通俗简单的词语，就会返回过多的搜索结果，难以查到有用信息。例如，要查找有关唐诗的信息资源，其属于诗歌的范畴，如果使用关键词“诗歌”进行搜索将会返回大量与诗歌有关但可能与唐诗无关的信息，如果直接使用“唐诗”进行搜索就会得到相对合适的结果。
- 尽量少使用单一流行语、热频词。网络是一个高度实时性的环境，当某一单词流行起来，受到大家关注的时候，网站搜索推广商及广大网民将会广泛使用。如果我们使用流行语搜索将会返回大量无用的搜索结果，难于找到需要的信息。

- 合理使用短语。短语相对于简洁的单词要更具体、更有指向性，这会大大缩小搜索的范围，更好更快定位到有用信息。例如“初中数学”较之“数学”，“高等教育”较之“教育”，“信息素养”较之“素养”等。

(2)词组检索

使用一个单词进行搜索往往会返回大量的匹配链接，在搜索结果中找到所需信息同样耗时耗力。如果使用多词即词组检索，会发现搜索结果更加明确而有效。在搜索时，给出2个关键词，将2个词用空格隔开，发现搜索结果远远少于使用其中任一个词的搜索结果，使得搜索的结果更有指向性。例如，要查找一个中学物理课件，使用“中学物理　课件”比单独使用“中学物理”或“课件”获得的范围更加精确；而课件的种类很多，如需找到更加适合自己的资源可以再加关键词，如“中学物理　课件　flash”“中学物理　课件　ppt”等，这样返回的搜索结果估计就更加满足我们的需求。

(3)自然语言检索

自然语言检索方式又称“智能检索”，特别适合初学者及难于确定关键词的信息的检索。自然语言检索是指使用自然语言中的语句进行检索，同日常生活中的口语一样。如“鸟巢的面积是多少?”，“李白死于哪年?”，“非典有哪些症状?”等，自然语言检索大多是一些提问式检索，是长句检索。我们发现使用自然语言检索的时候，自然语句常常被搜索引擎自动分割为数个短语或词组，这是在自然语句搜索结果与关键词不被很好匹配的情况下产生的，当搜索结果与关键词没有完全匹配，搜索引擎采用分割自然语言长句试图找到与用户需求相近的结果。而使用自然语句检索往往很难有完全匹配的搜索结果，但通过搜索引擎返回的结果往往能解决问题。在使用自然语句检索时，尽量不要使用生僻的语言，不要使用地方语言，否则很难找到有用信息。

(4)合理使用检索结果二次确定关键词

针对搜索引擎的初学者及不熟悉的检索对象往往较难一次准确定位关键词，我们可以通过对检索对象的大致认识初步确定关键词，然后通过检索结果信息及搜索引擎的相近搜索功能修正自己的关键词，在二次、三次确定关键词后，使用新的关键词进行检索或许能找到自己所需信息。

3. 使用布尔逻辑检索

严格意义上的布尔检索法是指利用布尔逻辑运算符连接各个检索词，然后由计算机进行相应逻辑运算，以找出所需信息的方法。它的使用面最广、使用频率最高。布尔逻辑运算符的作用是把检索词连接起来，构成一个逻辑检索式。布尔逻辑检索的常用逻辑关系有“与”“或”“非”。

(1)逻辑“与”

当前大多搜索引擎的“与”逻辑符用“AND”或“+”表示，不过该运算符常常省略，中间用空格分隔。“与”逻辑可用来表示其所连接的 2 个关键词的交叉部分，也即交集部分。如果用 AND 连接关键词 A 和关键词 B，表示让搜索引擎搜索同时包含检索词 A 和检索词 B 的信息集合 C。“与”逻辑运算缩小了检索范围，加快了搜索速度，提高了命中率。

语法：A+B+C+……或 A B C……

示例：如图 4.1、4.2、4.3 所示，使用了关键词“初中”，“数学”，使用“与”逻辑“初中　数学”后的搜索结果变少很多。

图 4.1　使用关键词“初中”的搜索结果

图 4.2　使用关键词“数学”的搜索结果

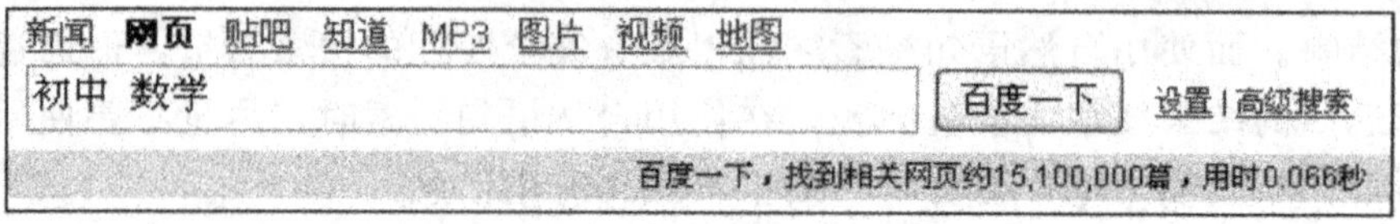

图 4.3　使用“与”逻辑符的搜索结果

(2)逻辑“或”

当前大多搜索引擎的“或”逻辑符用“OR”或“|”表示。用于连接并列关系的关键词。用 OR 连接关键词 A 和关键词 B，表示让搜索引擎查找含有检索词 A、B 之一，或同时包括检索词 A 和检索词 B 的信息。

语法：A | B | C……或 A OR B OR C

不同的搜索引擎在使用“或”运算符时，语法中间的空格有所不同，如百度使用“|”运算符时需要空格，而谷歌不需要空格，读者可以在实践过程中去灵

活运用。

示例：如图 4.4 所示，使用“或”运算符后的检索结果要高于图 4.1～图 4.3 中的任意一个。

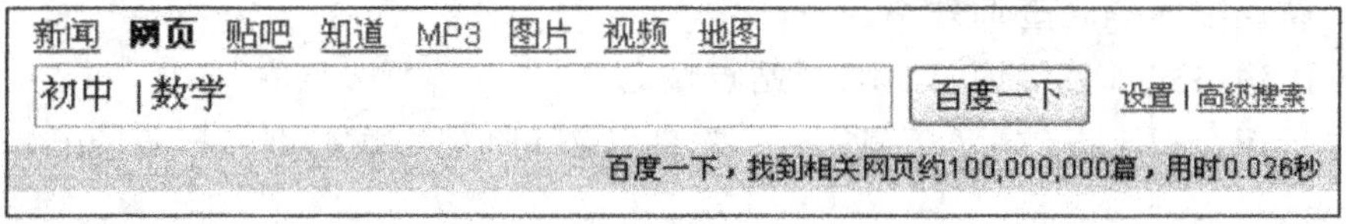

图 4.4　使用“或”逻辑符的搜索结果

(3)逻辑“非”

当前大多搜索引擎的“或”逻辑符用“NOT”或“—”号表示，用于连接排除关系的关键词，即排除不需要的和影响检索结果的概念。用 NOT 连接检索词 A 和检索词 B，表示检索含有检索词 A 而不含检索词 B 的信息，即将包含检索词 B 的信息集合排除掉。

语法：A - B

示例：如图 4.5 所示，使用“非”运算符的搜索结果。

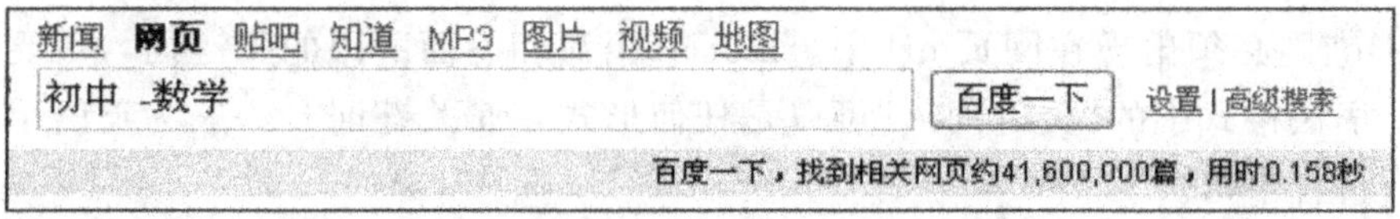

图 4.5　使用“非”逻辑符的搜索结果

4. 合理利用高级搜索语法

高级搜索语法具备一些特殊搜索功能，合理使用搜索语法将会达到事半功倍的效果，当我们在常规搜索无果时，使用搜索语法往往会有意想不到的效果。下面简单介绍一些常用的高级搜索语法。

(1)Intitle

Intitle 是把搜索范围限定在网页标题中，网页标题通常是对网页内容提纲挈领式的归纳，把查询内容范围限定在网页标题中，有时能获得良好的效果。

语法格式：intitle：关键词 A　或关键词 A intitle：关键词 A

使用的方式，是把查询内容中特别关键的部分用“intitle:”领起来。例如，找张艺谋的电影，就可以这样查询：电影 intitle：张艺谋。

intitle 和前面的关键词之间要有空格，intitle 和后面的关键词之间没有空格，其中冒号“:”是在英文状态下输入。

(2)Site

Site是把搜索范围限定在特定站点中，有时候，如果知道某个站点中有自己需要找的信息，或者希望仅仅在某个站点查找信息就可以把搜索范围限定在这个站点中，提高查询效率。

语法格式：关键词A site：站点域名

示例：要到天空网下载msn软件，就可以这样查询：msn site：sky-cn.com

“site:”后面跟的站点域名，不要带“http://”；另外，site：和站点名之间，不要带空格。

(3)Inurl

把搜索范围限定在url链接中，网页url中的某些信息常常有某种有价值的含义，如果对搜索结果的url做某种限定，可以搜索到更具特色而有价值的信息，获得良好的搜索效果。

语法格式：关键词A　inurl：关键词B

示例：如果希望查找网络上关于flash的使用技巧，可以这样查询：flash inurl：jiqiao上面这个查询串中的“flash”是可以出现在网页的任何位置，而“jiqiao”则必须出现在网页url中。inurl：语法和后面所跟的关键词，不要有空格，语法格式中的“关键词A”可以是任何形式，而关键词B一般为英语单词或汉语拼音字母。

(4)Filetype

Filetype用于查询某种类型的文件，在明确自己搜索资源文件类型的情况下，使用Filetype将会非常高效地找到所需资源。

语法格式：关键词 filetype：类型文件扩展名　或：filetype：类型文件扩展名　关键词

示例：搜索关于中学物理知识单摆的ppt课件，可以这样搜索：“单摆 filetype：ppt”。

百度现在支持的文件类型有：doc、ppt、xls、pdf，谷歌除了支持前面几种文件格式，还支持Flash动画“swf”的搜索。

(5)Link

Link的功能是搜索所有链接到某个URL地址的网页，如果我们想知道有多少网页对本校网站(www.gznu.edu.cn)作了链接，使用“link”语法就能迅速达到这个目的。

语法格式：link：url

示例：搜索所有含指向贵州师范大学(www. gznu. edu. cn)链接的网页，可以这样进行搜索："link:www. gznu. edu. cn"。

搜索引擎的高级搜索语法很多，如 inanchor、cache、daterange、related、info、phonebook 等，限于篇幅本文不再赘述，读者可以去查阅相关资料，掌握高级搜索语法的功能及运用，在信息检索中合理使用，提高信息搜索的效率。

对比当前两大主流搜索引擎，谷歌的高级搜索语法比百度更丰富多样。

5. 灵活使用专用搜索引擎

专用搜索引擎指在专门的领域使用或搜索某一特定资源的具有明显搜索指向性的搜索引擎。当前的主流搜索引擎一般都有很多专用搜索引擎，百度的专业搜索引擎多达几十种，使用较为频繁的有新闻、网页、贴吧、知道、MP3、视频、图片搜索引擎。我们在搜索信息的时候使用全文搜索引擎往往面临所搜索的结果太多而难以在结果中选出有用信息，当已经明确了搜索信息的类型如网页、视频、声音、图片等，使用相应的专用搜索引擎就会事半功倍。

6. 使用高级搜索功能

很多全文搜索引擎基本上都具有高级搜索功能，这里讲的高级搜索是指搜索引擎给出了更加人性化、易操作的界面选项设置，用户在各属性框中合理的设置或录入关键词使之搜索更加高效的搜索方法。图 4.6 是百度的高级搜索功能界面，从该图看出在高级搜索中，如果用户对搜索引擎的语法及逻辑运算符的使用不熟悉，可以根据上图"搜索结果"中几个输入框来实现关键词的逻辑关系，而无须再使用逻辑运算符来连接不同的关键词。在高级搜索功能中可以设置搜索信息的时间范围、搜索结果显示的条数、搜索网页语言，可以选择搜索

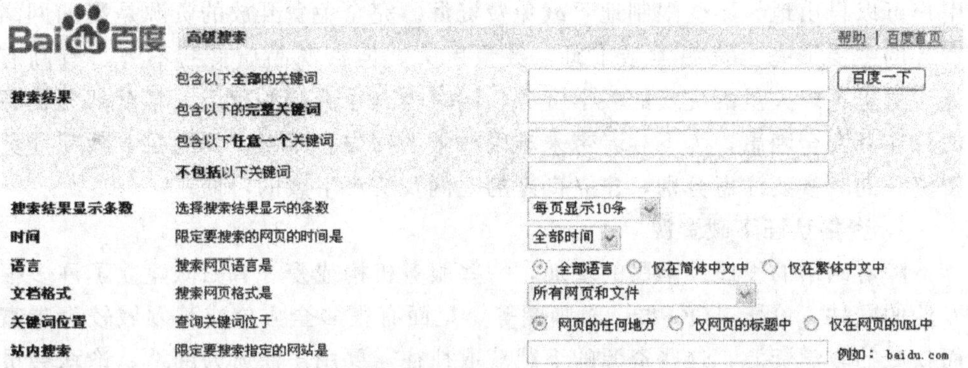

图 4.6　百度高级搜索功能界面

网页的格式如 ppt、doc、xls、pdf 等，可以设置查询的关键词在网页中的位置，设置在某个指定网站中查找。根据前文讲的知识，我们可以看出高级搜索功能其实是关键词逻辑关系及部分高级语法的应用，当我们熟悉逻辑运算及语法的应用时，可以在搜索引擎的关键词输入栏里直接运用而无须使用高级搜索功能，反之使用高级搜索功能既简单又高效。

4.3 网络教学文档、图片、视频、动画资源的下载

网络各种信息资源丰富多样，前文介绍了网络信息资源的搜索方法，即如何找到的问题，本节主要介绍如何将这些资源为我所用，即如何下载的问题。尽管互联网共享资源不计其数，但是并非所有的资源都可以下载，首先需要了解一下我们从互联网上可以获取(下载)哪些教学资源？通过哪些途径可以获取教学资源。

互联网上有用的文字、文档、超文本文件、图片、声音、视频、动画、应用程序文件、压缩数据包等都可以成为教学资源，我们下载后对其进行加工、修改、集成后将会成为有用的教学资源。网络上有很多较为优质的课程资源成品及积件，这些资源为教师在课程开发的过程中提供支持，节省了时间，我们要合理而充分的利用。

一、获取网络教学资源的一般途径

1. 完全免费开放的网络教学资源

网络极大的共享性、开放性使得网络上的很多资源都是对用户免费开放，用户可以自由地、不受限制地下载免费资源。完全免费开放的资源是当前网络资源的主要形态，资源类型丰富，数量巨大，但资源品质良莠不齐、有高有低，这里不乏大量的优质的教学资源，同时也充斥着糟粕垃圾，甚至部分资源或许还有安全隐患，为下载者带来难以补救的损失。所以，我们在下载完全免费资源的时候要注意分别，建立良好的上网及资源下载的习惯。

2. 资格认证下载资源

随着网络的发展及网民的增加，一些服务机构或爱好者团队建立了许多很专业的网站、论坛、QQ 群、教师圈等，里面有很多全方位或某领域较为丰富而权威的教学资源，这些资源的下载获取往往需要用户注册为网站、论坛会员或群里的成员，当经过身份资格认证后可以免费下载其教学资源。

3. 教学资源有偿获取

有很多专业的服务机构开发了大型的教学资源数据库，并且将这些教学资源有偿地为广大网民提供服务支持，如万方数据知识服务平台、维普资讯、CNKI 等。这些大型数据库学习资源齐备，资源品质相对有保障，但下载其资源需要付费。当前绝大多数高校的数字图书馆基本都有这些国内外大型学习资源数据库的链接，在学校支付了年费的前提下，个人用户在校园网内部可以免费获取学习资源。

在掌握了教学资源的获取途径后，我们需要学习教学资源的下载方法，尽管当前资源的类型与格式多样，但就其下载方法大同小异，可以宏观地将资源的下载分为网页浏览器下载与专用下载工具下载两种类型。网页浏览器是个显示网页服务器或档案系统内的文件，并让用户与这些文件互动的一种软件。它用来显示在万维网或局部局域网络内的文字、影像及其他资讯。常见的网页浏览器有微软的 Internet Explorer、Mozilla 的 Firefox、Apple 的 Safari、Opera、Google 的 Chrome，腾讯的 TT 浏览器等。当个人 PC 机安装了操作系统及网页浏览器后，就可以利用网页浏览器下载多种网络教学资源，如网页、图片、声音、数据压缩包等。随着网络资源类型的增加及用户对下载速度的要求越来越高，专用下载工具应运而生，专用下载工具具有支持各类资源的下载、下载速度快、支持断点续传等特点，当前主流的专用下载工具有网际快车、网络蚂蚁、迅雷、超级旋风等。

二、使用网页浏览器下载网络资源

以微软的 Internet Explorer 为例，分别介绍使用网页浏览器下载网页、图片、声音、程序等资源的下载方法。基于网页浏览器的下载具有稳定、安全等优点，但其不支持断点续传功能，即资源下载要一次完成，不能暂停，不能关机下次接着下载。

1. 网页的下载

当用户在互联网上看见有用的网页时，需要将其下载保存在本机，只需要在 IE 浏览器的菜单中选择【文件】>【另存为】菜单项，弹出保存网页对话框，从中指定文件保存的路径以及文件的名称，然后单击【确定】即可，如图 4.7 所示。

在“保存网页”对话框中有几个选项设置，其中“编码”选项一般选择默认的简体中文(GB2312)，在“保存类型”中有“网页，全部(*.htm，*.html)”“WEB 档案，单一文件”“网页，仅 HTML”及“文本文件”四个选项，这四个选

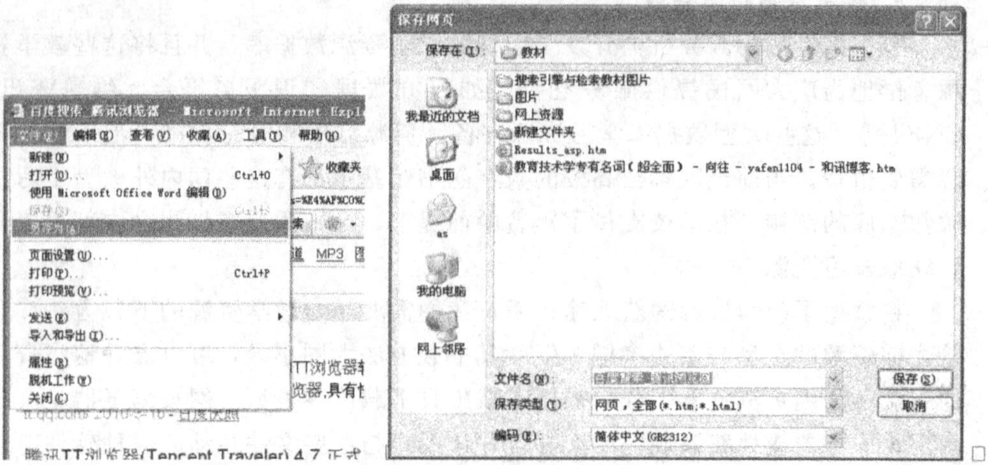

图 4.7　网页下载

项其作用不一样。用“网页，全部(＊.htm，＊.html)”这种类型保存网页，会产生一个存放网页图片等素材的 Files 文件夹，整理起来很麻烦并且占据了空间，但网页中素材较为齐全地保留下来了。选择保存类型为“Web 档案，单一文件”，会把网页上的所有元素，包括文字和图片集成保存在一个 MHT 类型的文件中，不管把这个文件放到哪台电脑上，双击以后都可以打开一张图文并茂的网页；如果在网页中图片不太重要只是为了看文字内容的情况下，则可以选择“Web 页，仅 HTML(8. Html；＊.htm)”，这时就不会保存图片文件夹；如果你是冲着文字资料并且需要编辑的情况，那就选择最后一种类型“文本文件(＊.txt)”。这样，既简单明了又节省了磁盘空间。我们在进行网页下载的时候要知道自己需要的是网页中的什么，准确选择保存类型会使得下载更加合理高效。

2. 图片的下载

用户在网页上看到许多精美的图片，可以利用网页浏览器的下载功能将图片下载下来以便于以后观赏或使用，方法是：将鼠标指针移动到要下载的图片上，然后单击鼠标右键，在弹出的快捷菜单中选择“图片另存为”菜单项，然后在弹出的“保存图片”对话框中指定保存的路径和文件名，浏览器就会将图片以指定的文件名保存在指定的文件夹中，如图 4.8 所示。

在图片的保存类型中有“jpeg”与“位图”两种，由于二者的压缩编码方式不一样，前者的文件体积要小很多，而一般意义上说，后者的图像质量要好，由

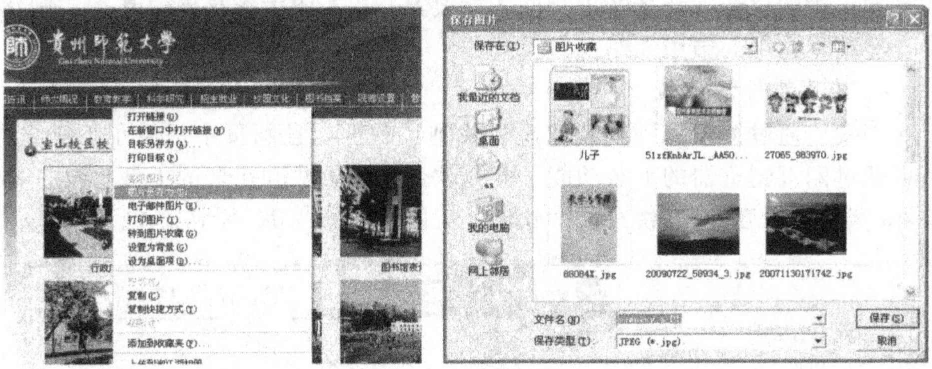

图 4.8　图片下载

于人的视觉局限，在直观上看不出二者的图像质量有多大差异，读者可以根据自己的需求选择恰当的保存类型。如果保存的是 gif 动画，则保存类型为“gif”与“位图”两种，选择“gif”保存动画原貌，选择“位图”则保存为静态图片。

3. 声音的下载

用户在网络上听到优美的音乐或音效，可以利用网页浏览器的下载功能将该声音文件下载下来使用，方法是：将鼠标指针移动到要下载的声音文件的网络路径上，然后单击鼠标右键，在弹出的快捷菜单中选择【目标另存为】菜单项，然后在弹出的【保存文件】对话框中指定保存的路径和文件名，浏览器就会将声音文件以指定的文件名保存在指定的文件夹中，如图 4.9 所示。

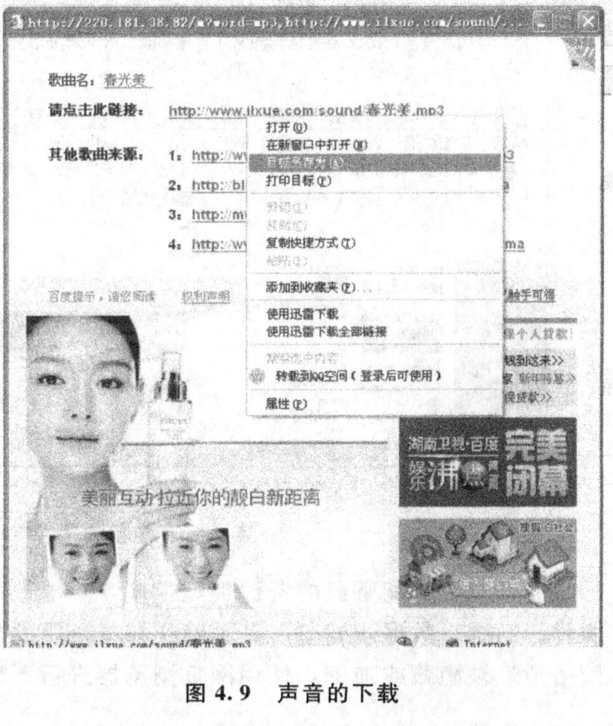

图 4.9　声音的下载

声音文件下载的关键是如何找到文件的网络地址，一般通过搜索引擎搜索到的声音文件的网络地址容易明确找到，一些嵌入到网页中的声音如背景音乐、嵌入播放器音乐等不太容易确定其真实网络地址，这些将在第 5 节中介绍。

4. 应用软件的下载

当我们通过搜索引擎或其他途径找到了软件，且网页中提供了下载链接，可以通过网页浏览器的下载功能下载该软件，其方法和声音的下载一样，比如现在需要找到下载网际快车这个软件，可以通过图 4.10 所示流程去做。

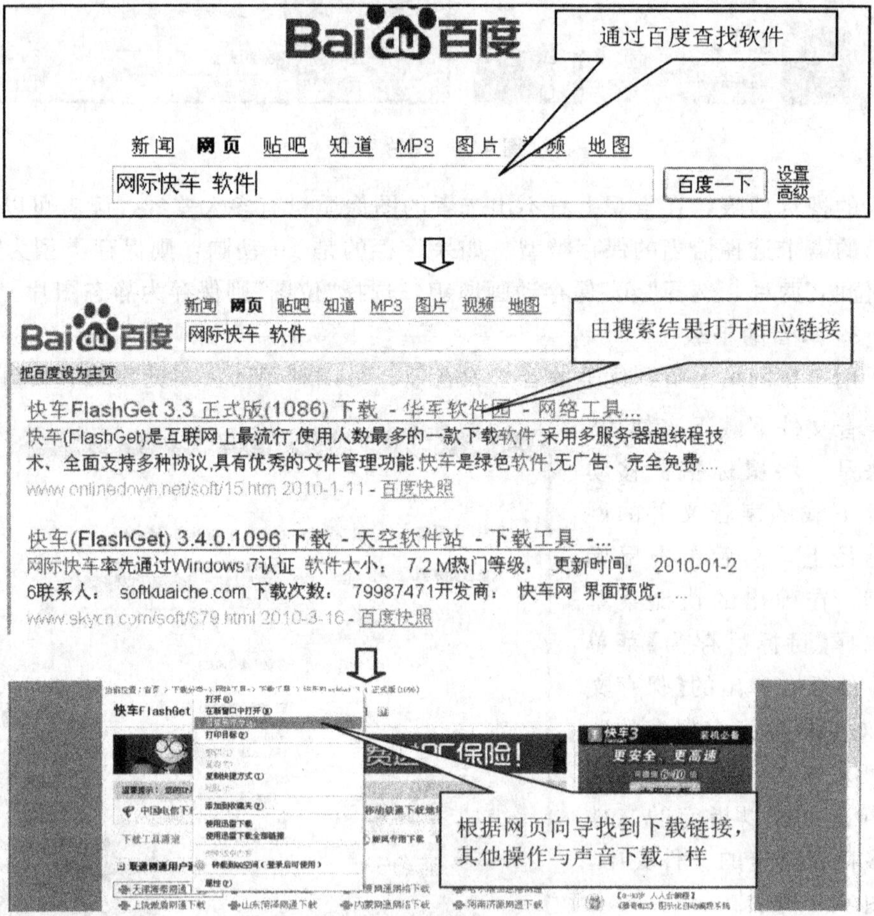

图 4.10　应用软件的下载

网页浏览器能下载的资源类型很多，除了上述资源类型外，还能下载视频文件、动画、数据压缩包，其关键在知道资源的真实网络地址，而有些资源的网络地址被隐藏或加密，使用网页浏览器进行下载就很困难。而一些专用下载工具具有网页浏览器不具备的功能，我们有必要掌握一些常用的网络专用下载工具的使用方法和技巧。

三、专用下载工具

下载工具是一种可以使你更快地从网上下载东西的软件。用下载工具下载东西之所以快是因为它们采用了“多点连接(分段下载)”技术，充分利用了网络上的多余带宽；采用“断点续传”技术，随时接续上次中止部位继续下载，有效避免了重复劳动。这大大节省了下载者的连线下载时间。常见的下载工具有：迅雷、网际快车、网络蚂蚁、超级旋风等。下面以网际快车(FlashGet)为例，介绍其常规设置与一般下载方法。

1. 初识网际快车(FlashGet)

FlashGet(网际快车)是为解决文件下载的速度和管理问题所开发的软件，该软件通过把一个文件分成几个部分同时下载来成倍提高速度。网际快车可以创建不限数目的类别，每个类别指定单独的文件目录，不同的类别保存到不同的目录中去，支持拖动、更改名、添加描述、查找、文件名重复时自动重命名等强大的管理功能，通过这些功能在下载前后均可轻易管理文件。另外，它还支持 HTTP 协议、FTP 协议、MMS 协议、RTSP 协议，这样更扩大了下载范围。图 4.11 为 FlashGet 的工作界面。

图 4.11　FlashGet 的主界面

2. FlashGet 的设置

计算机系统中安装了 FlashGet，首先要干的工作是进行软件的合理设置，正所谓磨刀不误砍柴工，恰当的软件功能设置是下载及文件管理更加高效。

(1)基本设置

- 常规设置。常规设置是关于 FlashGet 启动运行的一些基本设置，包括与系统相关的设置与主界面的设置，其中系统相关的设置包括“启动 Windows 时自动启动快车；下载时防止计算机进入待机、休眠状态；全部任务完成后关闭计算机”，主界面的设置包括“启动快车后自动开始未完成的任务；启动快车后自动最小化；点击最小化按钮最小化到系统托盘；启动快车后默认进入资源中心”。进入 FlashGet 主界面后，点击面板上的【设置】，进入【设置】的界面后选择【基本设置】中的【常规】即可设置如图 4.12 所示常规设置界面，用户可以根据需求选择相应的设置。

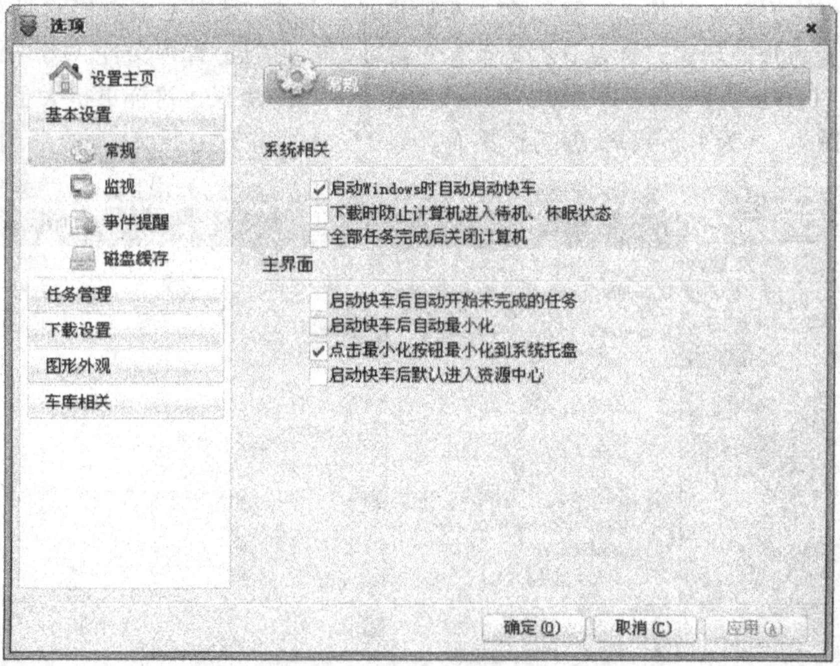

图 4.12　常规设置界面

- 监视设置。监视设置的主要作用是监视浏览器链接或剪贴板中的信息，当发现有用户设置的监视类型的资源下载地址，会自动跳出新建下载任务面板，方便用户下载。如监视设置中可以“选择 IE、FireFox、剪贴板”选择监视 IE、FireFox 等浏览器，点击浏览器中的某些链接，发现有监视文件的类型，就会自动弹出新建任务面板。选择监视剪贴板，当用户在复制的文字中，包含了所监视文件类型的下载地址，会弹出新建任务面板。同时用户可以根据自己的需求设置需要监视的文件类型，相关设置见图 4.13。

网际快车基本设置中的“事件提醒”的主要作用是进行“启动与退出、添加任务、任务完成”等一些需要告知用户的提示。基本设置中的“磁盘缓存”的主要作用是根据计算机硬件配置情况设置缓存大小，优化下载与硬件保护。磁盘缓存设置的数值越高，占用的内存资源就越高，因此需要根据自己电脑的配置来设置这个数值。

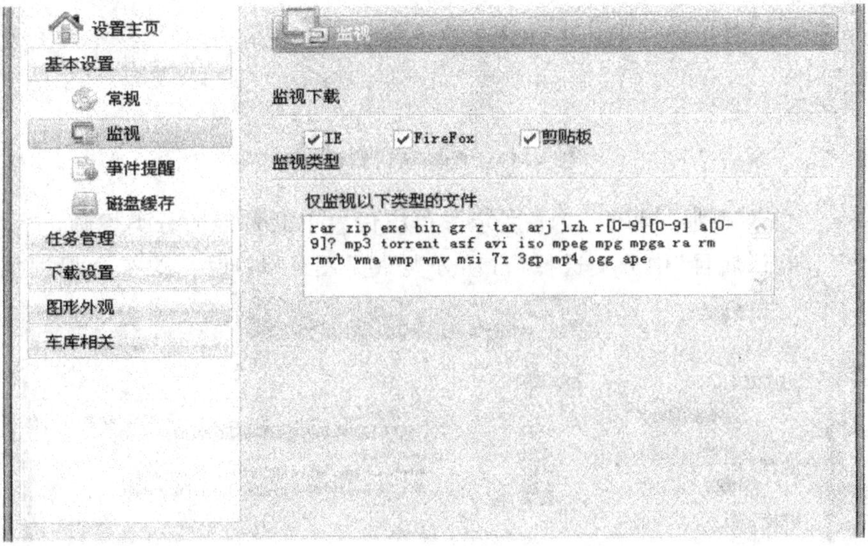

图 4.13　监视设置界面

(2)任务管理

当我们大量下载资源时，资源的后期管理使用成为一个棘手的问题，FlashGet 中的任务管理提供了资源的分类管理功能，为后期资源的管理分类提供了方便。其“任务管理”包括“任务默认属性、分类规则、代理”等几个方面的设置。

- 任务默认属性。如图 4.14 所示，默认属性中包括分类的方式及下载方式，同时用户可选择只从原始地址下载。但选中此选项后，普通任务将不会使用快车 P4S 加速技术，可能导致下载速度变慢，无特殊情况请勿使用。

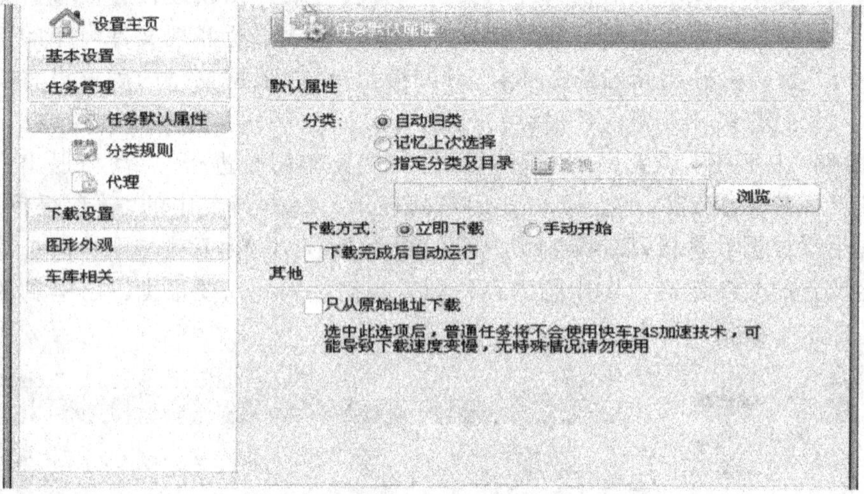

图 4.14　任务默认属性界面

- 分类规则。如图 4.15 所示，可以设置下载资源的分类规则，当“任务默认属性”中分类选择“自动分类”(见图 4.14)时，快车会根据文件分

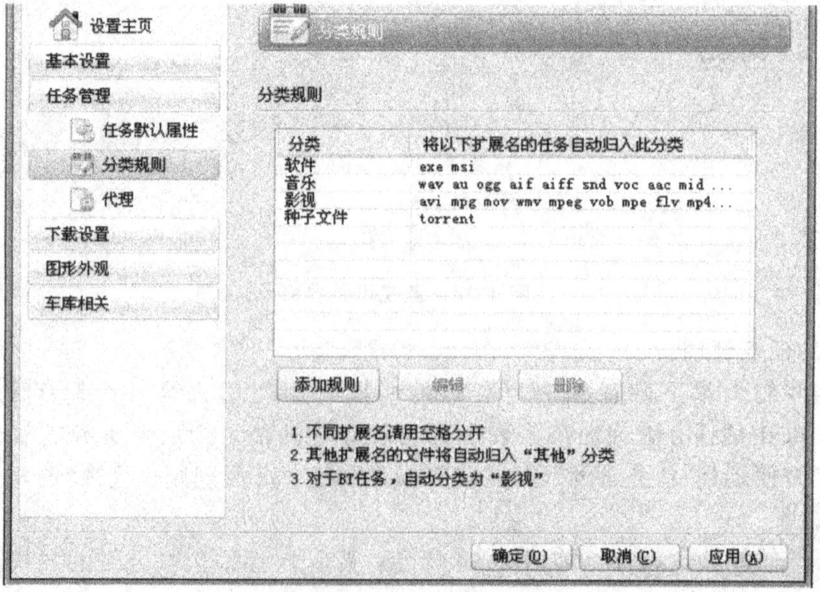

图 4.15　分类规则界面

类规则自动对下载资源进行分类，便于用户后期整理。用户可以自行添加规则，点击“添加规则”，弹出图 4.16 对话框，根据需求及习惯自行添加。

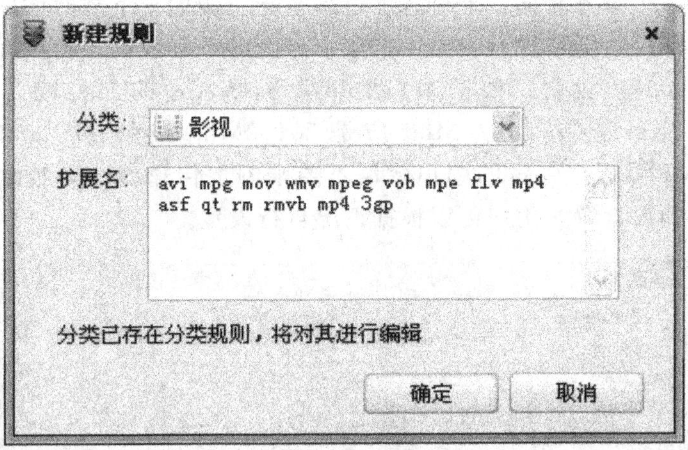

图 4.16　新建规则界面

- 代理。代理服务器是介于浏览器和服务器之间的另一台服务器，是网络信息的中转站。使用代理功能后，浏览器将首先向代理服务器发送请求，进而由代理服务器完成请求内容，将数据再返回给浏览器。代理服务器都具有缓冲的功能，就好像一个大的 Cache，它有很大的存储空间，它不断将新取得数据储存到它本机的存储器上，如果用户所请求的数据在它本机的存储器上已经存在而且是最新的，那么它就不重新从被请求服务器读取数据，而直接将存储器上的数据传送给用户，这样就能显著提高浏览速度和效率。

用户需要使用代理服务器进行访问或下载，可以到【任务】中的【代理】中进行设置。

(3)下载设置

“下载设置”中有“速度设置、HTTP/FTP、BT、eMule”等几个选项，主要进行下载上传速度及不同下载途径的设置。

- 速度设置。图 4.17 是速度设置界面，在该界面有“全局速度”设置与“任务数”设置，全局速度中提供了最大下载速度(0～9999)和最大上传速度(0～9999)，设置为 0 时，限制无效，正确设置下载与上传速度是使用快车下载是否高效的重要环节，用户在设置下载速度的时候同时要提供一定的上传速度，使用快车下载一个文件的时候，这个文件已经保存在本机那部分数据会被传输给其他需要的用户，帮助他们提升下载速度，这是需要临时使用用户的上传带宽，在不同的网络条件下带宽不相同，上传速度过高，会影响用户下载时的网页浏览，上传速度过低或没有，会影响用户自身的下载速度。需要针对性的进行上传速度设置，根据用户的带宽选择合适的上传速度，一般认为512Kbit应是10；1Mbit应是20；2Mbit应是40；3mbit应是60；4MB及以上带宽的用户建议不要限制上传速度，当然此设置速度仅为建议设置，用户可以根据情况自行设置。

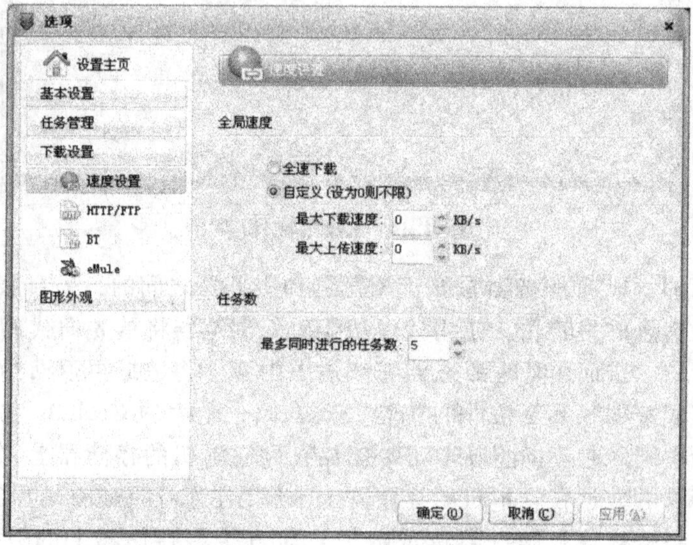

图 4.17　下载速度设置界面

“任务数”中“最多同时进行任务数”指建立多个任务后，可以同时下载的任务数量，可调节 0～100。下载任务数设置过高，可能会过多占用系统资源，影响计算机的正常运行，任务数设置过低，可能使下载的效率降低，用户可以根据计算机配置及下载需求等情况灵活调整。

- HTTP/FTP 设置。图 4.18 是关于基于 HTTP/FTP 协议的下载设置，其中“超时重试”可对原始地址服务器进行连接的细微调整，其中“连接超时时间”指下载任务建立后，连接多少时间都无法连接后断开的时间；“连接失败时重试前等待时间”指下载任务建立后，连接服务器失败后重新连接的等待时间；“最大重试次数”指快车需要连接服务器的最大尝试次数。

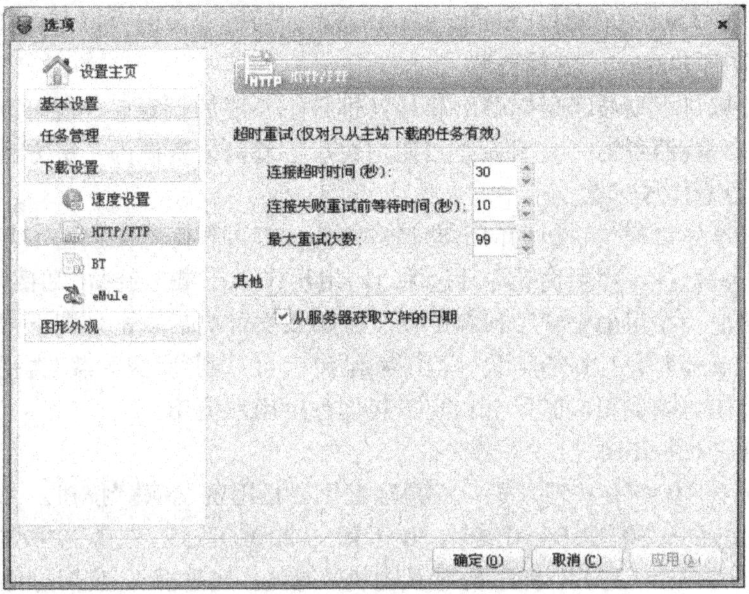

图 4.18　HTTP/FTP 设置界面

“其他”中“从服务器获取文件的日期”可选择本地保存的日期按服务器文件的日期存储或者按当前日期存储，如图 4.19 所示。

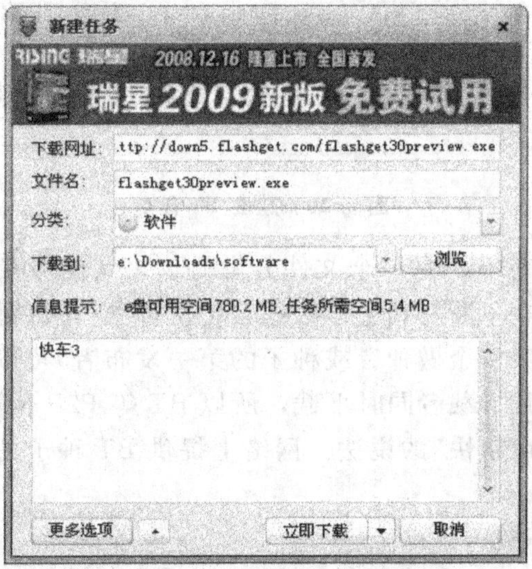

图 4.19　新建任务对话框

下载设置中“BT”及“eMule”是关于使用BT及eMule这两种下载方式下载资源的设置，如关于端口、最大连接数等方面的设置，用户可以自行设置。

3. 使用 FlashGet 下载资源

当计算机中安装了网际快车软件及进行了必要的设置后，就可以使用快车下载我们需要的资源了，下面介绍使用快车下载网络资源的一般方法。

(1)普通任务下载

当已经知道网络资源的网络路径链接后，可以在网页中点击下载链接，或者右键点击链接，在快捷菜单中选择“使用快车 3 下载”，弹出如图 4.20 新建任务对话框，在正确设置了保存路径、分类及文件名后点击立即下载，即将任务添加到下载列表且开始下载，当下载结束后可以到“完成下载”类别中点击查看已下载任务或到相应路径下找到下载文件供用户使用。

(2)BT 任务下载

建立 BT 任务有 3 种方式；一是通过工具栏上的“新建”按钮。二是通过菜单里的“文件”—“新建 BT 任务”，如下图 4.20 所示。三是直接双击 BT 种子(前提是 FlashGet 是 BT 种子的默认打开工具)。当选择要下载的种子文件及设置好需要下载到的路径和分类后，BT 任务下载就开始运行。

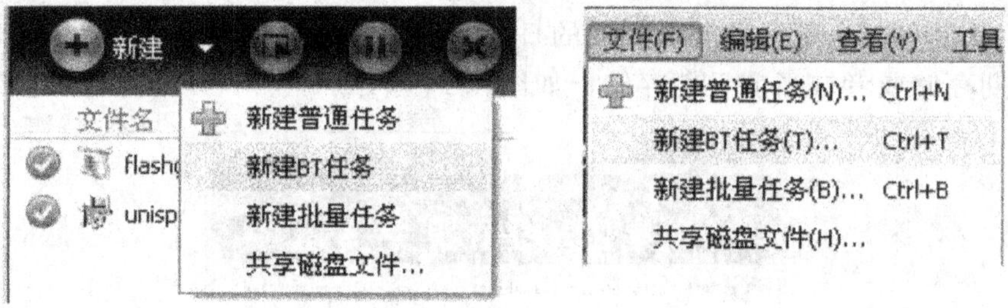

图 4.20　建立 BT 任务

BitTorrent(简称 BT)是一个文件分发协议，其优势在于一个文件的下载者们下载的同时也在不断互相上传数据，使文件源(可以是服务器源也可以是个人源，一般特指第一个做种者或种子的第一发布者)可以在增加很有限的负载之情况下支持大量下载者同时下载，所以 BT 等 P2P 传输方式也有“下载的人越多，下载的速度越快”的说法。网络上提供 BT 种子的网站很多，资源很丰富。

(3)全部链接下载

FlashGet 支持某个网页全部链接的下载，这为我们需要去下载某个网页的多个链接资源提供了方便，节省了操作时间。在网页中点击右键，选择快捷菜单中“使用快车 3 下载全部链接”，在“下载全部链接”的选择框中按照需求进行筛选所需下载链接，如图 4.21 所示。选择完毕后点击“下载”弹出“新建任务”窗口，如果选择有多个任务，会有重复任务提示，如果所有任务都希望使用相同设置，可以选择“下次不再提醒”，如图 4.22 所示，点击确定后基于网页全部链接的多任务下载建立完成。

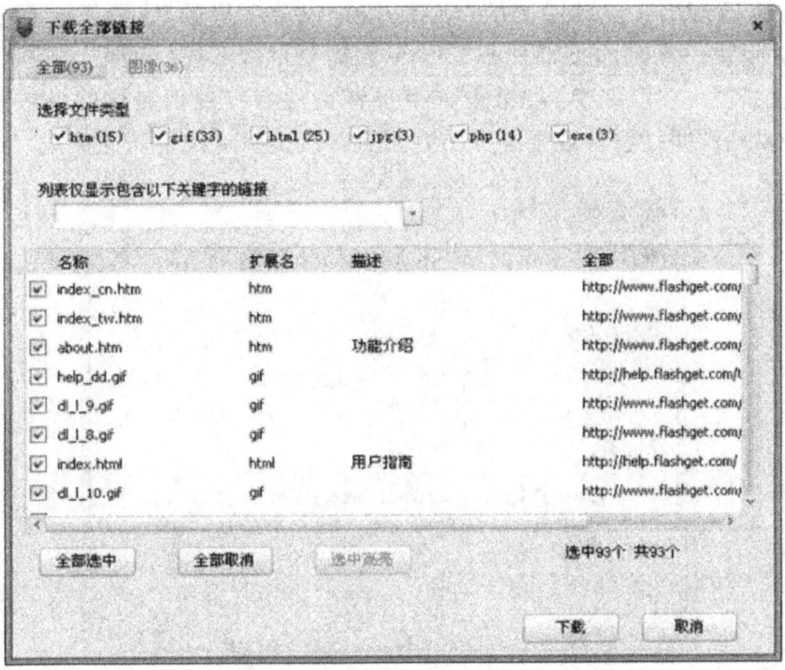

图 4.21 下载全部链接对话框

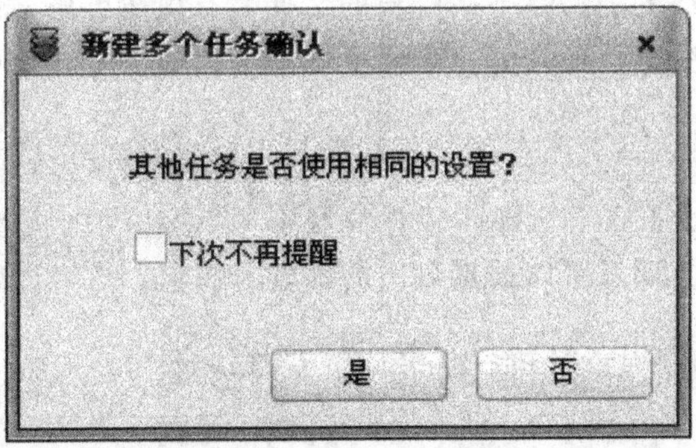

图 4.22 新建多任务确认

(4)批量任务下载

在网页中很多同一类型资源的命名是有规则可循的，也就是说这些资源的真实网络地址除了资源的文件名不同，其他都相同，并且这些文件名是有规律的。当我们需要下载很多有此规律的同种资源时，使用批量任务下载往往事倍功半。

通过 FlashGet 工具栏上的“新建”按钮或菜单里的“文件”—“新建批量任务”建立批量任务时，在如图 4.23 中输入需要批量下载的地址，有规则的部分使用通配符“ * ”代替。通配符设置中选择文件名有规则变化的是数字还是字母，需要几位通配符，设置起点与终止点，点击确定批量任务建立完成。

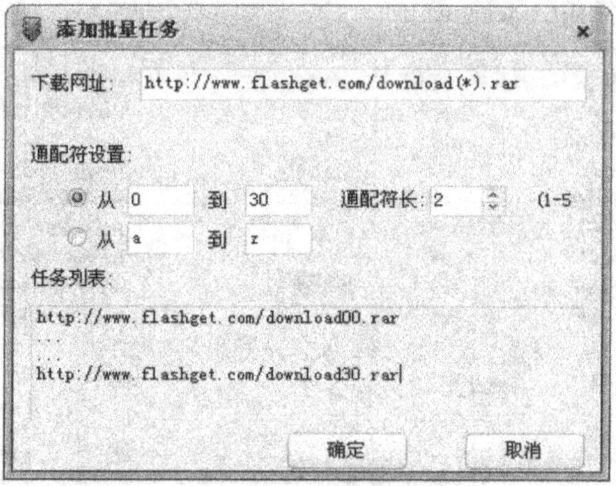

图 4.23　批量任务设置界面

批量任务下载的前提是下载资源的文件名有规律可循，并且变化部分是以数字或字母规律变化。换言之，需要下载的资源的网络地址可以通过规律设置而准确获得。

随着网络技术的发展与应用，下载工具也越来越多，功能越来越齐全，但不同的下载工具大同小异，基本操作方法都差不多，限于篇幅，其他专用下载工具就不再赘述。读者可以根据自己的喜好及需求，选择适合的下载工具。

4.4　数字教学资源的管理与应用

互联网为我们提供了大量的数字教学资源，海量的信息资源要求我们必须养成良好的下载素养、资源二次整理的习惯，否则这些有价值的教学资源将仅仅成为电脑垃圾，填充存储空间的破烂。很多读者可能有这样的体会：自己曾经下载的教学资源找不到了，不知道保存在计算机中的什么位置，需要重新下载，甚至已经无法在网络上找到；自己曾经访问过的实用教学网站因为不知道网址无法访问了等。因此，课件数字教学资源的管理及合理应用极其重要。数字教学资源的管理可以分为两大类，一类是在线资源管理；另一类是下载资源管理。

4.4.1　在线资源管理

一、收藏夹的使用

我们在尽情地享受互联网带来的无限欣喜时，一定会发现在互联网上有很多喜欢的学习站点，这些站点会被经常访问或在需要的时候访问，如何与自己所喜爱的站点快速建立链接是每一种浏览器在设计时都要考虑的问题。在 Internet Explorer 中提供了收藏功能。所谓收藏功能是指为用户提供组织、管理并快速进入经常访问的站点，实现收藏功能所使用的工具就是收藏夹。

1. 添加收藏

网页添加到收藏夹中的具体步骤：

(1)打开所要收藏的网页。

(2)单击命令 IE 浏览器菜单“收藏”命令。

(3)在下拉菜单中选择并单击“添加到收藏夹”命令。

(4)这时将弹出“添加到收藏夹”对话框，如图 4.24 所示。

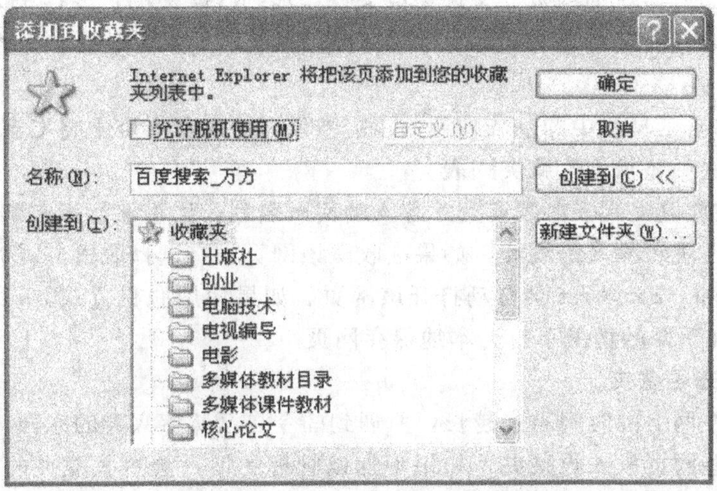

图 4.24　添加“添加收藏夹”对话框

(5)在添加网页到收藏夹时要选择添加的方式，默认的方式是将网页的地址添加到收藏夹中，以后如果使用时，Internet Explorer 会按照这个地址进行链接，如果选择了脱机浏览的方式。则可以通过自定义来确定自己使用什么样的脱机方式浏览。

(6)可以在“名称”编辑框中为这个网页起一个新文件名，也可以单击“创建到”按钮来确定将收藏的文件收藏在什么地方。

(7)如果要新建一个文件夹来收藏这个网页，则单击“创建文件夹”按钮，并且输入文件夹的名字。

(8)单击“确定”按钮完成收藏的添加。

另外，还有两种向收藏夹中添加网页的方法：一种是通过快捷菜单来完成的；另一种是通过鼠标拖动来完成的。快捷菜单是用鼠标右击自己所要收藏的网页，这时屏幕上将弹出快捷菜单，单击其中的“添加到收藏夹”命令，可以将该网页添加到收藏夹中。鼠标拖动首先要单击工具栏中的“收藏”按钮，调出收藏浏览器栏，然后用鼠标将地址栏中的网址标志拖到收藏浏览器栏中的指定文件夹中。

除了向收藏夹中添加自己喜欢的网页外，还可以将在硬盘中的常用的文件夹或文件添加到收藏夹中，这样对于打开或运行在文件夹层次结构中层次比较深的文件夹或文件很方便，可以免去每次打开或运行时都要一层一层进入目录的操作。将硬盘中的文件夹或文件添加到收藏夹中的方法同添加网页的方法类似，只不过不用选择脱机浏览的方式，因为这只需访问到本地的硬盘。

2. 查看收藏

将自己所喜欢的网页、文件夹或文件添加到收藏夹的目的，是为了在自己再需要的时候能够浏览它们，下面我们来看一下如何浏览刚才存入收藏夹的网页。

(1)单击工具栏中的标准按钮“收藏”按钮，这时在屏幕上将出现浏览器栏，在浏览器栏中显示了收藏夹列表。

(2)在收藏夹列表中找到刚才存入的网页名称，当用鼠标指向某个网页时，屏幕上会出现该网页的网址，如果在收藏该网页没有选择脱机方式时，单击该链接 Internet Explorer 会自动打开该网页。如果使用脱机方式，Internet Explorer 会在断网的情况下打开本地保存网页。

3. 整理收藏夹

随着在网上的时间越来越长，所遇到的令自己所感兴趣的东西也会越来越多，将这些网页放入收藏夹，如果不加以管理的话，会令收藏夹的大小增长，这样下去将占满整个硬盘空间，因此，适当的对收藏夹加以管理会提高系统的效率，同时查找起来也比较方便，操作如下：

(1)单击命令菜单“收藏”，单击下拉菜单“整理收藏夹”，这时将弹出收藏对话框，如图 4.25 所示。

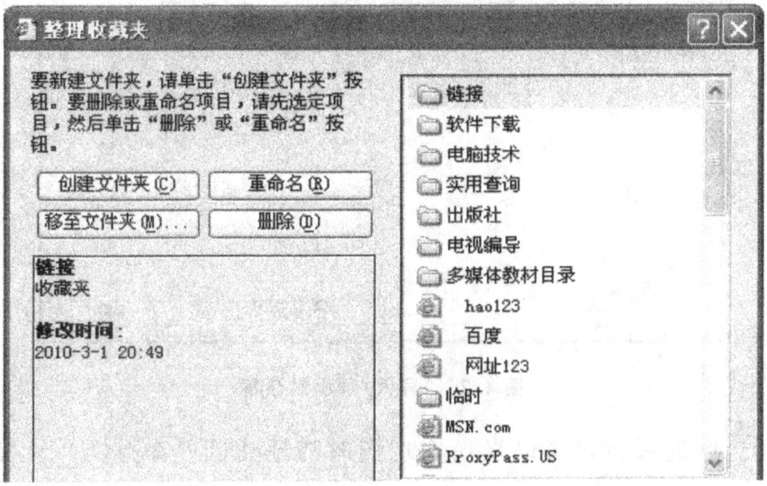

图 4.25　整理文件夹对话框

(2)在对话框中，单击其中的某一个网页，该网页随之变为高亮，在对话框中将显示该网页的名称、网址、到目前为止一共访问的次数、上一次访问的时间以及是否允许脱机浏览等相关信息。

对整理收藏夹的各种操作加以说明：

- 创建文件夹：可以创建新的文件夹用以存放指定的网页或文件。
- 删除：通过对话框所做的记录可以将最近没有用过或很少用过的网页或文件夹从收藏夹中删除掉。
- 重命名：对文件或文件夹重新命名。
- 移至文件夹：可以对网页、文件按主题等进行分类，以便查找。

4. 导入与导出收藏夹

“导入”功能可以将其他浏览器的收藏信息导入到本机 Internet Explorer 的收藏夹中。“导出”功能可以将本机收藏信息导出，复制到移动存储设备中或存于邮箱等网络空间，便于用户随时随地访问站点。其操作方法及其简单，打开 Internet Explorer，点击菜单“文件”中“导入和导出”，选择要执行的操作，如图 4.26 所示，根据向导设置导入或导出的路径直至操作成功即可。

收藏夹的导入导出功能可以方便收藏夹信息的共享，同时可以不受收藏夹

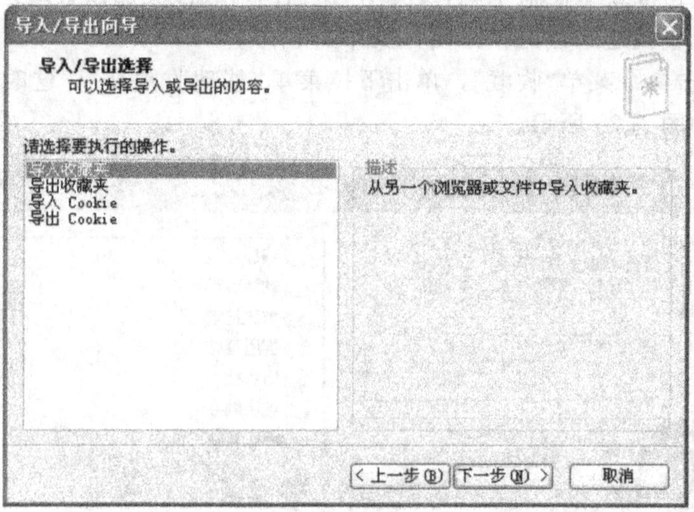

图 4.26　导入/导出对话框

基于本机访问的限制，可以轻松实现随时随地访问收藏站点，读者要善于利用。

5. 个性化收藏夹

我们可以把收藏的网站按照一定顺序进行排列。打开 IE 浏览器窗口，依次单击工具“Internet 选项”命令，在随后出现的设置窗口中，单击“高级”标签，选中“浏览”设置项中的“启用个性化收藏夹菜单”项目，然后单击“确定”退出设置窗口。重新启动 IE 浏览器，再单击“收藏夹”菜单时，最近访问的站点全部“跑”到收藏夹前面显示了，这样对于我们访问常用的网站就方便了很多。

二、QQ 书签的应用

腾讯 QQ 作为中国使用用户最多的一种即时交流工具，其集成了很多实用功能，其书签的应用对用户在线资源的管理及即时访问提供了方便。大多数学习者都会拥有 QQ 账号，当我们登录了 QQ 账号，就可以随时使用 QQ 书签访问收藏站点，不受 IE 浏览器收藏夹限于本机浏览的限制。QQ 书签除了对收藏信息二次整理比 IE 浏览器收藏夹略显不方便外，其他功能都差不多，其与 IE 收藏夹可以相互兼容，即书签可以导入收藏夹的收藏信息，收藏夹可以导入书签信息，这很好地满足了用户在固定与移动间的不同需求。图 4.27a 为 QQ 书签的界面。下面介绍 QQ 书签添加收藏信息的方法。点击 QQ 书签上的收藏新网址按钮，见如图 4.27b 对话框，地址中输入收藏网址，给一个顾名思义的标题，填上分类标签，分类标签可以是以前已建立的或新建的，缺失自动为未归类，共享中可以选择公有及私有，当选择为公有则其他 QQ 用户可以通过一定途径获取你的收藏信息。由于 QQ 可以在不同计算机上使用，用户要注意 QQ 书签收藏信息的安全保密工作。

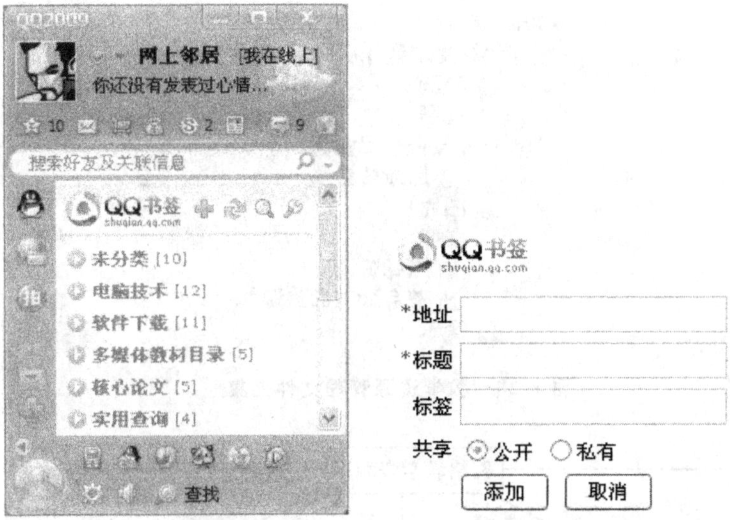

a QQ书签界面　　　b 添加收藏新网址对话框

图 4.27　QQ 书签添加收藏信息方法

4.4.2　下载资源的整理

资源下载后，我们必须养成良好的信息习惯加以管理整合，更加高效地应用其价值。管理本地下载资源的方法很多，不同的用户可能习惯于使用不同的方法，主要给大家介绍两种本地资源的管理方法。其中一种是基于一些专用工具，如 FlashGet、迅雷等；另一种是用户自定义分类整理。

一、用户分类整理

1. 树立规范文件管理意识与习惯

树立规范文件管理意识与习惯是数字教学资源管理及有效利用的前提，我们要充分重视资源下载、资源管理的良好习惯的重要性与培养，意识决定行动，习惯铸就成功。只有树立了资源管理的意识，养成良好资源管理的习惯，我们的工作才会更加高效。

2. 建立明确的本地资源文件夹集

在电脑中建立专用资源文件夹，并根据需要建立多层子文件夹，其目录结构应合理明晰。对每一个文件夹，要根据其中资料的内容进行正确命名。便于归类和查找。图 4.28 是学科教学数字资源管理的一种目录结构，以某学科为例，供大家参考。图 4.29 为网络教学资源库的一般结构图，读者可以在此基础上进行修改与添加。

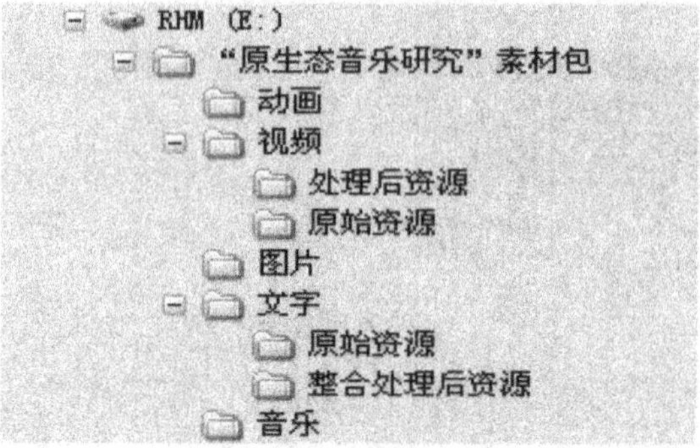

图 4.28　教学资源管理文件夹集

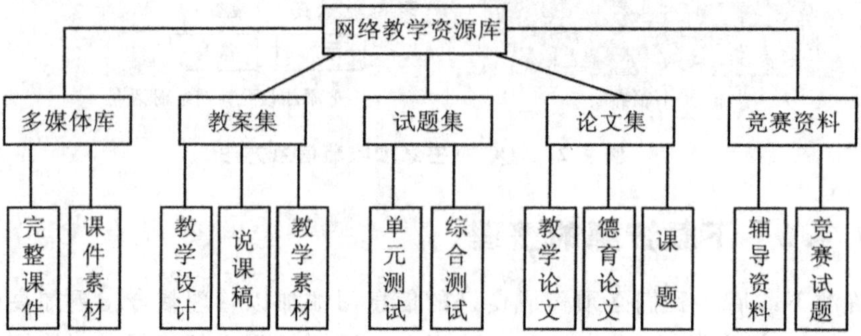

图 4.29　网络教学资源结构图

3. 赋予文件资源有明确意义的文件名

为数字网络教学资源重命名是极其重要的环节，一般命名在资源下载的时候完成，即在添加任务的时候就完成资源的命名。命名原则是其文件名与资源严格对应，能做到顾其名，知其义，看见文件名就知道文件会是什么类型、什么内容的资源。有时会因为并不知道下载资源的内容而无法准确命名，所以需要在资源下载结束浏览后及时命名。

4. 分门别类完成文件到文件夹的映射

这一环节同样是在资源下载时完成，将下载资源存放在相应的文件夹中，便于后期整理、整合、查找及应用。

5. 及时整合零散的文件

网络上下载的数字资源一般较为零散，需要我们及时整合零散的信息。如在网络上找到了很多关于物理发展史的网页文字，当我们浏览了或下载了这些网页，应该及时将其中的重要信息提取出来，使用其他的文字处理软件将其整合保存为一个新的文件。如果我们仅仅是将其下载，下次需要改信息的时候又要大量重新阅读才能找到最有用的信息。如我们下载了很多某一主题的图片，需要我们及时筛查出最有用的部分并删除无用信息。

二、专用工具整理

为用户更加方便管理本地文件，有很多专用工具都可以整理下载文件，这些专用工具一般有两种类型。一种是专用的下载工具，其集成了文件管理的功能，如 FlashGet、迅雷等；另一种是专门针对后期本地文件的管理，如 Total Commander 等软件。

1. FlashGet 管理文件

如前文所述，像 FlashGet 这样的专用下载工具都有任务管理的功能，我们在下载的时候就可以分门别类地选择下载资源的类别，在后期应用的过程中可以快速地找到所需的本地下载资源。FlashGet 中提供了默认的 5 种分类：影视、软件、音乐、种子文件、其他等，用户可以根据自己的需求添加不同的分类，在下载资源的过程中将不同的资源放在对应的分类中，便于后期管理与应用。

2. Total Commander 的应用

Total Commander(简称 TC)是一款功能强大的全能文件管理器。支持随意自定义的菜单、工具栏、快捷键，文件操作功能齐全，如搜索、复制、移动、改名、删除、内容比较、同步文件夹、批量重命名文件、分割合并文件、创建/检查文件校验(MD5/SFV)等实用功能。同时内置 ZIP/TAR/GZ/TGZ 格式的压缩/解压功能，ZIP 格式还支持创建加密及自解包功能。除了支持详细资料、列表、缩略图等资源管理器已有的显示方式外，还可利用内容插件，支持各式各样的自定义列视图，显示不同文件的内部信息，满足您查看不同文件的需求。提供多标签界面，让本来的 2 个窗口，可以扩展到几十个，操作空间更显自由。

利用 TC 可以较为便捷地实现本地文件的管理与应用，能够较为高效地完成零散文件的整合与管理。但笔者认为，针对下载文件的管理，我们还是应该在下载、应用、管理各个阶段就做好相应的整理工作，不能等到文件系统及其混乱、工作效率及其低下的时候去依靠第三方软件。当我们养成了良好的习惯、具备了必要的技能，这样的软件就不具备太大的用处。

4.5 其他教学资源搜集途径与方法

网络资源的类型丰富，有很多类型的资源不能使用前文所讲的一般资源的搜索及下载方法，如 Flash 动画的下载，基于流媒体技术的某些视频资源。这些资源的下载要使用专用工具及特殊方法才能获取。而这些资源可能恰好是师生非常需要的教学资源，因此学习其他特殊教学资源获取的方法很有必要。

一、Flash 动画资源的获取

1. Flash 动画资源的搜索

Flash 动画的搜索方法并没有特殊之处，在百度搜索中除了使用资源名的关键字，往往再加一个“Flash 动画”的关键字基本都能搜索到，但对于搜索独立动画文件使用百度还是不够方便，我们需要打开多级页面链接方能找到需要的动画文件。谷歌提供了专门的 Flash 动画搜索，我们可以通过两种途径直接搜索到动画文件。一是使用谷歌的高级搜索，在其选项“文件格式”中选择“Shockwave Flash(. swf)”，再填上搜索关键字即可。二是使用语法搜索，直接在搜索输入框中输入“filetype：swf”关键字即可。使用谷歌这两种方法搜索到的 Flash 动画一般是独立文件，即有真实网络地址的动画文件。

有很多精彩的 Flash 动画往往不是以独立文件的形式存在，如嵌入到某一网页的动画，这种动画不能使用搜索引擎直接搜索，只要在我们平时浏览网页的时候注意收集，同时需要了解一些适用的动画素材库，以备不时之需。

2. Flash 动画的下载

(1)独立动画文件的下载

所谓独立动画文件是指能被用户获取、具备真实网络路径，以单一的动画文件形式存在的动画。如使用“filetype：swf 单摆”搜索到的第一条结果，当我们打开其链接显示了一个 Flash 动画，其网络路径为 http://www.hongen.com/edu/dgkt/swf/dc022801.swf，此路径即为该动画的真实网络地址。

独立动画文件的下载很简单，前面介绍了使用快车下载资源的一般方法，我们可以使用新建下载任务的方法下载动画。在快车、迅雷等下载工具中“新建下载任务”，在对话框的“新建链接”中粘贴 Flash 动画的网络路径，设置好“分类”“保存路径”“重命名”即可。独立动画文件的搜索及下载的方法极其简单。

(2)嵌入式动画的下载

嵌入式动画当然也是有真实网络地址的，只是我们很难轻松获取，很难直观地找到其网络路径，而下载资源的关键就是确定资源的网络地址。在某一个网页中可能有很多嵌入式动画，我们不能直观发现其网络路径，当然我们可以通过快车的下载全部链接，但如果其网页Flash动画太多，我们去挑选自己满意的那个动画就要花费较多的时间，下面介绍一下下载嵌入式动画的一般方法。

- 专用工具Flash Catcher。Flash Catcher是一款专门下载Flash动画的工具，其使用方式相当简单，当你安装完之后，它便自动成为IE浏览器外挂的一部分，只要在喜欢的Flash动画上点一下鼠标右键，在快捷菜单中选择储存，选择保存路径即可。只要是网页上能看见的嵌入式flash动画，基本都可以使用Flash Catcher下载。
- 使用常用下载工具。嵌入式动画的下载在最初几乎只能靠专门的Flash动画下载工具，但随着常用下载工具功能的不断扩展，当前主流的下载工具几乎都能直接下载嵌入式Flash动画，因此我们基本没有必要去安装专用的Flash动画下载工具，现在以迅雷为例，介绍嵌入式动画的下载方法。
  - 首先在迅雷的“配置面板”中进行设置，将其“监视设置”中的“在Flash和流媒体上显示下载图标”前的复选框勾上，如图4.30所示。

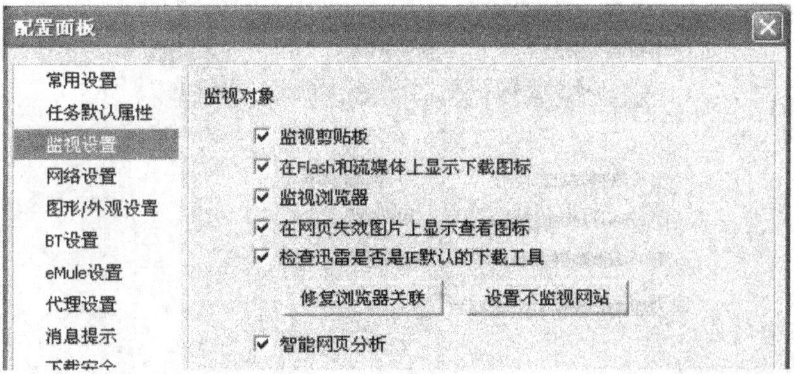

图4.30　迅雷的配置面板

  - 使用IE浏览器打开有嵌入式动画的网页，将鼠标放在需要下载的Flash动画上面，将会出现图4.31所示的下载图标。

图 4.31 迅雷 Flash 下载图标

■ 点击下载图标，将会弹出“建立新的下载任务”对话框，如图 4.33 所示，我们发现在下载链接中已经自动获取了嵌入式动画的真实网络地址，我们选择好“分类”及“保存路径”等相关设置，点击“确定”即可。

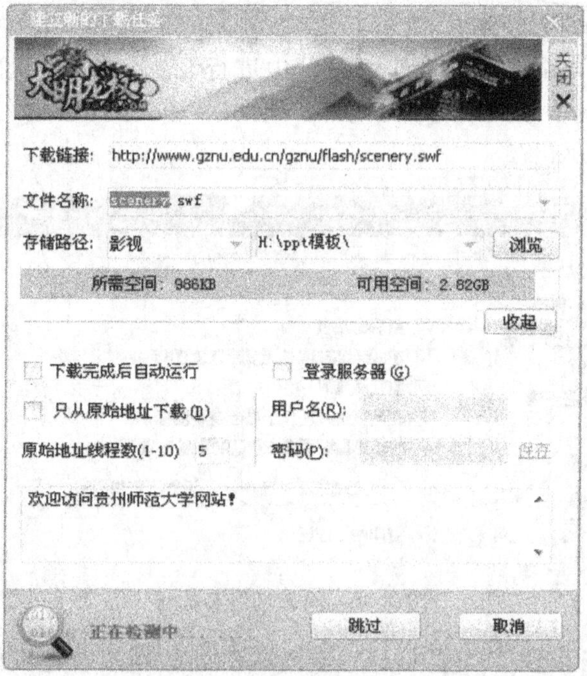

图 4.32 新建下载任务对话框

二、视频资源的获取

这里所讲的视频资源是专指基于流媒体技术的，提供在线播放的视频资源，其文件扩展名为“. flv”，FLV 是 FLASH VIDEO 的简称，FLV 流媒体格式是随着 Flash MX 的推出发展而来的视频格式。由于它形成的文件极小、加载速度极快，使得网络观看视频文件成为可能，它的出现有效地解决了视频文件导入 Flash 后，使导出的 SWF 文件体积庞大，不能在网络上很好的使用等缺点，FLV 已经成为当前视频文件的主流格式。这种视频资源的网络路径往往是隐藏或经过加密处理，使用一般的下载方法和下载工具不能下载。这些视频资源一般可以通过一些大型的在线视频网站获取，如优酷网、土豆网、YouTube 等。

1. UUme FLV Spy

UUme FLV Spy 是一款集 FLV 探测、下载、播放于一体的绿色小软件，支持所有 Flash 视频站的视频下载。UUme FLV Spy 的工作原理不同于普通的 FLV 探测下载软件。不需要随着网站改版而修改算法，算法的适用性非常强。

(1)当系统安装了 UUme FLV Spy，运行该软件，将在线播放视频网页的网址粘贴到软件界面的地址栏，如图 4. 33 所示。

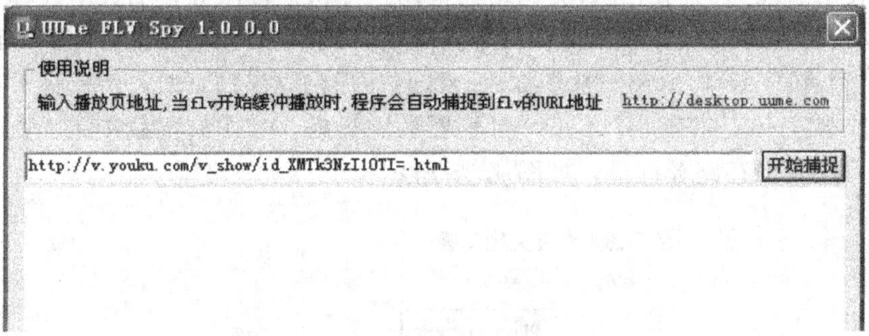

图 4. 33　UUme FLV Spy 界面局部

(2)点击“开始捕捉”，当 FLV 开始缓冲播放时，程序会自动捕捉 FLV 的 url 地址，如图 4. 34 所示。

(3)将鼠标放在网络地址上点击右键，在快捷菜单中点击下载皆可。

2. 视频加速器

针对 FLV 视频有很多播放器及加速器，使用这些播放协助工具往往也能下载视频文件，如 pplive 加速器。但这些加速器在为您的在线视频加速的同时，会将视频自动下载到本机，时间长了会产生大量垃圾，用户要定期清理。

图 4.34　UUme FLV Spy 捕获地址界面

我们在下载加速的同时还会为网络其他用户提供上传服务，加大了计算机系统的负担，用户可以选择性地使用加速器，就其视频下载功能进行简单的说明。

当系统安装了 pplive 加速器后，我们打开在线视频页面，将鼠标放在正在播放的视频上，会有一个 pplive 加速器的工具条，其中有下载按钮，点击下载按钮，设置保存路径即可，如图 4.35 所示。

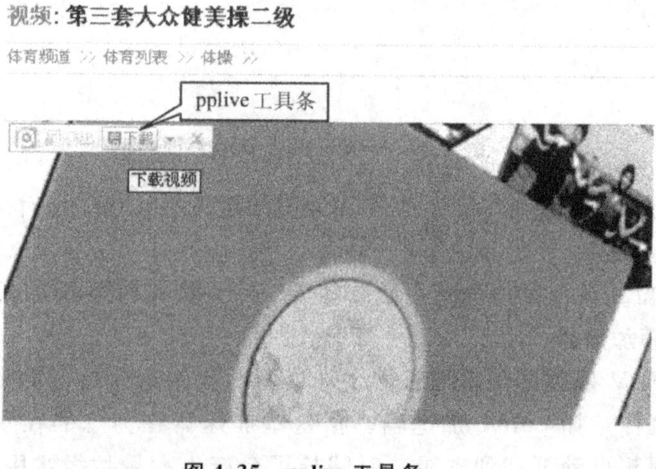

图 4.35　pplive 工具条

当然，网络教学资源的获取途径与方法不甚枚举，限于篇幅，不再赘述。网络上一些特殊资源的获取方法总是随着技术的进步而变革，我们要多学多用、不能以一成不变的思路及技能去应对飞速发展的网络技术，网络教学资源的极大丰富为学习者提供了前所未有的学习机会，我们应该让教学资源发挥其更大的作用。

实践项目

实践 4.1　搜索引擎的高级应用

1. 实践目的：

(1)熟练掌握搜索引擎的操作，掌握关键字确定的一般方法。

(2)熟练掌握逻辑运算符的运用。

(3)掌握一些常用搜索高级语法的应用。

2. 实验设备与环境：多媒体网络机房联入互联网的多媒体计算机。

3. 实验原理：搜索引擎是一个为你提供信息“检索”服务的网站，它使用某些程序把互联网上的所有信息归类以帮助人们在茫茫网海中搜寻到所需要的信息。

常用的中文搜索引擎：百度www.baidu.com　谷歌www.google.com

雅虎www.yahoo.cn　牛档www.niudown.com

狗狗www.gougou.com　搜狗www.sogou.com

爱问www.iask.com　必应www.bing.com

恰当使用搜索引擎的相关功能是高效检索的关键，常用的搜索引擎为我们提供了许多功能应用，如运算符、相关搜索、短语搜索、高级语法应用等。结合教材内容，通过实践熟悉搜索引擎相关应用。

4. 实践任务：以百度搜索为主，按实践项目操作步骤完成实验。

步骤(1)：打开百度全文搜索引擎，如下图 4.36 所示。

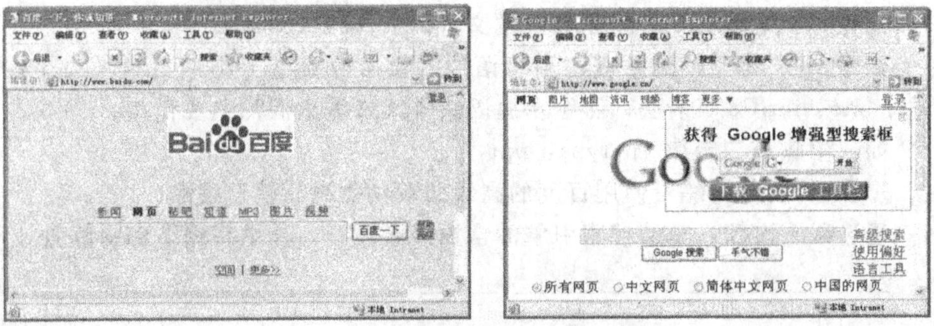

图 4.36　百度及谷歌搜索引擎首页

打开搜索引擎的方法：打开IE浏览器，在地址栏输入搜索引擎的地址（见常用搜索引擎）后回车。

步骤(2)：确定关键词及资源类型

根据所需资源类型选择相应搜索选项，并在搜索栏输入关键词。

关键词的准确选择是搜索最重要的环节之一，是决定能否搜索到有用资源的首要因素。关键词要求“精”“准”“具有代表性”。具有代表性，则保证相关页面尽量少被漏搜，而精与准要求保证搜索的东西有用，要少，便于阅读。

多媒体资源的类型有文本、图片、声音、视频、动画等。在搜索引擎中一般都有分类型搜索或使用专用搜索引擎。

确定一个关键词如“教育技术”(学生可自行确定关键词)进行查询，查看搜索到的相关网页的数量并记录下来。

步骤(3)：练习逻辑运算符的使用，在已有一个关键词“教育技术”的基础上再确定一关键词如“中学”，将两个关键词使用“与”“或”“非”三个逻辑关系进行搜索，并记录搜索到的相关网页数量。

将“与或非”逻辑运算符的功能总结填写在下面横线处。

____

____

____

练习使用短语及自然语言进行检索，根据相近关键词、短语、自然语言搜索结果的差异，总结短语检索与自然语言检索的优缺点，填写到下面横线处。

____

____

____

步骤(4)：练习使用专用(分类)搜索引擎搜索资源，要求查找一首音乐，一张图片，一个视频，并记录其资源文件的所在网络地址。

步骤(5)：练习使用常用的高级语法。要求分别练习使用 filetype、inurl、link、site、intitle 等语法，熟练掌握语法格式及各语法的主要作用。

如：牛顿第二定律 filetype：ppt

步骤(6)：自我练习使用百度的高级搜索功能进行信息搜索。

通过以上实践，总结搜索引擎的常用搜索技巧，并填写到下面横线处。

____

____

____

实践 4.2　网络教学资源的下载与整理

1. 实践目的：

(1)掌握网络教学资源的常用下载方法。

(2)树立资源整理的良好习惯，掌握资源整理的一般方法。

2. 实验设备与环境：多媒体网络机房，联入互联网的多媒体计算机。

3. 实验原理：依据教材 2.3、2.4 节内容，进行资源下载及整理的实践，根据实践任务完成相关实践环节。

4. 实践任务：

(1)建立文件夹集

依据学科背景及自我资源分类习惯，建立相关文件夹集，便于后期资源整理，如图 4.37。

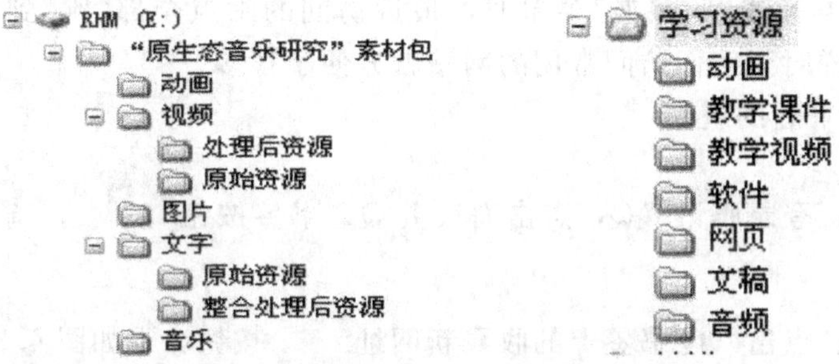

图 4.37　文件夹集示意图

文件夹集可以按自己的习惯及一般理解进行创建，但其文件夹名要明确、有指向性。

(2)FlashGet 的应用

步骤一：对 FlashGet 进行优化设置：主要针对常规设置、任务管理、下载设置进行相关操作。

步骤二：利用搜索引擎，通过普通任务下载方法下载迅雷软件。正确设置了保存路径、分类及文件名。

步骤三：利用 FlashGet 全部链接下载功能下载某个网页的所有链接图片，在网页中点击右键，选择快捷菜单中"使用快车 3 下载全部链接"，在"下载全部链接"的选择框中按照需求进行筛选所需下载链接。正确设置了保存路径、分类。

步骤四：使用批量任务下载功能下载系列资源。正确设置了保存路径、分类、文件名。

5. 在线资源的整理

(1)IE 收藏夹的运用。

步骤一：添加收藏，如将 www.gznu.edu.cn 添加到收藏夹中。

步骤二：查看收藏，查看前面收藏的网页，并通过收藏夹打开其网页。

步骤三：整理收藏夹，通过"整理收藏夹"中的"创建文件夹""删除""重命名""移至文件夹"等功能按钮，进行收藏夹整理。

步骤四：导入与导出收藏夹，点击菜单"文件"中"导入和导出"，选择要执行的操作，根据向导设置导入或导出的路径直至操作成功即可。

步骤五：个性化收藏夹，打开 IE 浏览器窗口，依次单击"工具""Internet 选项"命令，在随后出现的设置窗口中，单击"高级"标签，选中"浏览"设置项中的"启用个性化收藏夹菜单"项目，然后单击"确定"退出设置窗口。重新启动 IE 浏览器，再单击"收藏夹"菜单时，最近访问的站点全部"跑"到收藏夹前面显示了，这样对于我们访问常用的网站就方便了很多。

(2)QQ 书签的应用

步骤一：登录腾讯 QQ，点击面板上 QQ 书签按钮 ，调出 QQ 书签界面。

步骤二：点击 QQ 书签上的收藏新网址  按钮，得如图 4.38 界面。

步骤三：地址中输入收藏网址，给一个顾名思义的标题，填上分类标签，分类标签可以是以前建立的或新建的，缺失自动为未归类，共享中可以选择公有及私有，选择"添加"即可。

步骤四：打开 QQ 书签，查看自己收藏的网页。

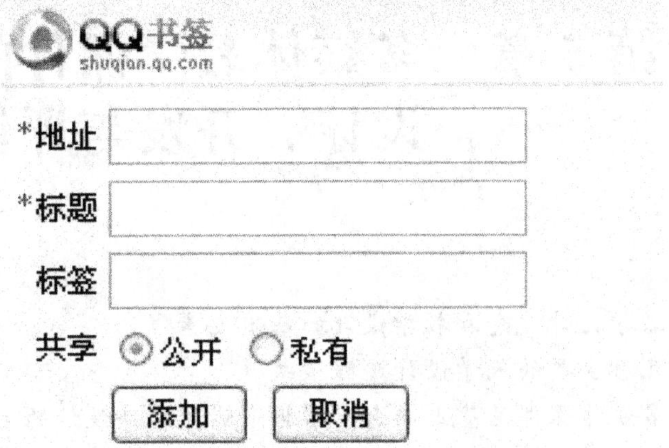

图 4.38　QQ 书签上收藏新网址

6. 下载资源的整理

(1)用户分类整理

- 树立规范文件管理意识与习惯。
- 建立明确的本地资源文件夹集。
- 赋予文件资源有明确意义的文件名。
- 分门别类完成文件到文件夹的映射。
- 及时整合零散的文件。

(2)专用工具整理

利用 FlashGet 的分类功能查看本地下载资源的数量及种类，通过这种方法是否可以较快定位到下载资源上。

第5章 多媒体教学课件的设计、开发与评价

学习目标

(1)掌握教学设计概念和教学设计的基本要素
(2)熟悉几种主要的教学设计过程模式
(3)理解多媒体课件的基本概念、掌握多媒体课件设计的主要过程和模式
(4)了解多媒体课件开发的基本流程
(5)掌握PPT课件制作的基本方法及流程
(6)了解多媒体课件在教学应用中的基本问题

5.1 教学设计与多媒体课件的设计

随着现代教育技术应用的不断推进，在课堂教学中采用多媒体教学越来越受到人们的重视，多媒体课件已经成为许多教师开展教学的主要载体与途径，它为广大学习者提供了一种非常简捷的学习方式。但并非所有的多媒体课件都适合学习者学习，因为多媒体课件的设计制作不仅要考虑技术层面的问题，而且还应该考虑教学内容传播、学习需要等教学设计要素。因此课堂教学过程中运用多媒体教学的关键是多媒体课件的有效应用，设计编制出符合教学需要的多媒体课件无疑是有效应用的关键。

5.1.1 教学设计概述

教学系统设计的发展经历了思想萌芽、理论形成、学科建立等阶段。20世纪50年代到60年代初期的程序教学、行为目标理论在教学实践中的应用孕育了教学系统设计理论体系的思想；20世纪60年代末期，由于教学系统方法的形成及其在各层次教学系统设计中的应用，使教学系统设计的理论与方法体系得以建立；20世纪70年代以来，认知心理学、系统科学等相关理论的研究、技术在教育中的应用研究等成果被吸收到教学系统设计中，使教学设计理论和方法得到进一步发展，进而逐渐发展成为一门独立的学科。

一、教学设计的定义

教学设计(instructional design，ID)，也称为教学系统设计。自20世纪60年代诞生以来，其概念就一直是众说纷纭，尚未取得完全统一。许多专家、学者从不同的角度对其进行了不同的定义。目前在我国教育界比较有影响的定义主要有以下几种：

1. 肯普的定义

美国学者肯普(J. E. Kemp)在20世纪70年代提出：教学设计是运用系统方法分析研究教学过程中相互联系的各部分的问题和需求，确立解决它们的方法步骤，然后评价教学成果的系统计划过程。

肯普认为，任何教学设计都包含了四个最基本的要素：教学目标、学习者特征、教学资源和教学评价。这四个要素即构成了教学设计的总体框架结构。

2. 乌美娜的定义

教学设计是运用系统方法分析教学问题和确定教学目标，建立解决教学问题的策略方案、试行解决方案、评价试行结果和对方案进行修改的过程。

3. 加涅的定义

教学是以促进学习的方式影响学习者的一系列事件，而教学设计是一个系统化规划教学系统的过程。

4. 何克抗的定义

我国著名学者、北京师范大学何克抗教授于20世纪末提出过对于教学设计的定义：教学设计是运用系统方法，将学习理论与教学理论的原理转换成对教学目标(或教学目的)、教学条件、教学方法、教学评价等教学环节进行具体计划的系统化过程。

5. 李克东的定义

华南师范大学李克东教授指出：教学设计是一种以认知学习理论为基础，以教育传播过程为对象，以系统理论为方法去研究和分析教学问题和需求，确立解决它们的方法和步骤，并对教学结果做出评价的教学计划过程和操作程序。

6. 梅瑞尔的定义

梅瑞尔将教学设计界定为“教学是一门科学，而教学设计是建立在教学科学这一坚实基础上的技术，因而教学设计也可以被认为是科学型的技术。教学的目的是使学生获得知识技能，教学设计的目的是创设和开发促进学生掌握这些知识技能的学习经验和学习环境”。

7. 史密斯的定义

史密斯、雷根则认为“教学设计是指运用系统方法，将学习理论与教学理论的原理转换成对教学资料、教学活动、信息资源和评价的具体计划的系统化过程。”

由上面的介绍可以看出，关于教学设计的定义，不同的学者从不同的角度和各自的侧重点出发对其进行研究，往往得出的定义也不尽相同。有的定义强调教学设计的系统特征，突出循序渐进、合理有序的系统性，其代表人物有肯普、乌美娜、何克抗、加涅；有的观点强调以学为主的教学设计的思想，强调教学设计应侧重于对学习经验和学习环境的设计与开发，其代表人物有梅瑞尔等；有的观点则从设计科学的角度，突出教学设计的本质。

当前比较通用的教学设计概念的定义是：“教学设计是运用系统方法分析教学问题和确定教学目标，建立解决教学问题的策略方案、试行解决方案、评价试行结果和对方案进行修改的过程。”该定义与史密斯、雷根、皮连生、何克抗等专家所提出教学设计概念的观点大体一致，即他们都强调教学设计是一个系统化的过程，包括如何编写目标、如何进行任务分析、如何选择教学策略与教学媒体、如何编制标准参照测试等。这些操作是必要的，也是最基本的。正是这些教学系统设计的系统化操作程序使教学系统设计理论和方法得到了广泛应用。

二、教学设计的层次

按照系统论的观点，教育系统是社会系统中的一个子系统，它本身又是由许多更小的子系统构成的。教学设计是解决各个子系统中不同任务和问题的过程体现，根据子系统大小和任务的不同，教学设计可归纳为三个层次：

1. 以“产品“为中心的层次

教学系统设计的最初发展是从以“产品”为中心的层次开始的。它把教学中需要使用的媒体、材料、教学包等当做产品来进行设计。教学产品的类型、内容和教学功能常常由教学系统设计人员和教师、学科专家共同确定。有时还吸收媒体专家和媒体技术人员参加，对产品进行设计、开发和测试、评价。简单的教学产品，如幻灯片、投影片、录音教材和小型计算机课件等，一般由任课教师自己设计、制作；比较复杂的教学产品，如录像教材、大型计算机课件等，则需要组织媒体开发小组来完成。

2. 以“课堂”为中心的层次

这个层次的设计范围是课堂教学，是对一门课程或一个单元，甚至一节课的教学过程进行的教学设计。它是根据教学大纲的要求，针对一个特定群体的学生，在固定的教学设施和教学资源的条件下进行教学设计。其设计工作的重点是充分利用已有的设施和选择或编辑现有的教学材料来完成目标，而不是开发新的教学材料(产品)。如果教师掌握教学系统设计的有关知识与技能，整个课堂层次的教学系统设计完全可由教师自己来完成。当然，在必要时，也可由教学系统设计人员辅助进行。

通常把对一门课程或单元的教学设计称为课程教学设计，对一节课或一个知识点的教学设计称为课堂教学设计。课程教学设计根据课程标准规定的总教学目标，对教学内容和教学对象进行认真分析，在此基础上得出每个章节、单元的教学目标和各知识点的学习目标以及知识能力结构，形成完整的目标体系。课堂教学设计根据上述目标体系，选择教学策略和教学媒体，制定教学过程结构方案，进行教学实践检验，然后作出评价和修改。

3. 以“系统”为中心的层次

按照系统观点，上面两个层次中的课堂教学和教学产品都可看做是教学系统，但这里所指的“系统”设计属于宏观设计层次，是特指比较大、比较综合和复杂的教学系统，如一所学校、一个新的专业、一个培训系统或一个学习系统的建立等。这一层次的设计通常包括系统目标的确定、实现目标方案的建立、试行、评价和修改等，涉及内容面广，设计难度较大。而且系统设计一旦完成就要投入范围很大的场合去使用和推广。因此这一层次的设计需要由教学系统设计人员、学科专家、教师、行政管理人员、甚至包括有关学生的设计小组来共同完成。

在以“系统”为中心的教学设计中，第一步要根据社会对人才的需求，制定培养目标；第二步根据培养目标决定课程体系及教学安排，作出课程规划(即通常所说的教学计划)；第三步根据各门课程的知识结构及其在整个课程体系中的作用和地位，确定每门课程的课程标准(即通常所说的教学大纲)。

教学设计是一个完整的过程。以上三个层次是教学系统设计发展过程中逐渐形成的，三个层次环环紧扣，步步衔接。每一个设计层次都各自组成一个完整的子系统，系统输出的是优化教学效果的设计方案。在具体设计实践中，可以按照自己所面临教学问题的层次，选用相应的设计模式。教学过程是整个教育活动的关键环节，教学过程设计在教学设计的三个层次中处于中心地位。

三、教学设计的基本要素

不同教学模式的教学设计中考虑的要素不完全相同，但在教学设计过程中，都要重点考虑学习内容及目标、学生特征、教学策略、教学环境与资源和教学设计结果评价等基本要素。

1. 前期分析

教学设计的前期分析主要包括学习需要的分析、学习内容分析、学习者分析三个方面的内容。

学习需要分析：根据课程标准、社会等对学习者的要求，分析学习者的现有水平与所应达到的目标水平之间的差距，从而为确定学习目标提供依据。

学习内容分析：分析学生该学什么和怎么学，梳理教材，对教材进行重新加工和整合，确定教材的重难点，寻找解决问题的突破口。

学习者分析：分析学生已有的认知水平、能力状况以及存在的学习问题，对学生的学习需要和学习行为及其在学习中可能遇到的问题做到心中有数。

进行前期分析时，首先从学习需求开始，分析具体的教学内容和进行学生特征分析，考虑课程、单元及课时的教学内容的选择和安排，分析学生在进行学习之前，对学习内容的掌握情况，对学生初始能力进行评定，了解学生的一般特征和对所学内容的兴趣和态度。

2. 学习目标的阐明

明确具体的学习目标，即学生通过学习应该掌握哪些具体的知识和技能。目标编写尽量考虑到知识与技能、过程与方法、情感态度与价值观三个维度。编写方法主要有ABCD法和内外结合表述法。

3. 教学策略的设计

确定教学策略，考虑如何实现学习目标或教学目标的途径，解决“怎么学”和“怎么教”的问题。在确定了具体的目标和学习内容后，精心设计教学流程，以帮助学生快速掌握学习内容，达成学习目标。一般采用的是：学情调查→目标再现→学习探究→当堂检测→扩展延伸的模式。

4. 教学媒体的选择和利用

教学中主要根据学习目标、学习内容、环境条件和学习者的认知水平等选择不同的教学媒体或教学资源。值得注意的是媒体资源的使用，不能只追求形式，要关注教学效果的优化，否则宁可不用。

5. 教学设计成果评价

在行为评价时，一方面以目标为标准进行评价；另一方面提供关于教学效果的反馈信息，从而对设计中所有步骤进行重新审查，特别是检验设定的目标和策略。

四、几种主要的教学设计过程模式

从教学系统设计过程模式的理论基础和实施方法看，教学系统设计过程模式主要有三大类：以“教”为主的教学设计模式；以“学”为主的教学设计模式；

以“教师为主导，学生为主体”的教学设计模式（简称“主体—主导”模式或“双主”模式）。

1. 以“教”为主的设计模式

以“教”为主的设计模式由于学习理论不同，又分为两类：一类是以行为主义学习理论为基础，称为第一代教学设计模式，其代表性模式是“肯普模式”；另一类以认知学习理论（特别是奥苏贝尔的认知学习理论）为基础，其代表性模式是“史密斯—雷根模式”。

(1)肯普模式

肯普于1977年提出教学设计的过程模式，后来经过多次修改后逐步完善。他认为：(1)一个教学系统应包括学生、目标、资源和评价四个基本要素；(2)教师在进行教学设计时要着重解决三个主要问题，即：教案或教材是为什么对象设计的，希望他们通过学习得到什么？教师用什么方法教授有关的内容？用什么方法和标准衡量他们是否学会？(3)要适当安排十个教学环节，如图5.1所示。

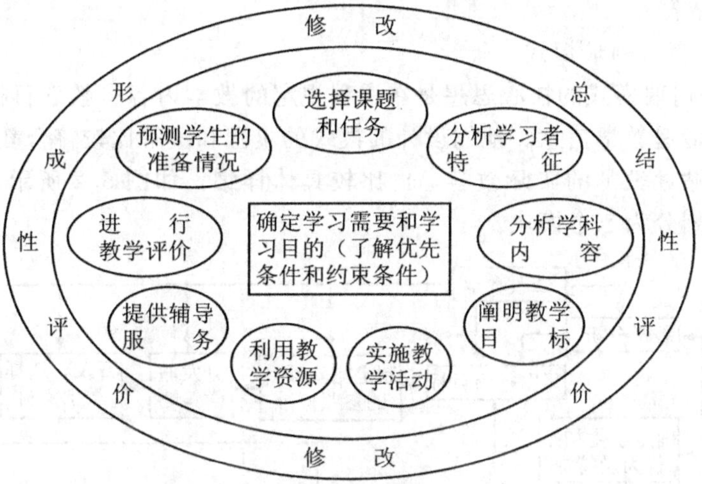

图5.1 肯普模式

肯普(Kemp)在他的早期模式中，是用线条把各个要素顺时针连接起来。但在后来的研究与实践中，他看到教师和设计人员所面临的教学问题与实际情况并不是完全按照他所制定的顺序来进行设计，因此他对原模式作了改进，提出了十个要素构成的椭圆结构模式。

肯普模式的主要特点：

- 肯普模式中列出的十个要素（不称之为步骤），以表示它的整体性以及设计过程的可变性。虽然十个要素按一定的顺序排列，但未将各因素连接起来，表示通常情况下设计新教学方案时可以按照这些顺序进行，某些情况和条件下，可能不必考虑或进行全部的要素(环节)，或是由任何一个因素作为设计的起点，再依实际情况继续下去。

肯普模式不像其他许多模式那样只能按线性结构按部就班地进行设计，而是设计者可以根据自己的习惯和需要，选择某个因素为起始点，并将其余因素按照任意逻辑程序进行排列；说明因素之间具有相对独立性，如某些情况下不需要哪一个因素便可不予考虑，避免了形式化；说明了因素之间的相互联系性，一个因素所采取的决策会影响其他因素；一个因素决策内容变动，其相联系的因素必须作一定的修改。

- 肯普模式中用椭园形将十个要素排列在整个系统中，并将“评价”和“修改”放在外围，表示整个设计过程中持续进行这两项工作。
- 肯普模式中将“学习需要”“教学目的”“优先条件”和“约束条件”置于中心地位，以强调教学设计过程中必须随时拿这几个因素作为参考的依据。

(2)狄克—柯瑞模式

狄克-柯瑞模式的核心思想是在课程规定的教学内容、教学目标的条件下，研究如何传递教学信息。他们设计的模式的步骤和缓解比较符合教师的实际教学情况，贴近教师的实际教学，也比较具体详细，如图 5.2 所示。狄克-柯瑞模式可以划分为三个模块。

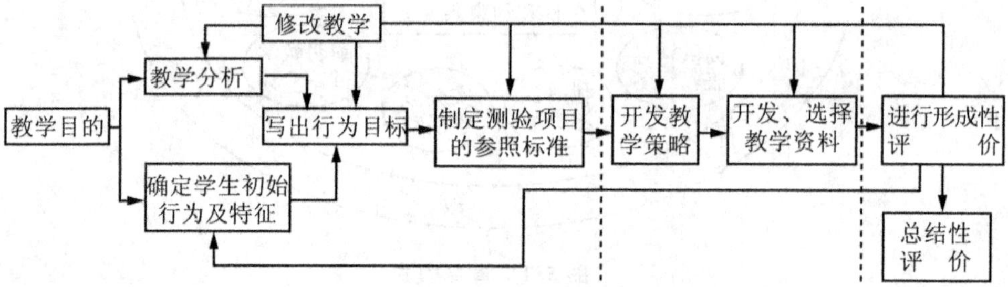

图 5.2 狄克—柯瑞模式

(3)史密斯—雷根模式

史密斯—雷根模式是在“狄克一柯瑞模式”的基础上发展而来的，史密斯和雷根于 1993 年提出，如图 5.3 所示。

史密斯—雷根模式中教学设计模式划分为三个阶段：

- 分析。分析学习环境、学习者、学习任务，制定初步的设计栏目；

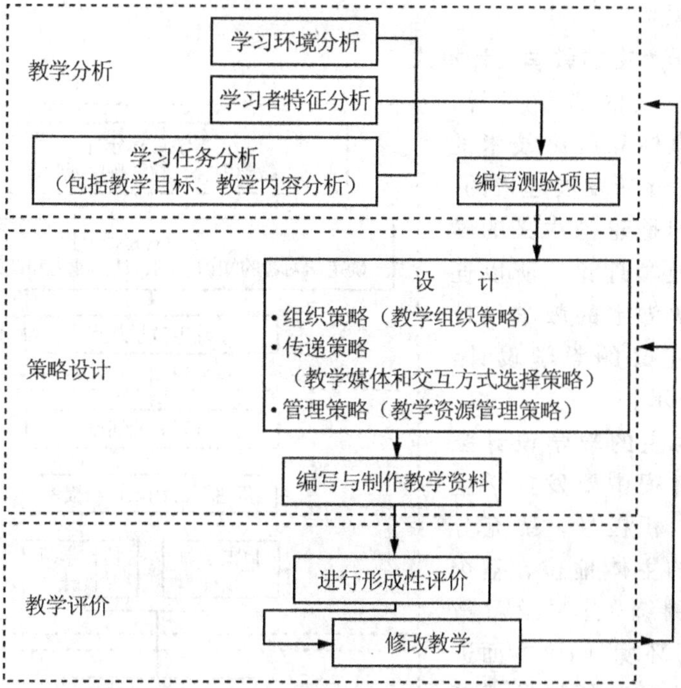

图 5.3　史密斯—雷根模式

- 策略。确定组织策略、传递策略、设计出教学过程；
- 评价。进行形成性评价，对设想的教学过程予以修正。

史密斯—雷根模式的主要特点是明确指出应设计三类教学策略：

- 教学组织策略：指有关教学内容应按何种方式组织、次序应如何排列以及具体教学活动应如何安排(即如何做出教学处方)的策略；
- 教学内容传递策略：为实现教学内容由教师向学生的有效传递，应仔细考虑教学媒体的选用和教学的交互方式。传递策略就是有关教学媒体的选择、使用以及学生如何分组(个别化、双人组、小组或是班级授课等不同交互方式)的策略；
- 教学资源管理策略：在上面两种策略已经确定的前提下，如何对教学资源进行计划与分配的策略。

由于“教学组织策略”涉及认知学习理论的基本内容(为了使学生能最快地理解和接受各种复杂的新知识、新概念，对教学内容的组织和有关策略的制定必须充分考虑学生的原有认知结构和认知特点)，所以这一点是使该模型在性质上发生改变，即由纯粹的“行为主义联结”学习理论发展为“联结—认知”学习理论的关键。

2. 以学为主的教学设计模式

以学为主的教学设计，是随着多媒体和网络技术的日益普及才逐渐发展起来的。其理论基础是建构主义的学习理论和教学理论，所以通常也把以学为主的教学设计称为建构主义的教学设计，如图5.4所示。

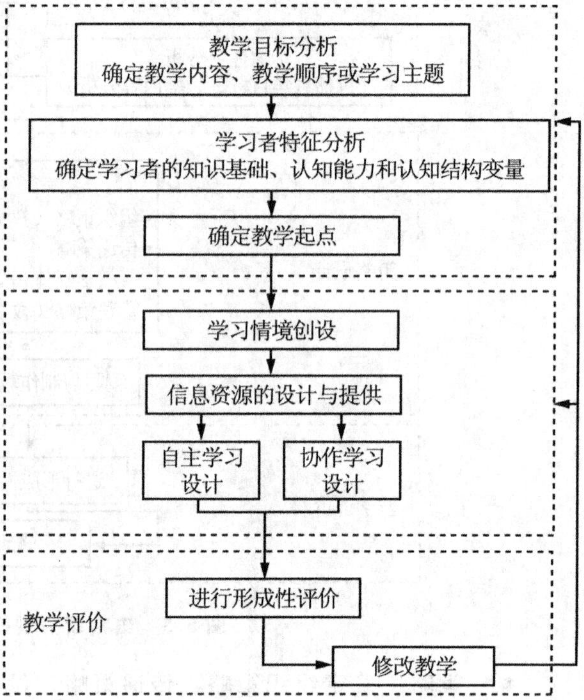

图 5.4 以“学”为主的教学设计模式

以学为主的教学设计强调在学习过程中要发挥学生的主动性、积极性，要充分体现学生的主体地位。整个教学设计围绕“自主学习策略”和“学习环境”两个方面进行。前者是通过各种学习策略去激发学生自主学习和主动建构(诱导学习的内因)；后者则是为学生建构主义创造必要的环境和条件(提供学习的外因)。目前常用的自主学习策略有“支架式”“抛锚式”“随机进入式”“自我反馈式”和“启发式”等多种。这种教学设计由于强调学生是认知过程的主体，是意义的主动建构者，因而有利于学生的自主探究、自主发现、有利于创造型人材的培养，这是其突出的优点。但是，这种教学设计在强调学生自主学习的同时，往往忽视教师主导作用的发挥，忽视师生之间的情感交流和情感因素在学习过程中的重要作用；由于忽视教师主导作用，学生在自主学习过程中，还很容易偏离教学目标的要求，这都是其不足之处。

目前以学为主的教学设计模式有很多，如基于网络资源的教学模式、WebQuest(网络探究)模式、网络自主学习模式、网络协作学习模式等。

3.“主导-主体”式教学设计模式

“主导-主体”教学设计模式介于以“教”为中心和以“学”为中心模式之间，是以“教”为主和以“学”为主这两种教学系统设计相结合而成，如图5.5所示。

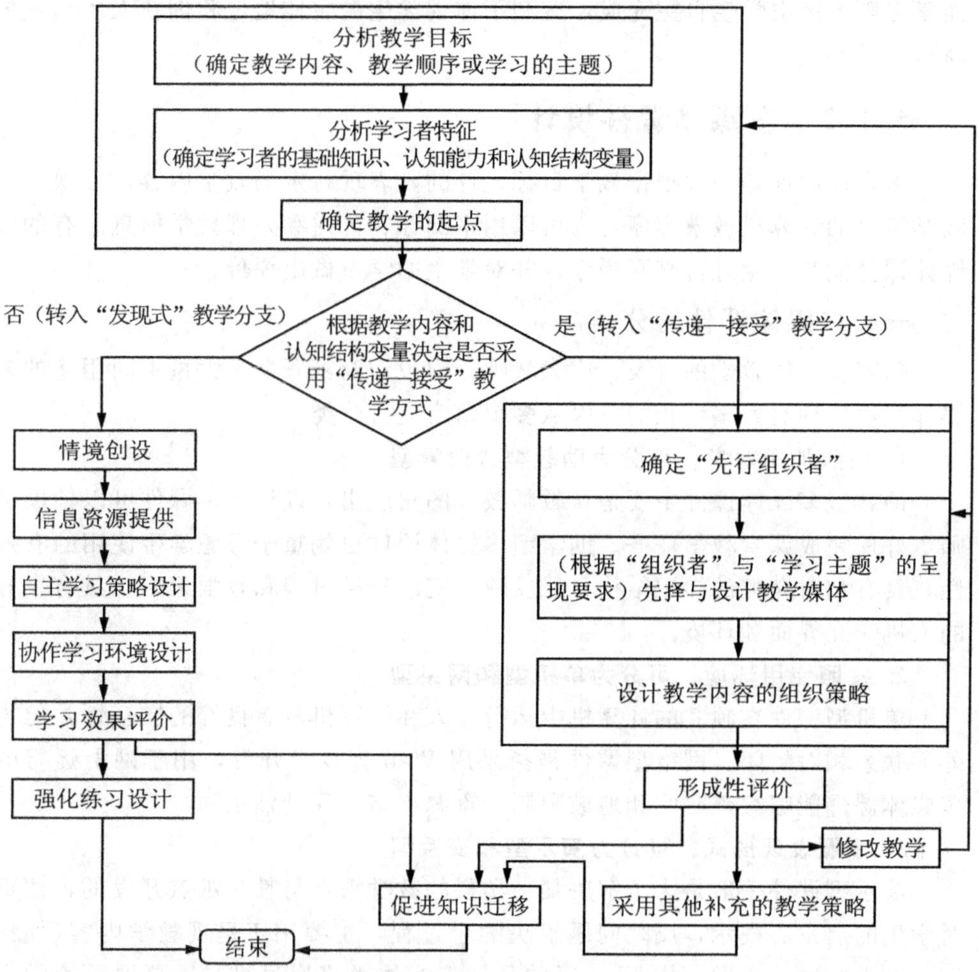

图 5.5　“主导-主体”教学设计过程模式

“主导-主体”教学设计模式在深入分析以“教”为主的教学系统设计和以“学”为主的教学设计模式各自的优缺点，与其他模式一样也涵盖了教学设计过程的基本要素，既可以根据教学内容和学生认知结构情况灵活地支持以“教”为主或以“学”为主的教学设计，也可利用其公共部分和相互跳转特性实现“主导-主体”的教学设计，在实际教学中应当灵活运用以“教”为主的教学策略和以“学”为主的教学策略。

“主导-主体”式教学中教师是组织者、管理者、支持者、指导者，充分发挥了教师的主导作用，创设了有利于学生主动探索、主动发现的情境和条件，而学习则更多由学生自主完成，有利于体现学生的主体地位和创新人才培养的新型学习环境。

5.1.2 多媒体课件设计

多媒体课件是一种根据教学目标设计的，表现特定的教学内容，反映一定教学策略的计算机教学程序，它可以用来储存、传递和处理教学信息。有的多媒体课件能与学生进行交互操作，并对学生的学习做出评价。

一、多媒体课件的分类

随着多媒体教学的普及，广大教师、学生、商家开发了大量不同用途的多媒体课件，种类繁多，我们可以从多个角度进行分类。

1. 按照使用对象，可分为助教型和助学型

助教型多媒体课件主要是从教师教学的角度出发设计的，课件可以辅助教师更好地完成课堂教学任务。助学型多媒体课件更侧重于考虑学生使用的有效性，具有相对完整的知识结构，能反映一定的教学过程和教学策略，具有良好的人机交互界面和环境。

2. 按照使用环境，可分为单机型和网络型

单机型课件在独立的计算机中运行，人和计算机具有良好的交互性，但与外界联系相对封闭。网络型课件是指采用 Web 等技术开发，用于网上运行的多媒体课件能够突破时间和地域限制，资源丰富，互动性也强。

3. 按照表现形式，可分为演示型和交互型

演示型课件一般是为了解决某一学科的教学重点与教学难点开发的，注重对学生的启发、提示，反映问题解决的全过程，主要用于呈现教学内容(如提纲、教学内容、主题、作业)，通常是在多媒体教室通过投影屏幕展示给学生的，一般由学科教师本人完成，多使用 PowerPoint 工具开发。与演示型课件相反，交互型课件侧重于从学习者的角度设计，一般具有完整的知识结构，能够反映一定的教学过程和教学策略，提供相应的形成性练习供学习者学习评价，具有良好的交互活动。

目前教学过程中常用的课件主要有：助教型的演示课件、助学型的网络课件和交互型的多媒体课件等。

二、多媒体课件的基本元素

多媒体课件是一种集文字、图形、图像、声音、视频和动画等多种媒体信息于一体的表现方法和手段。涉及的媒体信息越多，其相互间的协调就越为重要，若不能恰当处理各种要素，将会对人们的感官产生冲突，从而影响学习效果。因此，如何设计并制作出界面美观又恰当呈现符合教学规律和学习者年龄特点的媒体信息是课件设计的关键。

1. 文字

文字是多媒体课件中非常重要的视觉元素，主要功能是向学生传达主要的教学内容以及各种辅助信息，是学习者获取知识的重要来源。通常，多媒体课件中的文字有字数、字体、字号、颜色、格式和排列等属性。

(1)字数

多媒体课件中的文字不是越多越好，过多的文字会适得其反，使多媒体课件失去魅力，使学习者厌烦，因此文字内容应力求简明扼要，突出重点。对那些实在舍不去的文字材料，通常采用不影响界面排列的方式呈现(如热字、热区等)，阅读完后会自行隐藏。

(2)字体

在多媒体课件的同一界面中，通常情况下不要用三种以上的字体，否则会让多媒体课件的界面显得主次不明，从而影响教学效果。

(3)字号

屏幕上的文字通常选择中后排的学生看得清楚的字号为宜，过小或过大的文字都不恰当。过小会让处于中间和靠后位置的同学看不清楚，时间长则会产生视觉疲劳，同时也会造成他们对课件产生厌恶的情绪，过大会让前排的同学产生视觉疲劳。

(4)颜色

色彩方面，多媒体课件的文字颜色一般不要超过三种，且选择与背景对比较为突出的颜色，同时要考虑课件适用的对象和使用的环境等因素。通常我们会见到一些老师播放黑底绿字、灰底黄字的课件页面，这些页面因没有注意到对比关系，从而造成文字不易识别，最终影响了教学效果。

(5)排列

多媒体课件中，文字的编排非常重要，如果教学内容文字排列不当，与多媒体课件的整体风格相脱离，不仅会影响界面本身的美感，而且不利于学习者进行有效的阅读，难以产生良好的教学效果。

2. 图形和图像

与文字一样，图形和图像也是课件中重要的媒体元素，所表达的信息远远超过文字许多，也是学生最易感知和最容易接受的表现形式。在多媒体课件中，图形、图像一定要清晰规整，给人以强烈的视觉冲击。

在多媒体课件中，如果是作为背景的图像通常简洁明了，颜色淡雅，不能影响主要内容的阅读，并能与其他多媒体元素在色彩和纹理上达到整体感觉上的和谐和统一。同时要能使课件呈现的主要内容具有较好的易读性，且有利于减轻眼睛的疲劳和学生对主体内容的感知、理解和记忆。

如果是将图形和图像作为学习的内容时，图形、图像要尽可能大并放于屏幕中心位置，如果图片几乎占满了整个页面，这种图一般不要再设置外框或花边，以减少干扰和侵占图形因素；若一个页面同时展示几个图片，就要区别主次、顺序或大小。

3. 动画与视频

日常生活中，动态的物象比静态的物象具有更强的吸引力。动画和视频具有综合性的美学特征，表现知识点灵活方便，自由度大，能够在时间上浓缩百年风云，在空间上展现常人无法观察到的微观世界和宇宙空间，为多媒体课件整体带来动感和活力，在教学中使用性极强。

多媒体课件中，动画画面的设计应简洁生动，构图均衡统一，色彩配置和谐明快，动作自然流畅，文字清楚醒目，动画的色调与课件整体风格相符，动画的布局合理。设计时应注意画面中动的成分不宜过多，否则容易分散学生的注意力。每个动画都要有目的性，不能单纯为装饰画面而动。

动画和视频的边框和点缀物的占位要适当，要让位于画面内容，边框不能太宽，颜色的明度和饱和度不能高于动画或视频的主色调，图纹不能太繁杂。譬如，如果背景明度和饱和度过高，就会致使画面刺眼，图底相互争夺观看者的眼球，不利于对主体的观看。值得借鉴的办法有：虚化处理或采用没有明显指向性的材质花纹。

4. 声音

课件单凭视觉元素传递信息，会给人单调和枯燥的感觉，合理地加入一些声音元素对画面可起辅助作用，能更好地表达教学内容，吸引学生的注意力，增强学习兴趣。声音的运用要为课件主题和教学形式服务，好的多媒体课件少不了声音设计。

多媒体课件中，通常声音包括讲解、音乐和效果，它们之间相互补充、相互联系、相互协作，都隶属于教学、服务于教学，为多媒体课件的画面形式和主题思想服务，但同时又有各自共同的功用和表示形式。讲解占主要位置，主要用于表意；效果和音乐是对讲解和画面形式的补充和照应，不能选用观众过于熟悉的音乐，太熟悉的音乐容易使人产生联想，在感情上形成共鸣，引起学习者在音乐方面的过度注意，而单纯去欣赏音乐，影响学习信息的获取，背景音乐要随解说的有无，控制音量的强弱。

三、多媒体课件的设计

多媒体课件是一种用于教学的计算机软件，它的组成要素很多，包括文本、图形、图像、音频、动画及活动视频等。合理安排与组织这些元素，能最大限度地发挥各种元素的长处，形成一个完美的多媒体课件。因此，在着手设计课件之前，应该对课件的生成做一个总体设计，制作的过程遵从软件设计的开发原则，这有利于保证制作完成后的课件达到设计的预期目标。

1. 选题与目的设计

多媒体课件的选题必需契合教学大纲，体现课程教学内容的重点和难点，特别是那些用传统教学媒体和手段不易表示而适用多媒体手段表示的内容。

目的设计是课件运用对象的定位设计。总而言之，设计的重点是“学”，优秀课件的目的设计应定位在学员自学为主的基础上，与教师之间可以相互作用，学生使用时既可以及时得到教师的协助，教师也能清楚地掌握学生的特点，从而优化教学进程。

2. 教学设计

教学设计在教学活动中是极为重要的，在开发多媒体课件前，教学设计也是其重要的环节。多媒体课件的教学设计也是应用系统方法分析教学对象和教学内容，确定教学目标，建立教学内容知识结构，选择和设计恰当的策略和媒体，设计形成性练习和学习评价的过程。分析教学对象的目的是为了全面了解学生对当前教学内容的掌握情况和学生的学习能力。教学内容有一定的结构层次，分析教学内容主要以总教学目标为出发点，着重在于教学内容的范围、深度和揭示并明确教学内容各组成部分的联系，并将关键内容分解为众多的知识点，从而分析哪些知识点是需要用多媒体展示出来的，从而确定多媒体课件中需要呈现的内容，并根据目标分析的结果，选择合适的媒体信息，施以不同的教学事件，从而构成不同的过程结构，最后再完成评价部分的设计，形成完整的教学设计方案。

3. 结构设计

多媒体课件信息量大，具有集成性、交互性、控制性强等特点，所以须根据教学设计的结果对课件的整体结构作好设计和规划，它是教学设计的基本思想在软件设计上的具体体现。课件结构一般使用多媒体课件的超媒体结构和导航策略结构。

(1)超媒体结构

超媒体结构中的三个基本要素是：节点、链和网络。

- 节点：节点是超媒体中存储数据或信息的单元。节点中信息的载体可以是文本、图形、图像、动画、音频、视频等。在多媒体课件中，节点可以有文本类、图文类、听觉类、视听类等多种形式。
- 链：链是表示不同节点中存放信息的联系。它是每个节点指向其他节点，或从其他节点指向该节点的指针。链的具体形态体现在跳转关系上，可以通过“热键”“图标”“按钮”等方式实现节点之间的跳转。
- 网络：网络是超媒体中由节点和链构成一个信息的有向网络。在设计网络结构时应考虑主模块与子模块之间、知识单元与知识点之间、知识单元与知识单元之间、知识点与知识点之间的逻辑关系、层次关系以及它们之间的跳转关系，形成一个非线性的网络结构。

传统教学内容的信息组织结构都是线形的和有序的。而人类的记忆是网状结构，联想检索会导致不同的认知路径。线形结构的教学内容客观上限制了人类自由联想记忆结构的非线形网状结构的方式来组织信息，它没有固定的顺序，也不要求学习者按照固定的顺序来提取信息。这种非线形的信息组织方式就是超媒体。多媒体 CAI 课件的信息结构大多采用超媒体结构方式。

(2)导航策略的设计

由于超媒体结构中信息内容比较多，内部信息间关系复杂，学习者在沿链学习的过程中容易迷失方向，往往不知道处于信息网络的什么位置上。因此，在设计超媒体结构时，需要认真考虑向学习者提供引导措施，这个措施就是“导航”。它能避免学习者偏离教学目标，引导学习者进行有效学习，提高学习效率的策略。常用的导航策略有：提供检索机制、提供信息网络结构图、提供联机帮助手册、预置或预演学习路径、记录学习路径并允许回溯、使用电子书签等。

4. 交互与界面设计

(1)人机交互的设计

多媒体课件与传统教学媒体相比的突出特点就是能够实现人机交互，人机交互是指人与计算机之间使用某种对话手段，以一定的交互方式，为完成确定任务而进行的人机之间信息交换的过程。人机通过不同的人机交互方式完成人向计算机输入信息以及计算机向人输出信息的工作。

在多媒体课件中，交互有时有表现形象(如菜单形象)，有时没有表现形象(如条件函数智能判断)，交互形象设计的原则是简洁明了、操作方便。在整体层次性交互引导的设计上，常见的交互方式有菜单交互、按钮交互、热字交互、图形(像)交互、热区的交互等。

(2)界面的设计

界面是指呈现在计算机显示器屏幕上，使学习者与多媒体课件之间传递信息的媒介。学习者在使用课件时，最先接触到课件的界面，通过感受课件界面上的色彩、图案、物体、创意时，形成对课件的第一印象，然后学习者又通过界面上提供的各种信息和功能元素进行学习。屏幕界面是学习者对课件最初、最深、最重要的印象。友好的界面能使课件容易被理解和接受，又能让学习者容易掌握和使用。

根据用途与作用不同，界面有许多不同的类型，如数据输入、咨询、多功能、菜单、信息呈现等，且通常采用图形用户界面。

界面通常主要由窗口、菜单、图标、按钮、对话框、示警盒等组成。在进行界面设计时，具体要做的工作是界面的布局、文字的合理使用、色彩的选择等。

在界面设计中，应特别注意四个问题：避免使用专门术语；注意界面及各组成元素的直观性；保持界面元素的一致性；考虑使用对象的特点。

(3)视觉元素的设计

视觉元素是多媒体课件中能看到的所有文字、图形和图像、动画和视频、按钮等画面的汇合。多媒体课件是否引人入胜、生动形象，艺术性的画面起着不可低估的作用。因此，在多媒体课件设计与制作中，需要具有良好美术素养的制作者或指导者参与到其中。

美术设计是保证多媒体课件更有效的关键任务，所谓美术设计，就是对课件所必需的图片、动画、影像及文本资料等可视媒体，运用美学原理将其恰当安排在课件的各个局部的过程。其任务对象是课件的片头、开头到各层界面，甚至界面上菜单、按钮、响应区上载有教学形式和课件功用的文字、图形和图像、动画和视频、图标、光标、按钮等计算机可视媒体。

5. 脚本编写

脚本在课件开发中占有重要的地位，是在教学设计基础上所作出的计算机与学生交互过程方案设计的详细报告，是下一阶段进行软件编写的直接蓝本，是课件设计与实现的重要依据。它不仅影响到课件的开发过程，还直接影响到课件的开发质量和效率。课件设计、课件制作和课件使用是通过脚本连接在一起的，同时，脚本也是课件制作的直接依据。脚本设计是保证课件质量、提高开发效率的重要手段，没有设计优秀的脚本，不可能成为设计优秀的课件。

(1)多媒体课件的脚本

多媒体课件的脚本可分为文字脚本和制作脚本两种。文字脚本是学科专业教师按照教学过程的先后顺序，将知识内容的呈现方式描述出来的一种方式。它包括教学目标的分析、教学内容和知识点的确定、学习者特征的分析、学习模式选择、教学策略的制定、媒体的选择等内容。

但多媒体教学软件的制作，还应考虑所呈现的各种媒体信息内容的位置、大小、显示特点，所以需要将文字稿本改写成制作脚本。多媒体教学软件的制作脚本是进行课件交互式界面以及媒体表现方式的设计，将文字脚本进一步改编成适合于计算机实现的形式。

(2)脚本卡片

脚本卡片是构成脚本的一个不可或缺的重要因素，是脚本的基本单元。它又可分为文字脚本卡片和制作脚本卡片。

制作脚本对CAI课件的编制提供了直接依据，它告诉课件制作作者如何去制作课件，给出具体的制作要求，包括界面的元素和布局、画面的显示时间及切换方式、人机交互方式、色彩的配置、文字信息的呈现、音乐和音响效果及解说词的合成、动画和视频的要求以及各个知识点之间的链接关系等。

对于脚本卡片的基本要求是：反映课件设计的结果，实现画面设计，对课件制作的支援，表示课件运行的概括等。

(3)编写脚本时应注意以下问题

- 文本字体大小、颜色使用适当；
- 多媒体元素显示顺序根据教学需要合理设计；
- 显示方式的设计包括采用何种动画方式、显示时间长短等以便于学生观察、思考；
- 链接关系的表述要清楚、无误；
- 制作好的卡片要分类按序存放。

四、多媒体课件开发的基本流程

课件开发是一项较为复杂的系统工程，涉及教育学、心理学、传播学、美学、计算机科学等多学科领域知识和不同背景的专业人员，通过分工合作共同完成。多媒体课件的开发也遵循一般系统工程的要求，分为需求分析、系统设计、系统集成、测试评价、形成产品等几个阶段。

1. 需求分析

多媒体课件的需求分析主要包括课件目标分析、课件内容选择、课件使用对象分析、课件运行的环境分析和课件开发成本的估算等方面。

(1)课件目标的确定：包括确定教学内容的重点和难点、确定如何利用课件弥补传统教学方式的不足、确定采用何种教学模式(辅助讲解工具、学生自学用、作为考试工具用)以及确定采用一种还是多种模式的组合。

(2)课件内容选择：应当以教学大纲为依据，最好由从事教学实践的教师或从事教学、心理研究的工作者来决定，应尽量突出教学中的难点和重点。

(3)课件使用对象分析：应注意分析学习者在从事新的学习或进行练习时，其原有知识水平或原有的心理发展水平对新的学习的适合性。该分析通常包括学习者的一般特点分析、学习者对学习内容的态度以及已经具备的相关基础知识与技能的分析和学习者使用计算机能力的分析。

(4)课件运行环境分析：课件运行的环境包括硬件环境和软件环境两个方面。既要考虑课件的开发平台、计算机语言选用，也要考虑到教学系统中相应的教学环境和教学设备。

(5)课件成本估算：包括估算现有的设备和条件是否满足课件开发的要求，以及需购置的设备、软件的经费和把课件推向市场等相关费用。

2. 系统设计

系统设计是在需求分析的基础上，对系统的整体进行设计，确定课件开发的一套具体方案、策略和技术方法，主要包括教学设计、结构设计、交互界面与视觉元素设计和脚本设计四个环节。

教学设计主要包括对学习者特征的分析、教学目标确定、教学内容分析、教学模式的选择以及形成性练习等的设计。

结构设计一般包括对封面导演的显示方式、建立信息间的层次结构和浏览顺序、信息间的跳转关系等的设计。

交互界面与视觉元素设计主要对课件显示界面的元素进行组织安排、色彩搭配等各方面的设计。

脚本设计分为文字脚本和制作脚本两种。文字脚本是按照软件教学设计的要求进行描述的一种形式；制作脚本则是按照软件的系统设计的要求进行描述的一种形式。经过精心设计的脚本是课件开发的直接蓝本。

3. 系统集成

多媒体课件的系统集成阶段是将设计者的思想用多媒体语言予以实现的过程，主要包括数据准备、编辑制作和调试等基本环节。

数据准备阶段主要进行文本的输入、图形的制作、图形的扫描与处理、动画的制作和视频的处理等任务。素材的选择和应用要贴近教学内容和教学设计的媒体内容，与教学规律和教学内容不符合的素材尽量不选取。

编辑制作与调试阶段即根据实际情况，选择和利用多媒体工具将各种素材进行编辑，将教学设计阶段所确定的教学策略，以及脚本设计阶段所得出的制作脚本，用某种计算机语言或多媒体软件工具加以实现，制作成多媒体课件。

目前，课件的编制方法有三种：

(1)直接使用通用程序设计语言，如用 Visual Basic、C＋＋语言进行编程；

(2)直接使用 CAI 写作语言；

(3)多媒体协作系统。

课件程序编写完成后应当进行仔细的调试，目的是为了找出程序中隐含的各种可能错误并加以排除，其中包括教学内容和计算机程序编写上的各种错误。

4. 测试评价

课件的测试与评价是课件开发过程中的一个重要内容，且贯穿于课件开发的每一个阶段。对多媒体课件的评价就是衡量和估计课件对于教学活动的教育价值，判断它的使用效果，评定它的等级，并提出关于改进方面的有关建议。虽然有很多评价方法和评价标准，但一般来说，都是从教学内容、教学质量以及软件技术三个方面来作为评价标准。

(1)教学内容：内容是否正确，是否有教学价值，是否符合教学规律和因材施教的原则。

(2)教学质量：教学目标是否正确，能否有效激发学生的学习兴趣和积极性，是否有利于培养学生的能力。教育模式是否运用得恰当，课件的实用性、适用性怎样等。

(3)软件技术：界面是否友好，文本、图像、图形、声音、动画的质量怎样，屏幕布局是否合理等，软件的可靠性和兼容性如何。

5.2 常用多媒体课件制作软件的使用

5.2.1 PowerPoint 的高级应用

一、制作 PowerPoint 演示文稿的基本步骤

1. 新建文档

建立 PowerPoint 演示文稿有多种方法，具体介绍如下。

(1)创建新的空演示文稿

当启动 PowerPoint 时系统会自动创建一个题为“演示文稿 1”的演示文稿，包含一张有主、副标题占位符的空白标题幻灯片，用户可以在该幻灯片的相应位置键入需要的标题文字。

可以通过“新建演示文稿”任务窗格创建一个包含一张新幻灯片的演示文稿，建立以后，可以对新建立的幻灯片更改其版式。

(2)根据内容提示向导创建演示文稿

“内容提示向导”给用户提供了一个非常友好、简单且容易操作的交互界面，利用“内容提示向导”能够帮助用户完成演示文稿的相关格式设置和输入演示文稿的内容。在“新建演示文稿”任务窗格中的“新建”区域，单击“内容提示向导”，然后按照向导中的提示操作，用户可以很简便的利用其创建出所需要的演示文稿。

用户只需要利用鼠标单击按钮，即可完成相应的操作，当用户完成了“演示文稿类型”“演示文稿样式”“演示文稿选项”的选择后，单击“完成”按钮，“内容提示向导”即围绕用户所做的选择建立一组相应的幻灯片。完成这一系列工作后，用户就可以在演示文稿中进行所需的更改并建立自己的独具特色的演示文稿。

(3)根据现有幻灯片创建演示文稿

制作幻灯片时，当用户希望利用已经设计好的演示文稿为模板，在不破坏原有演示文稿的基础上创建新的幻灯片时，可以使用本操作进行新的设计和内容的更改来生成新演示文稿。操作时在“新建演示文稿”任务窗格“根据现有演示文稿新建”区域中，单击“选择演示文稿”选项。在打开的对话框中，选择作为新文件基础的现有演示文稿文件后，单击“创建”按钮。

(4)通过设计模板创建演示文稿

在“新建演示文稿”任务窗格中的“新建”区域，单击“根据设计模板”。在“幻灯片设计”任务窗格中上下拖动滚动条查看各设计模板的风格，单击要应用的设计模板。PowerPoint 向用户提供了几十种不同风格的模板，系统默认的是第一种。

2. 编辑背景版式

如果希望对幻灯片使用其他版式，需要打开“幻灯片版式”窗格，再单击所需的版式。若要插入新幻灯片，将鼠标光标移动到需要插入新幻灯片的位置，在工具栏上单击“新幻灯片”按钮，再单击要用于幻灯片的版式。(需要注意的是：“幻灯片版式”和“幻灯片模板”是两个完全不同的概念，不能混淆。)

在制作幻灯片时，背景版式的颜色尽量符合会议主题，背景颜色与文字颜色一定要有明显的区别，可以运用多种不同风格的版式，但是不要太花哨。

3. 编辑文字

在 PowerPoint 中，有四种类型的文本可以添加到幻灯片：占位符文本、文本框中的文本、自选图形中的文本和艺术字文本。

(1)占位符文本

在不同的幻灯片版式中均包含了不同形式的文本占位符。利用文本占位符快速的将文字输入到幻灯片中，单击文本占位符中的任意位置，光标将会在插入点闪烁，此时直接输入文字即可。

占位符的大小可以调整，位置可以移动，还可以设置其格式并进行修饰。默认情况下，PowerPoint 会随着输入调整文本大小以适应占位符。

对于标题文本，如果有些字转到第二行，可减少一个字号以适应单行。文本自动调整还会缩小文本以适应变小的占位符，如果此时将占位符变大，它又会扩大文本。添加正文或标题文本：在文本占位符内单击鼠标，然后键入或粘贴文本。

(2)自选图形中的文本

在制作演示文稿时，常常会用到一些简单的图形，自选图形是一个很方便的作图工具，并且可在自选图形中输入文本信息，当在自选图形中键入文本后，文本被附加到图形，并随图形移动或旋转等操作。为此，PowerPoint 为用户提供了上百种不同的自选图形，并可以利用其绘制出更为丰富的各种图形。

自选图形可以设置边框、填充、阴影或三维效果，而且可以更改它的形状。

(3)文本框中的文本

利用文本框制作的文本对象可以放置到幻灯片中的任何位置，可以创建文本框并将它放在图片旁作为标题对图片进行说明等，前面所述的自选图形是将文本添加到自选图形而且附加到图形中，如果要使文本不附加到自选图形中使用文本框则会非常方便。

与自选图形相同，文本框依然可以设置边框、填充、阴影或三维(3D)等效果。

(4)艺术字文本

为了使用户能够自行制作一些特殊的文本效果，PowerPoint 提供了一种特殊的制作图形文本的工具——艺术字，利用艺术字工具制作的文本随时可以进行如伸长、倾斜、弯曲和旋转或 3D、垂直效果的设计与更改，也可以与“占位符”文本、“文本框”文本、图形等进行任意的排列。

利用艺术字工具制作的“艺术字”可以进行拉伸旋转等操作。当需要重新编辑制作好的艺术字时，只需双击相应的艺术字，即可进行“字体”“字号”等的设置，如果要更改艺术字的其他格式，则需要调出“艺术字”工具栏，选择相应的栏目进行修改即可。

4. 处理图片

(1)插入图片

- 插入剪贴画。PowerPoint提供了大量的剪贴画，可以用来装饰我们的幻灯片。
- 插入外部图片。虽然PowerPoint提供了一些图片，但由于数量和风格有限，不足以供人们使用，因此可以把适合的外部图片插入进来。
- 插入自选图形。PowerPoint里提供了大量的自选图形供大家使用，插入时，先单击需要插入的自选图片，在PowerPoint编辑区域内拖动鼠标即可。

(2)编辑图片

无论插入的是剪贴画还是来自文件的图片，当不符合要求时，就需要对图片进行一些调整、缩放、裁剪等加工处理，具体描述如下。

- 移动图片。用鼠标按住图片，可将其拖到编辑区域内任意地方，松开鼠标左键即完成移动操作。
- 缩放图片。插入图片后，当大小与PowerPoint内容不匹配时，需要修改图片的尺寸。选中图片时，图片周围将出现8个空心小圆圈，将鼠标移动到任意一个圆圈上，鼠标形状发生了变化，按住鼠标左键拖动即可实现图片的放大或者缩小。
- 裁剪PowerPoint图片。用PowerPoint制作课件，有时需要对图片进行裁剪处理，但在PowerPoint中，利用“绘图”工具栏上的“裁剪”工具，只能对图片进行矩形裁剪，若想裁剪成圆形、多边形等其他形状可用以下办法。用“绘图”工具栏绘制一个想要裁剪的图形(如三角形)，利用填充命令在三角形内选择合适的图片，即可获得需要的裁剪图片效果。
- 图片与文字环绕。默认情况下，插入的图片都是嵌入型。在图片工具栏上有文字环绕按钮，单击该按钮，可以看到系统提供的图片与文字环绕方案，可以根据需要选择其他任意一种环绕方式。
- 修改图片放置层次。在PowerPoint系统默认情况下，新插入的图片都放置于最上层，若需将图片移到下面时，就需要修改图片放置层次。
- 设置图片透明色。PowerPoint提供了设置图片透明的功能，在图片工具栏上有此按钮。插入一张图片后，设置图片的格式里，图片的透明是灰色的，可以通过以下的方法进行设置。先绘制一个图形，然后给图形填充图片，把图形的边线设为透明，然后设置图形的格式，透明度就可以设置了。

- 设置图片的立体效果。通常 PowerPoint 里只有通过自选图形绘制的图形才能设置立体效果，其实图片也可以设置立体效果，方法如下：绘制一个图形后，为这个图形填充图片，接着就可以设置立体效果了。
- 绘制曲线和不规则图形。在 PowerPoint 中，用绘图工具画一直线，在线段中间某处右击“编辑顶点”，即可在线段中间某处“添加顶点”，在该处会出现一实心小点，再右击一下，选“平滑顶点”，这时候会出现两个控制手柄，就跟其他软件绘贝塞尔曲线一样了。

5. 编辑表格

(1)插入 Word 表格

通过插入对象的方式插入 Microsoft Word 文档，在出现的 Word 文档可编辑区域“插入表格”设定行、列数并进行编辑。此时相当于(调用)进入了 Word 程序，菜单工具栏等都与 Word 程序相同，表格的编辑方法与在 Word 中一样，编辑完成后，在表格外任意处单击，即返回 PowerPoint。若需再次编辑该表格，则在其上双击，即可进入 Word。

(2)插入 PowerPoint 表格

插入新幻灯片时，可在“幻灯片版式”中选择“表格”版式后，在“双击此处添加表格”处双击，在“插入表格”对话框上设定行、列数，然后单击“确定”。表格即创建完成。或者通过插入命令插入表格。借助“表格和边框”工具栏，表格的编辑方法与 Word 中编辑表格的方法基本相同。

6. 添加多媒体

为幻灯片添加声音或视频等多媒体元素，目的是为了使 PowerPoint 演示文稿更生动。添加声音或视频等多媒体元素后，可以进行修饰，使整个幻灯片变的更加精美。相关内容请查阅相应书籍。

7. 设置动画

PowerPoint 在动画方面可以满足制作幻灯片的一般需要。PowerPoint 演示文稿中插入了各种多媒体对象，这些对象有时有必要让它们动起来，这里的动不仅仅是指诸如图片、文本、艺术字之类的对象完成动画变化效果，也包括视频、声音等对象的播放控制。此外幻灯片的出现也可以设置成动画效果，这样就不再那么平淡无奇。

选定对象，选择动画下拉菜单，可以从中选择预设的动画效果，单击自定义动画按钮，在自定义动画窗格中可以设置具体的动画效果。可以随心所欲的完成动画效果，甚至可以做出媲美 Flash 的效果，而制作出同等效果却只需要单击几下鼠标，修改几个动画参数而已。这对于对 Flash 陌生或者不熟悉的用户来说，更加的简便易用，尤其是对于需要使用 action 脚本才能做出的 Flash 动画效果，更是体现出微软的人性化、易用性设计的理念。

但是不管是幻灯片如何出现，还是各种多媒体对象如何运动，除了设置的适宜之外，更重要的就是必要，除非必要，否则宁少勿滥(关于动画的设置及技巧，可参阅相关书籍)。

8. 设置幻灯片放映方式

PowerPoint 幻灯片制作完成后，需要根据用户的不同要求设置幻灯片的放映方式。通过点击菜单“幻灯片放映”，打开“设置放映方式”对话框，即可根据需要进行设置。

二、制作 PowerPoint 课件的基本原则

1. 结构清晰

PowerPoint 在教学中广泛使用之前，教师都是在黑板上通过板书呈现重要的教学内容，通常情况下，一节课内教师版书量一般是 2～3 版，其信息量相当于 PowerPoint 幻灯片的 4～10 张。在广泛使用 PowerPoint 幻灯片的课堂上，相同的时间内教师呈现 PowerPoint 幻灯片一般为 10～25 张，与没使用 PowerPoint 幻灯片的课堂相比较，信息量大大丰富了。但随之而来却出现了一个重要问题，如果教师课堂上呈现的 PowerPoint 幻灯片没有清晰的层次结构，如此巨大的信息量就会让学生感到晕头转向，课堂笔记的记录也很困难。

要让 PowerPoint 幻灯片结构清晰，除了文字精练、符号和编号统一、内容与教材保持一致外，当需要呈现的内容比较丰富，或者内容之间关系比较复杂时，往往遇到需要组织很多教学内容，PowerPoint 幻灯片以模块化的方式、按时间顺序和空间顺序等进行编排，按不同的教学内容模块之间的层次关系进行恰当的衔接，制作时要特别注意各个教学内容之间的先后关系或并列关系，层次要分明，思路要清晰，所表达的时间和空间概念要准确。

2. 逻辑流畅

PowerPoint 要有清晰、简明的逻辑，因此，在一个完整的 PowerPoint 演示文稿中，尽可能只用“并列”或“递进”逻辑关系。并通过不同层次的“标题”进行分层，标明整个逻辑关系(纵深层次尽量不超过三层)。每个章节之间，插入

一个空白幻灯片或标题幻灯片。插入的时候采用顺序播放，切忌幻灯片回翻，使听者混淆。为了使 PowerPoint 演示文稿给观看者呈现出清晰、简明的逻辑，通常会采用章节或者导航的方式理清 PowerPoint 演示文稿的逻辑结构。

3. 版面清爽

(1)首页整洁

首页是课件的脸面，通常会是一个欢迎页面或者课件的标题，不需要太多的内容，可以稍为华丽，采用一幅优美的图画或一幅符合主题的画面加上一段简洁的欢迎词或者标题内容，也可以在下方呈现出课程讲授者等。为了让等待的过程不至于太枯燥，可以设置为动画形式，最好能插上一段轻音乐或符合主题的其他音乐。但要设置完整，让音乐能一直播放，并且在开始上课时能自动停止。

(2)目录简洁

课件的目录是一个导向牌，完整的目录应该呈现出标题、导航条和退出按钮。尽量简洁、统一，最好具有一定的风格，一目了然。

有些课件虽具备目录，但从内容上看相对过于简单，有的甚至连课件的主题也没有，导航条形状、字体不一，色调混乱，让人眼花缭乱，规格、样式各不统一，布局凌乱。

(3)文字合理

处理文字时要注意以下几点：

- 文字较少时可采用相对较大的字号，但不要让文字充斥整个屏幕，要留有一定的空间；比较少时可在空余的地方插入一些不太容易引人注意的图片或小动画。可采用“进入”或“移动”的手法。
- 文字较多时可分屏显示或者通过设置移动动画按顺序分别呈现。

(4)多媒体元素恰当

- 图片。符合课件的主题，作为图片欣赏的话，建议采用移动、进入、退出等动态效果比较好的手法，但是作为作品介绍的话，建议还是采用插入幻灯片或触发器的手法。一个页面里有较多的图片同时出现时，图片和图片之间不要有重叠，并且尽量对齐，或按照一定的规则排列，松紧要得当。图文混排。注意重点突出，不要让陪衬的其他配件喧宾夺主，文字尽量不覆盖在图案上。
- 音乐。把握播放时机，一般来说在观看图片或等待时插入比较恰当。PowerPoint 课件在音乐方面常出现插入的音乐不能播放，或不能自动播放，自动播放的音乐在屏幕上显示了声音图标，有的在离开插入音乐的幻灯片后，音乐还在播放等细节问题，尽可能在用之前先预览一遍。

- 视频。尽可能通过插入对象来完成，尽量不直接链接到外部文件，这样可以不用通过切换到媒体播放程序就可以打开并控制你所需要插入的视频文件，对于课件的完整性来说是非常有帮助的。
- 动画。Gif 动画的插入一般无大问题，对于自制的 Flash 动画，一般由于底色不能和课件模板的底色相融，可以在一些动画周边或底部画一个边框加以修饰，页面看上去比较谐调。

4. 风格谐调

(1)按钮设置统一

按钮可以采用文字、图片或图标来设置。通常在主目录里除"退出"按钮以外都采用文字以导航的方式作为按钮，在具体的内容里，一般采用图标作为按钮。按钮设置时要注意：

- 大小、位置适当。尽量放在底部或者边缘，不在屏幕的核心位置及要表达的主要内容上。
- 尽量做到不吸引观众的注意力，只要让使用者容易找到即可，效果相同的按钮尽量使用统一图标。

(2)色调风格谐调

一个优秀的课件其整体的色调、风格应该是相统一的，主要体现在对背景的处理上，切忌花哨、凌乱。没有特别的需要一般不要更改背景设置的色调或风格。在 PPT 里有许多自带的模板设计，可以找到所需要的风格。另外还可以通过改变背景填充效果来设置背景风格。

5. 超链接及动作完整

一个完整的课件中存在着大量的超链接和动作，在设置完这些链接和动画以后一定要通过播放来检查链接和动作设置是否正确，防止死链接和不应有的动作，这是保证一个课件质量最重要的一个环节。在设置完链接或动作以后进行测试，否则一旦当课件在正式场合使用，暴露出的各种问题来不及再修改，从而影响整体效果。

三、PowerPoint 高级技巧

1. Word 快速转换到 PowerPoint

在制作演示文稿前，若已有制作 PowerPoint 所需要的文本，通常在 Word 和 PowerPoint 两者之间不断地来回复制、粘贴的方式，把电子教案中内容一点点复制到 PowerPoint 幻灯片中比较费事。

此时可用下面方法直接从 Word 中调用到 PowerPoint 中。在调用之前，都要在 Word 中对文本进行设置：将需要转换的文本设置为“标题 1、标题 2、标题 3……”等样式，保存返回。需要注意的是，Word 中的标题一对应 PowerPoint 中每一页的标题，Word 中的标题二至标题九对应 PowerPoint 中每一页不同层级的内容。

(1)插入法：在 PowerPoint 中，执行“插入→幻灯片(从大纲)”命令，打开“插入大纲”对话框，选中需要调用的 Word 文档，按下“插入”按钮即可。

注意：仿照此法操作，可以将文本文件、金山文字等格式的文档插入到幻灯片中。

(2)发送法：在 Word 中，打开相应的文档，执行“文件→发送→Microsoft Office PowerPoint”命令，系统自动启动 PowerPoint，并将 Word 中设置好格式的文档转换到演示文稿中。

除了以上两种方法，利用 PowerPoint 的大纲视图也可以快速完成转换，具体方法如下：

- 在电子教案中，选中全部文本内容，执行“复制”操作，在 PPT 中单击“大纲”标签。
- 将光标定位到第一张幻灯片处，执行“粘贴”操作，则将电子教案中的全部内容插入到了第一张幻灯片中。
- 将第一张幻灯片中内容划分到多张幻灯片中。将光标定位到需要划分为下一张幻灯片处，直接按 Enter 键，即可创建出一张新的幻灯片。如果需要插入空行，按 Shift+Enter 键即可。经过调整，很快就可以完成多张幻灯片的制作。在“大纲”视图中，选中部分或全部幻灯片，可以根据需要进行文本格式的设置，包括字体、字号、字形、颜色和对齐方式等。还可以使用“大纲”工具栏，对幻灯片顺序进行调整等。
- 选择模板(平时多收集精美的模板)。
- 进入母版编辑。

2. 快速将 PowerPoint 幻灯片转换为图片

有时需要将 PowerPoint 文件中的某些幻灯片变成图片，用作他途，通过 PowerPoint 的普通编辑窗口“全选→复制”后再粘贴的办法，无法将母版图像复制并粘贴。解决的办法主要有以下几种：

(1)通过普通视图

鼠标右击要转换幻灯片的缩略图，在快捷菜单中选择“复制”，然后打开图形编辑软件粘贴即可。

(2)通过备注页视图

若没有缩略图，可通过备注页视图转换，选中要转换的幻灯片，切换到“备注页”视图，在“备注页”视图中选中该幻灯片的缩略图并“复制”，打开图形编辑软件粘贴即可。

(3)保存文件时，保存类型选择需要保存为图片的格式，按提示操作即可。

3. PowerPoint 中的交互

(1)热对象和热区交互

- 在 PowerPoint 中，热对象交互通常用按钮，热区交互则用空格文本框或透明自选图形套住热区。
- 用鼠标右击热对象或热区，在弹出的快捷菜单上选择“动作设置”，选择“单击鼠标”或“鼠标移过”中的相应动作。
- 选择“幻灯片放映”菜单命令，选择“幻灯片切换”，在弹出的对话框中取消所有的换片(页)方式。

(2)下拉菜单交互

菜单交互是多媒体课件中最常见的交互方式之一，在 PowerPoint 中菜单交互的制作方法如下：

- 插入新幻灯片若干张；
- 在主菜单的幻灯片(第一张幻灯片)中插入横向文本框，输入菜单栏名，之间用空格分隔，设置菜单框填充背景、框线和字体颜色等，利用上述热区交互的方法对不同的主菜单分别设置热区，用鼠标右击热对象或热区，在弹出的快捷菜单上选择“动作设置”，选择“单击鼠标”或“鼠标移过”，将“超链接到”分别设置到相应的子菜单所在幻灯片。
- 复制主菜单幻灯片(第二张幻灯片，作为一级子菜单用)，在对应的主菜单下插入文本框，输入第一列菜单名，每项占一行，设置菜单框填充背景、框线和字体颜色等，调整好位置，利用上述热区交互的方法对不同的一级子菜单分别设置热区，用鼠标右击热对象或热区，在弹出的快捷菜单上选择“动作设置”，选择“单击鼠标”或“鼠标移过”，将“超链接到”分别设置到相应的二级子菜单所在幻灯片或内容幻灯片。
- 按子菜单的数量重复上一步即可制作出下拉菜单及链接。
- 下拉菜单制作好后，可以通过设置“自定义动画”设置相应效果，全菜单看起来更逼真。

(3)交互控制声音播放

- 插入两个按钮，分别用于控制声音播放和停止播放。

- 鼠标右击声音播放按钮，选择“动作设置”，在“单击鼠标”选项的“播放声音”中选择“其他声音……”，选择要播放声音文件；
- 鼠标右击停止播放按钮，选择“动作设置”，在“单击鼠标”选项的“播放声音”中选择“停止前一声音”；
- 选择“幻灯片放映”菜单命令，选择“幻灯片切换”，在弹出的对话框中取消所有的换片(页)方式即可实现。

4. PowerPoint 中触发器的应用

通常情况下，用制作的课件时，由于在人机交互方面难以实现，大多只是单张幻灯片的集合，交互性差，影响了教学效果。

PowerPoint 2003 以后的版本，增加了用以实现人机交互控制的触发器，加强了 PowerPoint 课件的交互性，使之更加符合学习者的要求。

触发器的控制对象可以用一个图片、图形、按钮、甚至一个段落或文本框，当制作完成后，单击这些对象时就会触发一个操作，该操作可以是声音、电影或动画，也可以用于显示文本等内容，下面用“声音文件的播放控制”的实例进一步介绍触发器的应用。

(1)插入声音文件，在弹出的提示对话框中选择“在单击时”。

(2)插入三个按钮(可以是外部导入的按钮图片，也可以是 PowerPoint 系统提供的自定义动作按钮)，分别用于控制声音的播放、暂停/继续和停止。

(3)分别对声音播放、暂停和停止设置触发，右击声音图标“小喇叭”，选择自定义动画，在“添加效果”下拉菜单中选择“声音操作”，在其级联菜单中选择“播放”，在任务窗格下拉菜单中选择“计时”，在对话框中“计时”标签下单击“触发器”，选择“单击下列对象时启动效果”，在选择框中选择对应的动作按钮(触发对象要与动作按钮上的功能名称一一对应)。同样的方法可设置其他触发器及其触发对象。

放映时单击触发器可以控制声音文件的播放、暂停/继续和停止。插入的文件还可以是文件中的影片，设置方法同声音文件。

除了用于控制声音、电影或动画的播放，利用触发器还可以轻松地制作出交互式练习题、选择题等多种交互，可以将画面中的任一对象设置为触发器，单击对象触发器下的所有对象就能根据预先设定的动画效果开始运动，并且设定好的触发器可以多次重复使用。

5. PowerPoint 放映控制

在 PPT 演示中，一些功能键可以帮助我们快速实现一些特殊要求，在放映 PowerPoint 课件时，按键盘上的 F1 功能键，可调出快捷功能键列表，如图

5.6 所示。下面就其中常用的几种快捷功能键加以说明。

(1)实现黑屏和白屏

在用 PowerPoint 展示课件时，有时需要沟通讨论，为了使学习者不受屏幕上呈现的内容的影响，将注意力都集中到问题上，PowerPoint 为用户提供了黑屏和白屏的功能，而不需要关闭投影设备。按键盘上的 B 键，使屏幕黑屏；再按一次 B 键即恢复；按键盘上的 W 键，使屏幕白屏，再按一次 W 键即恢复；

(2)用画笔在屏幕上进行标记

放映 PowerPoint 课件时，为了让效果更直观，有时需要现场在幻灯片上做些标记，PowerPoint 为用户提供了画笔功能，具体方法如下：

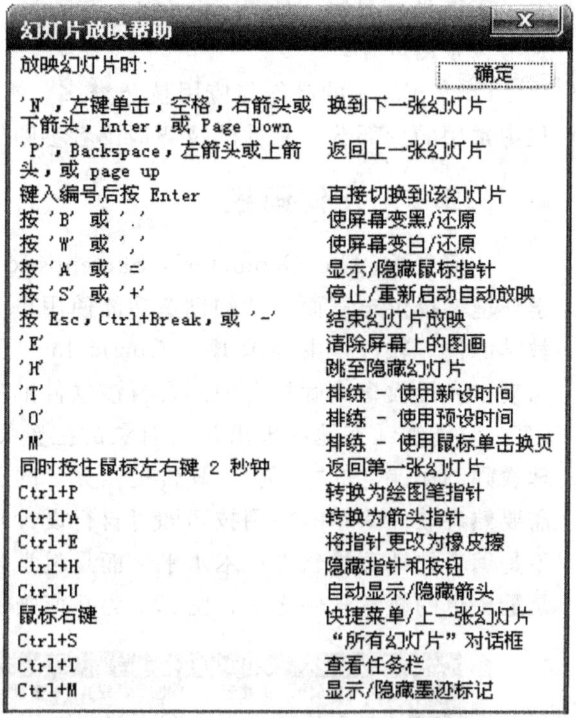

图 5.6　PowerPoint 放映时常用快捷键

按键盘上的快捷键 Ctrl＋P，将鼠标指针转换为绘图笔指针，或者单击鼠标右键，选择"指针选项"，选择一种绘图笔(PowerPoint 当前的版本提供了圆珠笔、毡尖笔和光笔三种)，调出绘图笔就可以在幻灯片上进行书写和标记了，如需要更改书写的颜色，则单击鼠标右键，选择"指针选项"，选择"墨迹颜色"即可在弹出的颜色中进行选择；当需要清除书写的所有符号和标记，则按键盘上的 E 键即可，如只需要清除其中一部分，则按快捷键 Ctrl＋E；按快捷键 Ctrl＋A 即可转换为鼠标指针，或者单击鼠标右键，选择"指针选项—绘图"，按 ESC 键则可退出绘图笔。

(3)PowerPoint 幻灯片页面的切换

在 PowerPoint 放映时，按键盘上 N 键、空格键、右箭头、下箭头、Enter (回车键)和 Page Down 键，或者单击鼠标左键都可切换到下一张幻灯片。当在换片方式中取消"单击鼠标时"，此时左击切换幻灯片功能实效，有时为了避免在移动鼠标的时候，不小心切换到幻灯片，可用此方法取消鼠标控制。

按键盘上P键、Backspace键、左箭头、上箭头和Page up键，都可切换到上一张幻灯片。

PowerPoint的制作与应用技巧繁多，本章只列举了作者在制作与应用过程中常用的少部分，其他的技巧请读者参阅相关的书籍和资料。

5.2.2 几何画板

几何画板(The Geometer's Sketchpad&reg)是一个通用的数学、物理教学环境，提供丰富而方便的创造功能使用户可以随心所欲地编写出自己需要的教学课件。软件是由美国Key Curriculum Press公司制作出版，1996年该公司授权人民教育出版社在中国发行该软件的中文版。正如其名“21世纪动态几何”，它能够动态地展现出几何对象的位置关系、运行变化规律，是数学与物理教师制作课件的“利剑”！软件提供充分的手段帮助用户实现其教学思想，只需要熟悉软件简单的使用技巧即可自行设计和编写应用范例，范例所体现的并不是编者的计算机软件技术水平，而是教学思想和教学水平。可以说几何画板是最出色的教学软件之一，图5.7为几何画板界面图。

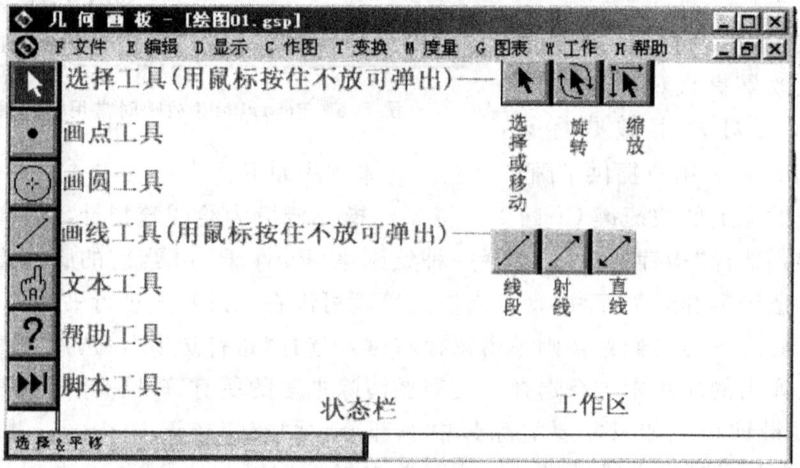

图5.7 几何画板界面图

一、基本操作

1. 点的生成与作用

画三角形时，先画三个点(可按住Shift键连续画点)；然后利用“作图”菜单中的“线段”命令画出三角形。注：用按住Shift键的方法，最大的好处是三个顶点都被选中。画多边形时，先画多个点(可按住Shift键连续画点)，然后利用“作图”菜单中的“线段”命令(或直接按 Ctrl+L)画出多边形。注：选取顶点的顺序是十分重要的，不同的顺序会得出不同的多边形。

2. 线的做法

“画线工具”有三种，即线段、直线和射线，选中后在绘图窗口中进行画图即可。

3. 画圆的方法

画圆有三种方法

用画圆工具画圆；通过两点画圆；用圆心与半径画圆(这种方法作的圆定长不变，除非改变定长时，否则半径不变)。

4. 画圆弧的方法

画圆弧也有三种方法

按一定顺序选定三点然后画弧(按逆时针方向从起点到终点画弧)；选取圆及圆上两点画弧(从第一点逆时针方向到第二点之间的一段弧)；选取圆上三点画弧(与法 2 相似，只是无须选中圆，画完弧后，可以隐藏原来的圆，可见新画的弧)。

5. 扇形和弓形

与三角形内部相似(先选中三个顶点)，扇形和弓形含有“面”，而不仅仅只有“边界”。扇形和弓形的画法类似。

用上述方法作圆弧，选择该弧，用“作图”菜单中的“扇形内部”(或“弓形内部”)命令作出扇形或弓形(阴影部分)。

6. 度量、计算与制表

[度量] 选中三角形内部后，在“度量”菜单中“面积”和“周长”命令，度量三角形面积与周长。利用“显示”菜单中“参数选择”命令，可以进行“对象参数”设置。

[计算] “度量”菜单的“计算”命令可以对对象的值进行运算，求得所需要的结果，我们以“相交弦定理”验证为例进行说明。

①画一个圆及两条相交的弦；②度量出四条线段的长度(距离)；③分别选择同一直线上的两条线段的距离值，利用“度量”菜单中的计算命令，依次计算出两者之积；④拖动动点，观察规律：相交弦定理。

[制表]在“度量”菜单中“制表”命令。选择上例中“四条线段的长度”，利用“制表”命令，制出表格。变化图形，增加表格项的方法有三种：选中表格菜单中“加项”命令、选中表格利用 Ctrl+E 快捷键、双击表格。

7. 变换

“变换”包括平移、旋转、缩放、反射等命令。各标记命令允许指定决定变换的几何对象、几何关系，或度量值。也可以通过组合平移、旋转、缩放、反射等变换定义自己的变换。

标记中心和标记镜面命令确定了几何变换的类型。旋转和缩放需要一个中心点，所以在实施这两种变换前要先确定一个中心点。同样，反射需要一个镜面，在反射前要先确定一个镜面。

8. 标签

所谓标签，也就是给作出的点、线、圆、圆弧等几何图形起个名字。用几何画板作出的几何对象，一般都由系统自动配置好标签。利用“标签”工具双击标签文本可以进行重命名操作。

二、提高操作

1. 如何快速完成几何图形的绘制

(1)利用快捷键

如绘制多边形时，可先利用画点工具，画若干个点(顶点)。画点时按住Shift键，使之均处于选中状态，然后利用作线段快捷键命令Ctrl＋L，来快速完成多边形的绘制。

(2)直接使用键盘命令创建图形对象

其实《几何画板》中提供了通过键盘命令(几个标点符号键)直接输入几何图形的方法。

句号(·)——绘制点

逗号(,)——绘制圆

斜杠(/)——绘制线(包括线段、射线和直线，它们各类型之间可通过重复点击来切换)

分号(;)——绘制圆弧

撇号(’)——绘制多边形

下面以绘制多边形(四边形)为例来说明：

按下撇号(’)键，此时位于《几何画板》窗口左下角的工具状态框中，显示“绘出多边形”；

输入A B C D，每个字母间加入一个空格，状态框中显示“绘出多边形A，B，C，D”；最后按Enter键，多边形(四边形)绘制完毕。可以拖动各顶点，进行调整。

2. 如何导入外部图片

制作课件时，往往需要导入《几何画板》以外的美丽图片，来提高课件的质量。下面介绍两种导入外部图片的方法。

(1)插入的方法

"编辑"菜单中"插入对象"命令/选中"BMP 图像"类型/自动启动《画图》程序/利用《画图》程序"编辑"菜单中的"粘贴自"命令，读入所需图片文件，最后利用"文件"菜单中的"退出并返回……"命令，回到《几何画板》编辑窗口。

(2)粘贴的方法

把所需的图片复制到 Windows 的"剪贴板"上，再利用《几何画板》中的"粘贴"命令直接导入一幅图片到课件中。这种方法看来比较简单，但制作课件中若用到多个图片时，此方法的优势就显现不出来了。

注：若要使导入的图片参与动画运动，可以先选中一点，然后利用上述方法导入图片。这样导入的图片就被固定在指定点的位置，该点运行轨迹就是此图片的运动路径。

3. 如何输入数学符号或数学公式

(1)导入法

像导入外部图片一样，将 Word 或 WPS 中的数学公式或符号，导入到《几何画板》课件中。

(2)"编辑数学格式文本"法

其实《几何画板》中提供了输入常用数学公式或符号命令(参见下表1)，只是初学者不大会用。这里以一个具体的例子来说明这些命令的使用方法。

例如：标识5的算术平方根(根式)

按下 Num Lock 键不放开，再双击 A 点的标签，弹出"编辑数学格式文本"对话框；在"数学格式"栏中输入{V：5}，确定即可。

注：单独使用的"文本"工具，创建的"注释"类型文本，不能进行数学格式编辑。只有对象标签或度量的文本才可以进行"数学格式编辑"。

三、应用实例

方案：画一个圆，画出一段弧所对的圆心角和圆周角，验证同弧所对的圆周角是圆心角的一半。

用几何画板验证：

第一步：新建一个几何画板文件。

第二步：(1)选取"圆画"工具；(2)按住鼠标左键在工作区中拖动，可以画一个圆；(3)标出标签并改为所要的，如图5.8所示。

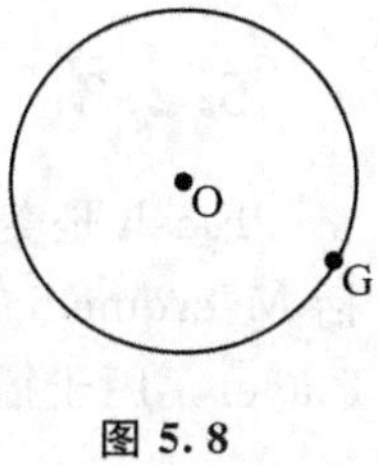

图 5.8

这时同时会出现两个点，一个是圆心；一个是圆上的点，这两个点可以用来控制圆的大小和位置，在下面的作图过程中，一般不要用到圆上的这一点，以免在拖动的过程中改变了圆的大小。

第三步：用“画点”工具，在圆上画出三个点，标上标签并改为点 P、A、B，得到如图 5.9 所示。

第四步：连接 PA、PB、OA、OB，度量∠AOB、∠APB，得到如图 5.10。

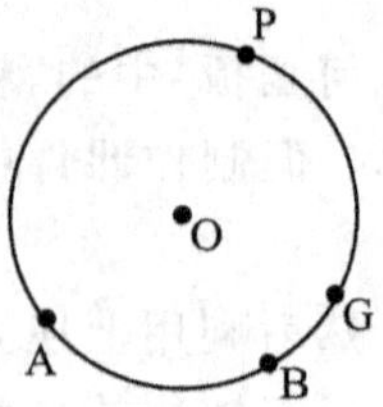

图 5.9

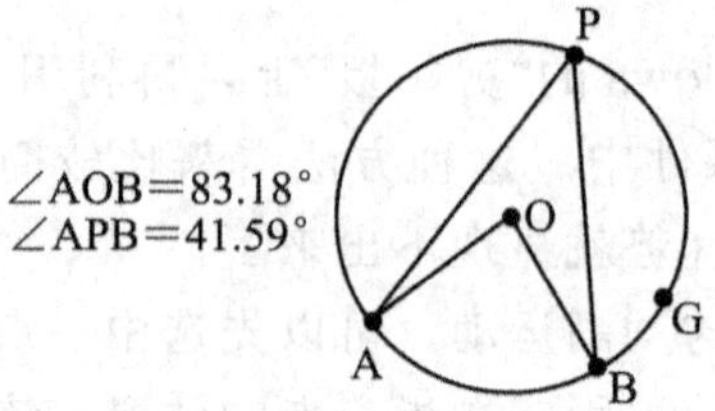

图 5.10

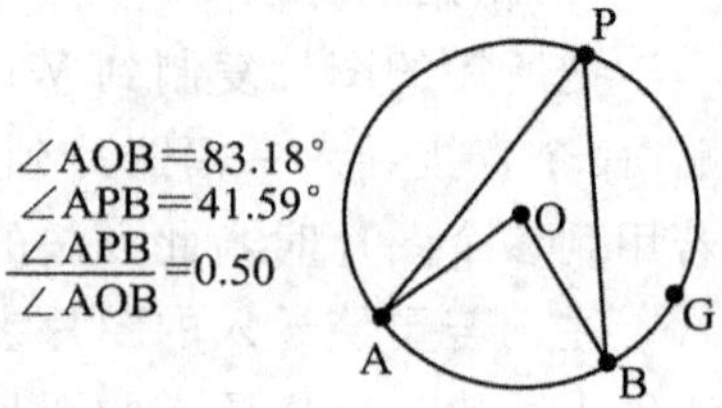

图 5.11

第五步：由菜单“度量”→计算”，弹出几何画板的计算器，依次点取“∠APB”“/”“∠AOB”“确定”，可以计算出两个角的比。得到如图 5.11。

归纳结论：

表 5.1

序号	操　作	现象	结论
1	拖动点 P，在弧 AGB 上移动，	$\angle APB=$____ $\angle AOB=$____ $\dfrac{\angle APB}{\angle AOB}=$____	同弧所对的圆周角 ________； 同弧所对的圆周角是圆心角的______
2	拖动点 B，把弧 AB 变长，	$\angle APB=$____ $\angle AOB=$____ $\dfrac{\angle APB}{\angle AOB}=$____	同弧所对的圆周角是圆心角的______
结论			

5.2.3　Flash

Flash 是美国 Macromedia 公司所设计的一种二维矢量动画软件。通常包括 Macromedia Flash，用于设计和编辑 Flash 文档，以及 Macromedia Flash Player，用于播放 Flash 文档。

一、软件特点

Flash 是一种创作工具，设计人员和开发人员可使用它来创建演示文稿、应用程序和其他允许用户交互的内容。Flash 可以包含简单的动画、视频内容、复杂演示文稿和应用程序以及介于它们之间的任何内容。通常，使用 Flash 创作的各个内容单元称为应用程序，即使它们可能只是很简单的动画。您也可以通过添加图片、声音、视频和特殊效果，构建包含丰富媒体的 Flash 应用程序。

Flash 特别适用于创建通过 Internet 提供的内容，因为它的文件非常小。Flash 是通过广泛使用矢量图形做到这一点的。与位图图形相比，矢量图形需要的内存和存储空间小很多，因为它们是以数学公式而不是大型数据集来表示的。位图图形之所以更大，是因为图像中的每个像素都需要一组单独的数据来表示。

要在 Flash 中构建应用程序，可以使用 Flash 绘图工具创建图形，并将其他媒体元素导入 Flash 文档。接下来，定义如何以及何时使用各个元素来创建设想中的应用程序。

在 Flash 中创作内容时，需要在 Flash 文档文件中工作。Flash 文档的文件扩展名为 .fla(FLA)。Flash 文档有四个主要部分：

舞台是在回放过程中显示图形、视频、按钮等内容的位置。在 Flash 基础中将对舞台做详细介绍。

时间轴用来通知 Flash 显示图形和其他项目元素的时间，也可以使用时间轴指定舞台上各图形的分层顺序。位于较高图层中的图形显示在较低图层中的图形的上方。

库面板是 Flash 显示 Flash 文档中的媒体元素列表的位置。

ActionScript 代码可用来向文档中的媒体元素添加交互式内容。例如，可以添加代码以便用户在单击某按钮时显示一幅新图像，还可以使用 ActionScript 向应用程序添加逻辑。逻辑使应用程序能够根据用户的操作和其他情况采取不同的工作方式。Flash 包括两个版本的 ActionScript，可满足创作者的不同需要。有关编写 ActionScript 的详细信息，请参阅“帮助”面板中的“学习 Flash 中的 ActionScript 2.0”。

Flash 包含了许多种功能，如预置的拖放用户界面组件，可以轻松地将 ActionScript 添加到文档的内置行为，以及可以添加到媒体对象的特殊效果。这些功能使 Flash 不仅功能强大，而且易于使用。

完成 Flash 文档的创作后，可以使用“文件”/“发布”命令发布它。这会创建文件的一个压缩版本，其扩展名为 .swf(SWF)。然后，就可以使用 Flash Player 在 Web 浏览器中播放 SWF 文件，或者将其作为独立的应用程序进行播放。

二、基本功能

Flash 动画设计包括绘图和编辑图形、补间动画和遮罩三大基本功能。这是三个紧密相连的逻辑功能，并且这三个功能自 Flash 诞生以来就存在。

1. 绘图和编辑图形

绘图和编辑图形不但是创作 Flash 动画的基本功，也是进行多媒体创作的基本功。只有基本功扎实，才能在以后的学习和创作道路上一帆风顺。

使用 Flash Professional 8 绘图和编辑图形——这是 Flash 动画创作的三大基本功的第一位。

在绘图的过程中要学习怎样使用元件来组织图形元素，这也是 Flash 动画的一个巨大特点。

2. 补间动画

补间动画是整个 Flash 动画设计的核心，也是 Flash 动画的最大优点，它有动画补间和形状补间两种形式。

用户学习 Flash 动画设计，最主要的就是学习“补间动画”设计。

在应用影片剪辑元件和图形元件创作动画时，有一些细微的差别，你应该完整把握这些细微的差别。

3. 遮罩

遮罩是 Flash 动画创作中所不可缺少的——这是 Flash 动画设计三大基本功能中重要的出彩点。

使用遮罩配合补间动画，用户更可以创建更多丰富多采的动画效果：图像切换、火焰背景文字、管中窥豹等都是实用性很强的动画。并且，从这些动画实例中，用户可以举一反三创建更多实用性更强的动画效果。

遮罩的原理非常简单，但其实现的方式多种多样，特别是和补间动画以及影片剪辑元件结合起来，可以创建千变万化的形式，你应该对这些形式作个总结概括，从而使自己可以有的放矢，从容创建各种形式的动画效果。

三、基本概念

1. 帧

帧是构成动画的基本单位，帧中装载着 Flash 作品的播放内容(图形、音频、素材符号和其他嵌入对象)。在时间线控制窗口中，每一帧都由一个动画轨道上的小矩形方框表示。在 Flash 中帧有以下类型：

(1)关键帧

时间线中的关键帧是 Flash 作品的基础，其中可以放置图形等展示对象，并可以对所包含的内容进行编辑和修改。在时间线中，有内容的关键帧显示为带黑色实心圆点的矩形方格，无内容的关键帧显示为白色矩形方格。

(2)静止帧

时间线上的静止帧是相邻静止关键帧的延续，位于两个关键帧之间。静止帧中的内容是与其相邻的前一个静止关键帧中的内容。普通静止帧显示为灰色方格，空白帧显示为白色方格。

2. 层

层是为了方便制作复杂的 Flash 动画作品而引入的一种手段。在时间线控制窗口中，每一条动画轨道就可以包含一个 Flash 层。在每一个层中都包含了一系列的帧，而各层中的帧的位置是一一对应的。不同层中的对象彼此独立，可以分别编辑。在播放时，Flash 舞台上在某一时刻展示的图像，是由所有层中在播放指针所在的位置上的帧的内容组合而成的。

3. 动画

Flash 动画是以时间线为基础的帧动画。简单的 Flash 动画可以由几帧连续的画面组成。对于复杂的动画作品，Flash 用了“场景”这个概念，每一个场景包含了一个独立的主时间线，可以将多个场景组合以产生不同的交互播放效果。在制作过程中，按照制作方法和生成原理的不同，可以将 Flash 动画分成两种类型：

(1)过渡动画

每两个过渡动画序列由两个处于两端的关键帧和位于中间的过渡帧序列组成，两个关键帧分别定义了该动画序列的起始状态和最终状态，过渡帧由程序自动生成，这正是 Flash 动画的精髓。过渡动画分为形状变形和运动变形两种。

(2)逐帧动画

逐帧动画是由位于时间线上同一动画轨道上的一个连续的关键帧序列组成的。对于动画帧序列的每一帧中的内容都可以单独进行编辑，使得各帧展示的内容不完全相同，在作品播放时，由各帧顺序播放产生动画效果。

4. 基本动画类型的制作

(1)逐帧动画

逐帧动画是利用人的视觉暂留特性，像电影一样，虽然每格胶片内容都不同，却能形成连续的画面。它在Flash时间轴上的每一帧按照一定的规律都有所变化。

例：一个沿顺时针方向画的圆

- “文件”选择“新建”，在舞台上画一个圆，删去圆面。（要按住Shift键）此时，时间轴上的第1帧自动生成一个关键帧。
- 选择第2帧，从菜单栏“插入”里面选择“关键帧”（或用右键单击第2帧）。此时，第2帧变成关键帧，第2帧在舞台上的内容是从第1帧复制而来的。
- 我们把舞台上的圆删去一小部分。此时，应注意播放指针在第2帧上。
- 然后，选择第3帧，从“插入”里面选择“关键帧”（或右击第2帧）。此时，第3帧变成关键帧，第3帧在舞台上的内容是从第2帧复制而来的。
- 我们把舞台上的圆删去一小部分。此时，应注意播放指针在第3帧上。
- 依次制作，到最后一个关键帧将整个圆都删去。
- 测试影片（按下Ctrl＋Enter键）。

(2)形状变形

形状变形是Flash舞台上一个物体变成其他物体。例如，文字变图形、方形变圆形等。

例：“美”字变成圆形的动画

- 新建文件，在舞台上选择工具栏上的图标A，写一个“美”字，在属性栏中可以调整字体、字号、颜色等。
- 用黑箭头选中文字，然后从菜单栏“修改”中选择“分解组件”（或按Ctrl＋B键），将文字打散。此时，文字变成图形，不能再作为文字进行编辑。
- 将时间轴上第20帧选中，从菜单栏“插入”中选择“白色关键帧”。此时，播放指针移到第20帧，第20帧虽然也是关键帧，但并没有将第1帧舞台上的内容复制过来。
- 我们在舞台上画一个圆，删去圆框。
- 在时间轴上选中第1帧，在窗口下方的属性栏中将“中间”的类型改变成“形状”。
- 测试影片（按下Ctrl＋Enter键）。

(3)运动变形

运动变形是舞台上一个物体自身的不同变化。例如，物体的移动、缩放、旋转、改变透明度等。

例：正方形动画

- 新建文件，在舞台上画一个正方形。此时，第1帧自动变成关键帧。
- 选中正方形的所有部分，从菜单栏“插入”中选择“转换元(组)件”，出来一个对话框，命名之后，确定。
- 选中时间轴上第30帧，从菜单栏“插入”中选择“关键帧”。
- 在时间轴上选中第1帧，右击第1帧，选择“创建动画动作”。此时，时间轴上有两个关键帧(有黑点的帧)，代表了一个物体在动画开始和结束时候的两种状态。两个关键帧之间的箭头就是动画动作。
- 因为现在这个物体在第30帧时候的状态(包括位置、大小、角度、透明度等)和第1帧是一模一样的，所以现在我们只需要先选中时间轴上的第30帧(注意选中后播放指针应该在第30帧)，在舞台上对正方形进行位置、大小、角度等的改变就可以了。
- 测试影片(按下Ctrl+Enter)。

5.2.4　教学主题网站的设计、开发

网站(Web Site，Site)是一个信息系统，是多个相关网页文件的集合。通常进入某站的第一页面，称为该站点的主页(home page)，是访问该网站逻辑起点，其他网页称为普通页面，通常把主页等同于网站。网页是用超文本(Hypertext)格式写成的，超文本格式具有将文本内容与其他文本连接起来的链接功能。当网页以链接方式连接后，使用者只需单击网页上的链接点，就可以很方便地进入网站的其他网页或进入另一个相关网站的网页。网站基本构成：网页、网页空间、网址(IP)、域名(网站名字，与IP地址相对应)。

教学主题网站是指那些针对特定的人群，围绕特定的学习主题、教科研主题、学习素材类事物主题，完成特定信息的搜索和提供、组织与发布，或者提供互动学习平台的教学网站。

一、网页的基本构成要素

网页作为网站中的信息载体，相比其他的信息传播媒介，其基本构成要素有如下几类：

1. 文本

网页中的信息主要是以文本文字为主的。在网页中可以通过字体、大小、

颜色、底纹、边框等来设置文本的属性。正文字号常为9pt或12pix。

2. 图像

现在丰富多彩的网页，都是因为有了图像。尽管是不可缺少，但也不能太多，适当使用才能为网页增色。常用于网页中的图片一般为JPG和GIF格式。

3. 超链接

超链接是网站的灵魂，构建网站内页面间或页面内部信息的逻辑关系。以及与站点外的数据链接。

4. 表格

表格是网页排版的灵魂。使用表格排版是现在网页的主要制作形式。可以精确地控制各网元素在网页中的位置。

5. 表单

表单是用来收集站点访问者信息的域集。站点访问者填写表单的方式是输入文本、单击选项、发送数据，该数据就会根据所设置的表单处理程序，以各种不同的方式进行处理，通常用于实现客户端与服务器端的数据传递。

6. GIF 动画

动画是网页上最活跃的元素，通常制作优秀、创意出众的动画是吸引浏览者的最有效的方法。不可滥用，太多会让人眼花缭乱。Logo标志，小图标等多为GIF动画。

7. Flash 动画

功能强大，表现丰富，占用空间小。

8. 框架

框架是网页的一种组织形式，将相互关联的多个网页的内容组织在一个浏览器窗口中显示。

9. 音频

音频是页面的重要组成部分，也常用作页面的背景音乐，常用的音频格式有MP3、midi、rm、amv和wav等。

10. 视频

常用的视频格式有Avi、asf、rm、mpeg、mov、wmf和rmvb等。

另外，网页中还常包含有横幅广告、字幕、计数器、日期等。

二、网页设计与制作

网页是浏览器窗口中显示的一个个页面，这样许多相关的页面构成网站信息系统(设计与制作网站的准确表达应为设计与制作网页)。其设计与制作要用到多方面的知识，如图5.12所示。

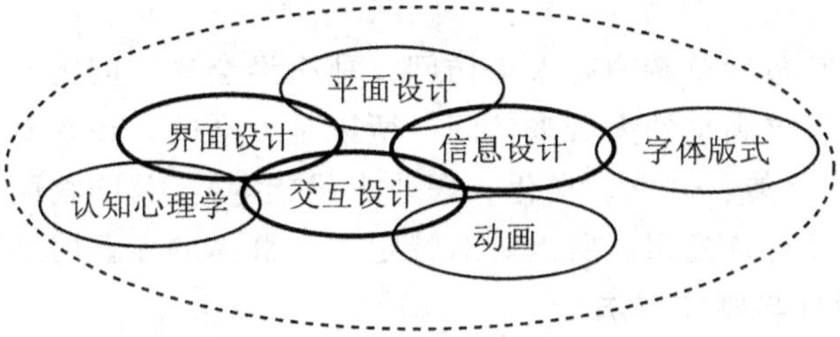

图 5.12 网站信息系统建设

1. 网页设计与制作思想

(1)以需求为导向

请记住做任何事情都是有目的的，换句话说就是要满足我们的某种需要，只有满足需要的东西才有价值。作为商业网页的设计与制作更应该重视客户的需求。要明确制作网站的目的，根据目标要求确定网站的主题、栏目、内容、风格、表现形式等。

(2)以内容为主体

制作网页是为了实现信息传递和资源共享，没有内容的网页是空洞的。内容表达要清晰明确，整体性好，有艺术内涵。实用、丰富、及时的信息资源是增加网页浏览量的重要因素。

(3)以技术为支撑

网页的制作离不开相应的技术、硬件和软件方面。Web 服务器配置、网站发布、媒体符号处理、开发工具应用、软件工程技术、程序设计、数据库等。

2. 网页设计与制作原则

(1)规范性

只有规范才能普适，为大众接受，兼容性才好，不容易出错。同时对网页的调试、修改和后期维护带来极大方便，提高效率。主要包括网站内文件组织要规范、文件夹和文件的命名要规范、网页文件的代码编写要规范。可按功能模块或栏目分别建立文件夹，自成独立而又相互联系的子系统。

(2)一致性

网站内所有页面间、同一个页面在风格、表现形式上具有内在的统一。如在每个网页的页面布局、导航栏风格、颜色运用、超链接等方面要基本一致，便于用户有效地浏览，获得想要的信息资源。

(3)和谐性

主题与风格、内容与形式、色彩与气氛。

(4)适应性

制作网页发布后总希望有人来访问，那么谁会来访问呢？只有感兴趣的人和能从中获得需求满足的人会来访问。所以是大众的，还是专业的，或是针对某个用户群体(年龄、性别、文化、职业、民族等)。就购物而言，现在都去专卖店，而很少去百货公司。所以针对特定用户群体的专业网站更受欢迎。

3. 网页设计与制作方法

好的方法可以提高开发效率，能够事半功倍。网页是网站的重要组成要素，网页的制作是受网站的目的主导，只有明确网站目的才可能做好每一个网页。根据需求的清晰程度，可选择相应的方法。

(1)“原型模型”法

当对所建网站的目的不太清楚时，常以原型(见图 5.13)展示成品概貌，以便进一步分析修改。

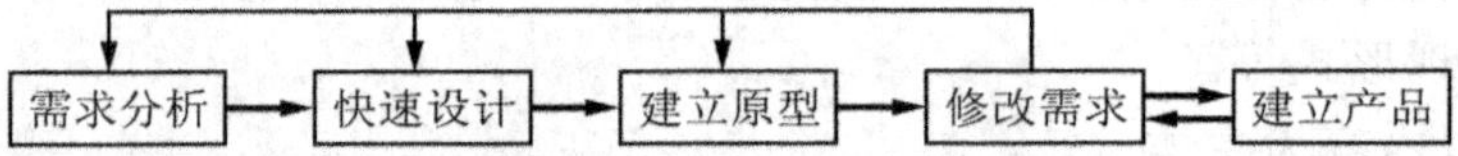

图 5.13 原型模型

(2)“瀑布模型”法

当对所要建立的网站的目的比较清楚时，常采用这种具有顺序性和依赖性的方法，如图 5.14 所示瀑布模型。

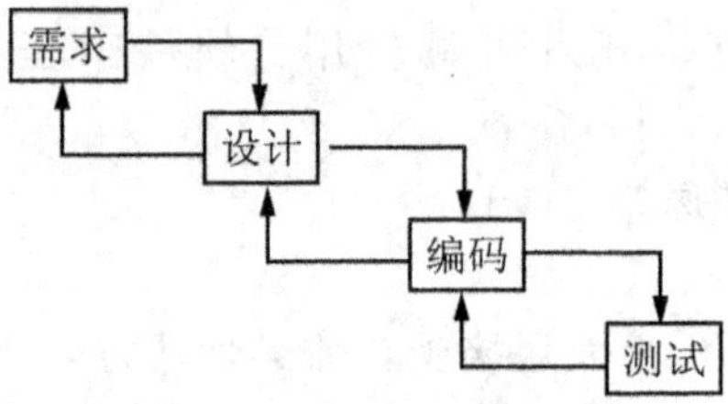

图 5.14 瀑布模型

4. 网页设计与制作过程

需求分析——建立原型——分析测试原型——总体设计——局部设计——主页面制作测试——普通页面制作测试——网站测试。

5. 网页的页面内容设计通则

(1)醒目原则

主次分明、中心突出。

(2)美感原则

图文并茂、整体协调、合理、有序。

(3)超链接原则

适度、易辨认、易漫游。

(4)精练原则

页面设计要以简洁为主、页面文字要符合语法规则、言简意赅。

三、网页制作技术

1. HTML

WWW(World Wide Web)是一种建立在Internet上的、全球性的、交互的、多平台的、分布式的信息资源网络。有三个基本组成部分，分别是URL(统一资源定位器)、HTTP(超文本传输协议)和HTML(超文本标识语言)。

(1)URL提供在Web上进入资源的统一方法和路径，使得用户所要访问的资源在其有效范围内具有唯一性。

(2)HTTP超文本传输协议是一种网络上传输数据的协议，专门用于传输WWW的信息资源，在服务器和客户机之间使用HTTP协议进行通信。

(3)HTML超文本标记语言，一种文本类、解释执行的标记语言，它是Internet上用于编写网页的主要语言。用HTML编写的超文本文件称为HTML文件，后缀(.htm或.html)。

网页的主体是所要传递的信息内容，虽然纯文本格式文件也可以传递，但是其功能效果是相去甚远。正如一般产品一样需要“包装”，可以把HTML当作是对所要发布的内容的包装工具，超文本有别于纯文本，可实现不同页面间的跳转。

HTML文件的编写方法：

(1)手工直接编写：可用任何文本编辑器来打开并编写HTML文件，如Windows系统中的记事本。

(2)使用可视化软件：Frontpage、Dreamweaver、InterDev。

(3)由Web服务器一方实时动态生成：需要编程实现，如asp、jsp、php等，并配合相应的数据库。

制作网页要对HTML语言有一个基本的了解，好比我们要对我们穿的衣服有一个基本的了解一样。

2. CSS

用HTML标记语言来“包装”网页是必须的，但是却存在一些问题，标记与内容混合；界面粗糙；灵活性差。

CSS(Cascading Style Sheets)是层叠样式表，是一种简单、灵活、易学的工具，能使任何浏览器都听从指令，知道该如何显示元素及其内容。

(1)作用

- 弥补 HTML 对网页格式化功能的不足，如段落间距、行距等；
- 字体变化和大小；
- 页面格式的动态更新；
- 排版定位；

(2)特点

- 格式与结构分离；
- 强大的控制页面能力；
- 制作体积更小、下载更快的网页；
- 可同时更新多个网页样式；
- 界面更友好。

(3)基本语法结构

选择符{属性名 1：属性值 1；属性名 2：属性值 2；……}

(4)应用实例

- 标记内部样式：

  <p style="color：＃336699；font－size：12px">
- 文件内部样式块：

  <head>…

  <style type="text/css">

  Body{color：＃336699；font－size：14px}

  H1{color：＃ffaa00；font－size：18px}

  </style>…</head>

  <head>…

3. JavaScript

DHTML 动态 HTML，是基于 HTML 语言，利用 CSS 层叠样式表进行精确控制布局，并利用 JavaScript 动态控制网页元素。这里主要是指客户端。

JavaScript 是一种 Script 脚本语言，所谓脚本语言就是可以和 HTML 语言混在一起使用的语言，可以用来在浏览器的客户端进行程序编制，从而控制浏览器等对象操作。

HTML 是标记语言，只标明内容的性质类别，如要进行决策操作需要用程序语言来完成，这个功能就要求在 HTML 文件中插入一段小程序来实现，这段小程序叫做脚本。编写脚本的语言叫脚本语言，常用的有JavaScript，VBScript等。

JavaScript的主要特点有：

- 是一种脚本编写语言，基本结构类似C。
- 基于对象的语言，许多功能可以来自于脚本环境中对象的方法及其相互作用。
- 简单性，基于Java基本语句和流程控制的简单而紧凑设计，对学习Java是一种非常好的过渡。
- 安全性，不允许访问本地硬盘，只能通过浏览器实现信息浏览或动态交互。
- 动态性，通过事件驱动，可直接对用户输入做出响应，无须经过服务器程序。
- 跨平台性，只依赖浏览器本身，与操作环境无关。

4. ASP

ASP(Active Server Pages)是动态网页开发技术之一，是由Microsoft公司开发的一套服务器端脚本程序环境，在创建网页时，可以利用VBScript和JavaScript或其他第三方脚本语言来创建ASP，实现动态内容的网页。功能：创建Web应用程序；访问数据库；动态生成网页内容等。

(1)特点

- ASP语言是解释性语言，不是编译性语言；
- ASP脚本语言有多种，常用VBScript。
- ASP程序执行与客户端浏览器版本无关，源程序在客户端不可见；
- 编程环境简单，只要在机器上建立ASP服务环境，可进行编辑测试；
- 学习环境好，目前应用最为普遍，容易获得更多的学习支持。

(2)开发运行环境

Web服务器IIS(Internet Information Server)

ASP.NET是微软公司新推出的一种Internet编程技术，采用效率较高的、面向对象的方法来创建动态Web应用程序。

5. JSP

JSP(Java Server Pages)是由SUN公司提出，多家公司合作建立的一种动态网页技术。其最大特点是有开放的、跨平台的结构，在几乎所有的服务器系统上可以运行，当然要安装上JSP服务器引擎软件(JDK，Tomcat)，

(1)特点

- 多平台支持，可以在几乎所有的服务器系统上运行；

- 编译后运行，能够大大提高执行效率；
- 采用 Java 技术，相对 ASP 中的 VBScript 来说，Java 较难；
- 开发运行环境相对于 ASP 较复杂。

(2)开发运行环境

支持 JSP 的服务器有 Tomcat、WebLogic、WebSphere 等，是一种很有发展潜力的 Web 应用程序开发技术。

6. PHP

PHP(Personal Home Pages)是一种服务器端脚本语言。嵌入在 HTML 中书写，它可以在多种平台上运行。其语法与 C 语言、Java 语言极为相似，但也有自己独特的语法，有庞大的函数库。因为是开源式的，源代码完全公开，每个程序员都可以加入自己的东西，从而实现更多的功能。支持几乎所有的数据库。常与免费的数据库系统 MYSQL 协同构建中小型 B/S 应用的网站或信息系统。

其最强大和最重要的特征是其数据库集成层，使用它完成一个含有数据库功能的网页非常简单。

(1)特点

- 免费；开放源码；
- 多平台支持；
- 相对 ASP 来说，效率高、执行速度快；
- 缺少大公司支持；
- 运行环境安装相对比较复杂。

(2)开发运行环境

最佳组合 LAMP(Linux、Apache、MySQL、PHP)。

7. 数据库技术

数据库技术目前是计算机处理与存储数据的最有效、最成功的技术。计算机网络的特点则是资源共享，数据＋资源共享这两种技术结合在一起即成为在今天广泛应用的网络数据库(Web 数据库)。网络数据库是指以后台数据库为基础的、加上一定的前台程序通过浏览器完成数据存储、查询等操作系统。

动态网页往往需要数据库的支持，所以要开发出高效的动态网页需要掌握相应的数据库技术。如 Access、Sql Server、MySQL、Oracle 等。

目前，网站集成开发软件主要有 Dreamweaver、FrontPage 等。

5.3 多媒体课件的界面设计

5.3.1 多媒体课件界面设计的重要性

界面是计算机系统中跟人打交道的部分，是用户与计算机系统的接口，它与人和计算机的关系密切。在多媒体课件中，用户界面的设计是一门艺术，其设计和开发是一项复杂的系统工程，它涉及教育学、心理学、计算机科学、信息学、美学等诸多学科理论。由于多媒体课件是集多种媒体于一体，在设计界面时，不仅要注意某一种媒体的使用方法、功能特点及注意事项，更要注意整体界面的协调性、一致性，充分调动学生的有意注意，才能达到较为理想的教学效果。长期以来，在我国各级各类学校中，多以任课教师开发自己所教课程的课件为主，课件教学内容的设计一般都比较好，但这些课件很少能普及推广，其中一个重要原因是由于界面设计上存在的问题。计算机课件界面是课件与用户打交道的第一面孔，它的设计档次如何，将直接影响用户对你的课件的第一印象，甚至是最后印象。好的界面设计，能使学生在计算机环境下学习的有限时间内，不仅能很快地适应学习环境、熟悉操作，而且还能通过多媒体信息刺激感官和大脑，很快进入积极主动的学习状态，获得良好的学习效果。所以界面设计是计算机知识与平面艺术紧密结合的领域，它不仅要求有较娴熟的计算机操作能力，而且还要有较高的审美观点及较高的艺术修养。多媒体课件界面设计的原则如下：

1. 易学易用原则

多媒体课件的最终用户是教师或者是学生，一个好的课件除了要依据学习理论、教学理论和教学设计理论进行课件内容设计外，还应该能使用户很容易地学会如何使用它，因为对于计算机操作能力较弱的用户来说过于复杂的课件会使他们花费较多的时间在使用方法上，而耽误正常的教与学。因此我们的多媒体课件界面设计应尽量简便，在使用方面应尽量符合常规的设计原则，交互响应应该科学、合理、符合人们的常规动作与思维形式。另外对于部分制作较为复杂的多媒体课件来说，我们可以设计一个导航系统指导学生如何使用该课件，让他们知道通过该软件他可以做些什么。

2. 简洁明了原则

课件的操作界面避免烦琐，内容应力求准确、简洁明了、突出重要信息。可以在显示中使用黑体字、加下划线、增大字的宽度、闪烁、反白和彩色来强调某些重要的、期望引起学习者注意的信息。在描述局部细微变化时，应采用加圈放大或特写的方式等。

3. 一致性原则

这需要我们从两方面理解。一方面，从整体而言，对于一个完整的课件来说，应有一个统一的风格。即课件中各章节的风格应保持一致。风格可从色彩、构图、人机交互响应等方面来衡量。在统一风格的大前题下，可做适当的调整，以改变使用者的视觉效果。这样可以使学习者的思路清晰，不易产生紊乱情绪。另一方面，从局部而言，同样的界面控制元素应有相同的行为动作。

4. 响应性原则

随着计算机硬件档次的提高，计算机处理问题的速度越来越快。然而现在的多媒体课件不仅自身的体积越来越大，而且其调用的程序或对象也越来越大，这就决定了其运行将占用较长的时间。另一方面，现在人的等待心理时间已越来越短。所以我们设计多媒体课件时，要采用响应性原则，用最直接、快速的方法来响应用户的操作，让其明确知道其所作出的操作已经被接受并正在执行。例如以反白、变色动作来表现某个对象已被选中，显示一个沙漏或手表形状表示命令正在执行中，或者干脆显示如“文件正在打开/转换，请稍候”等语言来提示用户要耐心等待。

5. 适应性原则

学习者个别差异的存在是一种无法避免的事实，即使是同一分数进校的同班学生，其知识结构也不完全相同。建构主义学习理论认为，学习者学习知识，是在其原知识结构的基础上丰富和发展的。所以我们设计课件时，应充分考虑学习者的差异。不仅把所授内容划分几个档次，也要把新知识所必须的基础知识划分几个档次，一并包含在课件内，以方便学习者根据自己的知识结构来选择自己的学习路径，一个真正灵活的系统允许一个人用与他的知识技能和经验相称的方式与计算机交流，这就是课件的适应性。

6. 任意跳转性原则

是指学习者可从当前页任意跳转到想要学习的内容页上。即加强课件的交互性，这样可以减轻学习者的学习负担，节省时间，便于学习内容的浏览及知识要点的查询。如在界面设计时可设计一个目录按钮，把整个课件的章节标题以目录的形式展示出来，单击各个标题进入不同的页面中去，从各个不同的页面也可以回到目录中去，使学习者可以随心所欲地进行各章节的学习。

5.3.2　多媒体课件界面的设计方法

一、屏幕对象布局

1. 恰当布置，主题突出

显示内容应恰当，不应过多，切换不易过快，屏幕不应过分拥挤，四周应留出一定的余地。一般正文每屏不应超过 15 行，每行不超过 30 个汉字，如显示不下可采用滚动技术。字体应选用笔画丰满的字体，大小标题可用不同字体、字号，以区分层次和段落。文字的色彩也应有一定的对比，从而突出主题。

2. 重点集中，视点明确

由于屏幕尺寸较小，要求重点集中，视点明确。在同一画面上，不应出现两个以上的兴趣中心，以免分散注意力。

3. 合理预留空行、空格

必要的空行及空格会使结构合理，条理清晰，阅读、查找方便；相反，过分密密麻麻的显示会损害学习者的视觉，也不利于学习者把注意力集中到有用的信息上。

4. 美观大方，层次清晰

界面设计要美观大方，不落俗套，但也不易过分“花哨”。如果必须把多种媒体引入，最好能让操作者控制依次展示，给人以清晰、有序的感觉。

二、多媒体素材设计

1. 文本

文本是使用者与课件交流的重要途径之一，它向用户传递重要的指导信息，这是使用图像所不能够达到的。在选择文字时，除了要考虑其在背景上的突出之外，也要注意在不同显示器上都容易辨认的字体，最好坚持使用简单的无衬线字体或衬线字体；字号也要注意，一般来说，使用者的年龄越小，字体就应该越大。除非将字体转换成图形，否则应尽量使用系统配制字体。因为一旦用户的系统没有指定的字体，系统将使用替代字体，其结果可能与设想的完全不一样。还有在选择字体时，一致性也非常重要，绝大多数情况下，不应在课件中使用两种以上字体，否则界面会显的很凌乱。

2. 图片

目前，为了更直观地把现实生活中的情境搬入课堂教学，几乎所有的多媒体课件均采用或多或少的图片应用于教学。作为教学内容的图片只要能说明问题就行。但有一点需要说明的是：图片文件的体积不能太大，太大了不仅体积大，更重要的是运行或显示的速度也较慢。一般用JPG格式的文件较为适宜，因为JPG图片压缩比可灵活选择，而且图片质量也可基本满足要求。

图片除直接用于显示教学内容外，另一个重要的用途是作为背景而出现，教学内容呈现在背景上，如果背景的颜色较深或背景画面较为突出，这样一方面阅读教学内容较为困难；另一方面喧宾夺主。建议不要用背景，或将底色设置为白色，或只是在框面的左上角、右下角加入小块修饰用图(如小花、小草、小鸟之类的)，起平衡画面之用。

3. 声音

多媒体课件中的声音包括语言、音乐和效果声三种，除了语言教学声音是必须使用之外，其他课程的课件可根据内容来选用少量的声音。恰当地使用声音文件能起到引起注意、提示反应、表示事件进程、提供情景音效、提供反馈等，然而用不好则起到干扰、噪声的作用。使用声音文件应注意以下几点：

(1)不能太多；

(2)音量尽量设置可调；

(3)用声音作转场效果声。

4. 动画、视频图像

现在很多课件中都或多或少地使用了视频图像，当然适量必要的视频图像有助于学习者对知识的理解，但为增加趣味性或展示编程技术而过多的加入视频图像会使课件运行速度减慢，而且某些格式的视频图像需要特殊的驱动程序，造成容易死机，使课件的兼容性降低。如果确要加入视频图像，也要对其作必要的处理。

5.3.3 多媒体课件界面的组接

界面间组接的基本原则是要使学习者的注意力从这一界面自然地过渡到下一界面，中间没有明显的视觉间断感和跳跃感。要达到这一点，必须做到：

1. 界面切换自然

界面切换要保持在方向、色彩、亮度等方面的协调。同时界面间切换应非常迅速，不应出现较长久的等待。

2. 恰当处理图形和动画画面的组接

静止图形和一些动画画面不能直接切换，否则会产生跳动，在设计中可以采用淡入、淡出等过渡技巧组接。

3. 界面间的组接必须符合事物发展的规律

在表达教学内容时，首先应当介绍整体，然后再详细叙述各组成界面。

5.4 多媒体课件的教学应用

一、基于多媒体课件的教学方法

多媒体课件在课堂教学过程中得到比较广泛的应用，许多教师把多媒体课件作为丰富教学手段、活跃课堂教学气氛、提高教学质量的重要辅助教学工具，近年来各级各类教学公开课、示范课和教研活动中，多媒体课件的应用已经成为教师的首选。本节对当前多媒体课件在教学过程中应用的方法进行了梳理总结，下面就主要的应用方法加以说明。

1. 基于多媒体课件的课堂教学方法

基于多媒体课件的课堂教学方法有纲要式课件教学法、卡片式课件教学法、流程式课件教学法、案例式课件教学法和图文式课件教学法等。

(1)纲要式课件教学法

纲要式课件是指对于讲求条理性、逻辑性的内容，通过对授课内容整理出提纲，用一套预制好的课件模板进行展示的课件。为了更加形象生动地展示授课提纲内容，活跃课堂气氛，适当配以图片、漫画来表达主题思想，必要时可以通过"超链接"将页面链接起来，从而实现页面间的跳转。

纲要式课件属于助教型和演示型课件，主要呈现教学内容的提纲挈领，结构和画面比较简洁，内容直观，可以使教师的授课条理清晰、体系完整，极大地提高了教学的效率；可以有效地帮助学员构筑知识的条理性框架。操作简便，教师授课过程中，通过轻点鼠标就可以实现课件页面之间的切换，但要注意避免不经意间鼠标晃动而干扰学生的学习。

(2)流程式课件教学法

教学中，有的内容程序性涉及烦琐复杂的条件、步骤，内容之间具有连续性、又可能存在跨越性或间断性，学生对这些内容难以建立直观的认识。为解决这一问题，教师可以尝试使用流程式课件辅助教学，将教学内容设计成一个动态的流程图，将各步骤之间的关系用各种符号标识出来，使学生对所学内容建立感性认识，再通过对各步骤与其具体内容之间建立"超链接"，逐步展开对各个步骤的呈现，教学时教师根据内容流程逐步分解并进行详细讲授，从而使学生能从宏观和微观两方面加强对复杂知识的学习，达到理想的教学效果。

流程式课件较为适合于结构复杂、内容繁多的知识的讲授和复习。

(3)案例式课件教学法

案例教学法是指教师在教学过程中，以已经发生的真实情境或事件为题材，激发学生学习兴趣，以激励学生主动参与学习活动，给学生的行为以启发的一种教学方法，即“以例激趣——以例说理——以例导行”。

案例式课件则是将实际案例采用文字、音频和视频等格式集成起来，通过不同版式的幻灯片切换或超链接将案例展示给学员的一种课件形式。

案例式课件教学法是利用案例式课件进行课堂教学的方法，主要用于讲授各类教学专题内容。通过案例式课件进行教学可以有效改善教学内容和方式，在课件使用时还可根据需要插入一些互动式作业来引导学生进行讨论，从而取得较好的授课效果。案例式课件教学法避免了传统“满堂灌”的教学模式，在强化学生对重点理论问题的理解和掌握的同时，培养了学生解决实际问题的能力。

案例式课件教学法有相当大的发展空间，但对授课教师提出了更高的要求。首先需要教师事前准备案例教材、结合实际情况设计案例课件；其次在讲授过程中要能提炼案例中核心知识内容，把握重点难点，否则极有可能将大量授课时间用在枝节问题上。

2. 基于多媒体课件的实验教学方法

实验是通过操作仪器设备来检验理论知识、证实假设和获取知识而进行的一系列操作或活动。但在无实验条件的情况下，合理运用多媒体实验课件进行演示实验、学习实验和实验复习，可以弥补实验仪器短缺、演示实验效果不明显、实验复习不便等实验教学的不足，并能达到预期的教学和学习效果，进而达到实验的目的，还能让实验教学变得更灵活、更丰富。利用多媒体课件进行实验教学，主要有几下几种形式。

(1)用互动性强、仿真度高的多媒体课件模拟完成一些不易实际操作或仪器短缺而无法操作的实验。

(2)进行不易观察的演示实验，通过多媒体手段对实验过程中不易观察的部分或者细节进行放大展示。

(3)重现和重做实验，可以反复观看和观察，从而加强对实验过程的掌握。

(4)进行实验复习，节约实验资源。

二、多媒体课件的应用原则

多媒体课件集文字、图像、声音、动画于一体，在课堂教学中起着传统教学手段无法比拟的作用，对发挥学生的主体性，提高学习的内驱力起着积极影响，除了在课件设计时要遵循一定的原则外，在使用时也须遵循一定的应用原则：

1. 多媒体课件不能代替所有的传统教学媒体

多媒体课件集成了多种元素，与传统教学媒体相比凸显出众多传统教学媒体无法比拟的优势，使得一部分教师片面理解它的作用，甚至有教师认为用它可以取代传统教学媒体，彻底优化课堂教学。

在实际教学应用中，常出现这样的情况：有些教师盲目追求"教学现代化"，把追求新颖当成创新，过于注重形式，在教学中使用课件是为了表明用了课件——形式上使用课件，为了展示多媒体动画的功能，忽略了教学目标，不顾教学内容是否需要，对教学效果思考不够，把课上成动画欣赏课，存在着让沉重的课堂学习仅仅停留在感官学习、直观学习水平上的倾向。事实上有些教学内容运用挂图、简笔画、实物标本、幻灯片等传统教学媒体，同样能收到很好的教学效果。

因此，在运用多媒体课件教学时要掌握适度原则，不能有了多媒体技术，就抛弃了传统媒体。多媒体课件与传统教学媒体一样，作为辅助教学的一种手段，使用时应有选择，要根据课堂教学的需要来确定。例如：中学语文新课程标准强调"中学语文教学是要培养学生的听说读写的能力"。对于朗读课文，要让课程教学"活"起来，应该采用教师或学生现场朗读而避免用多媒体替代，这样不仅可以让学生更贴近作者感情，还可以锻炼想象能力和联想能力。

2. 多媒体课件不能取代教师

多媒体课件运用于课堂教学，它的交互性、智能性得到了充分的体现，有的教师片面地夸大了多媒体课件的作用，提出用多媒体课件替代教师教学的观点，当深入研究和广泛实践后发现，正好相反，在多媒体课件辅助教学中教师的作用并没有减弱，教师始终是课堂教学的组织者，多媒体课件不能也无法取代教师的作用。

多媒体课件是教师最有效的教学手段之一，课堂上多媒体课件可以代替教师的部分功能，但一是多媒体课件的设计和开发是不可能离开教师的；二是课堂教学中的激趣、导学、导练、反馈等各个环节都需要教师进行组织和安排。这样在教学中才可能更加注重对学生兴趣的培养，更加注意学生个性的发展，更加积极地开发学生学习的潜能。

3. 应用多媒体课件进行教学过程中注意师生交流

教学是在教师和学生共同作用下完成的，教与学的过程，其实是情感交流的过程，在多媒体辅助教学时要注重与学生沟通和交流，要倾听学生的声音。但是在应用多媒体课件进行教学的过程中，有的教师不顾实际，大大减弱了师生之间的交流甚至没有任何交流。整节课都坐在多媒体控制台前，熟练操作着计算机，对教材内容及画面讲得眉飞色舞，却不注重与学生进行沟通和交流。

4. 把握好使用多媒体课件辅助教学手段的“度”

(1)有些教师在教学中运用的课件过于注重画面美，运用了各种动听的声音和逼真的动画等元素，以为这样就能提高学生的学习兴趣。其实把多媒体课件制作得越花哨对学生的干扰就会越多，使学生的注意力更容易分散。因此，教学过程中，需要适时适度的应用多种媒体，才能有效地发挥其优势，否则滥用乱用不但不能发挥多媒体课件的优势，还会产生异化甚至是负效应。

(2)有些课件涵盖了课程的所有内容，但却只是把书本上的内容用多媒体课件的方式简单进行重复，学生在这种学习环境中，没有自己的思想，也不会去思考，很容易造成精神疲劳，另外长时间的用眼会造成学生视觉疲劳甚至视力下降，不但对教学效果无益，也影响了学生的身心健康发展。

(3)有的教师在设计课件时，通常会以自身的审美情趣、认识事物的方法、理解问题的角度来设计，不重视学生学的过程，更没有从培养学生主动获取知识的角度进行分析，知识的发生、形成和发展需要学生自己去探索、去思考，这种类型的课件在教学中使用的效果就可想而知。

总之，现代教学非常重视学生学的过程，要求学生充分利用多种感觉器官主动获取知识。多媒体课件能传递的信息，到目前为止仅限于视觉和听觉的信息，而其他感觉的可能性还尚待开发。因此，多媒体课件无法取代板书、实物等直观教具，它也无法替代教师身体语言所传递的信息，它更无法替代学生自身的学习活动。事实上，多媒体课件辅助教学的过程应该是师、生、机三者灵活地有机沟通的过程。

实践项目

(1)利用课件大师制作多媒体课件

(2)利用几何画板制作理工科教学课件

(3)利用 Flash 制作教学演示动画

(4)PowerPoint 的创意与高级应用

第 6 章　信息化环境下的教与学

学习目标

(1)掌握信息化教学的概念

(2)掌握信息化教学的基本模式

(3)掌握信息化教学模式的教学设计方法和实施步骤

信息技术的迅猛发展将我们带进一个信息化的时代，自然而然地，信息技术也已经深入到教育的各个领域，各种信息技术的设备及系统，如多媒体综合教室、计算机网络教室、电子阅览室、校园教学网络等都已经融合到了我们的日常教学中。因而对应用信息技术构建良好的教学环境、提高教学质量、培养学生创新能力、实现素质教育等的期待也越来越大，为此，我们通过对信息化教学的概念、方法和具体模式的掌握，以促进教育的改革和发展。

6.1　信息化教学的发展历程

信息化教学是指教学者和学习者借助现代教育媒体、教育信息资源和方法进行的双边活动。它是师生运用现代教育媒体进行的教学活动，也是基于信息技术在师生间开展的教学活动。信息化是一个过程，信息化教学也经历了时代的变迁。在信息化教学概念正式提出之前，已经有了信息化教学应用的雏形，所以，笔者认为，信息化教学开始于以计算机技术在教育领域应用为标志的 20 世纪 80 年代末，经过十多年的发展，信息化教学的形式和内涵发生了深刻的变化。

一、多媒体课件的制作和使用

大约从 20 世纪 80 年代末到 90 年代中期，得益于计算机技术的发展，特别是微型计算机的普及和应用。由于计算机可以表现丰富的多媒体视频和音频信息，在教学中产生了巨大的反响，因此在教育领域中掀起了第一次信息化教学的高潮。这一阶段信息化教学的主要特点是一些商业机构制作精美的计算机多媒体课件，各中小学校也纷纷要求教师能够制作多媒体课件，并在教学中使用多媒体展示教学内容。但由于多媒体课件受技术的影响较大，耗时较长，学校教师不可能在繁忙的工作中制作大量的课件；同时，由于每个教师的教学风格不同，多媒体课件的移植性也比较差，也限制了多媒体课件的交流，使得多媒体课件的应用受到了限制。因此，这一阶段只是将计算机作为一种媒体加以应用，是信息化教学的初级阶段。

二、资源库建设与应用

大约从 20 世纪 90 年代中后期开始，由于多媒体课件制作成本和代价较高，应用的移植性差等因素，使我们对多媒体课件的认识从最初的狂热转向理性的思考，认为学校应该向教师提供丰富的教学资源，并学会利用这些资源，而不是让每个教师花大量精力去开发制作复杂的课件。因此，学校关注于培养教师学习收集和利用各类软件资源的能力和资源库的建设，目的是促进教师能将资源库中资源根据自己的要求组合成自己需要的教学课件进行教学。但由于信息技术发展时间很短，各种信息化的教育教学资源并不丰富，另外资源库的建设没有统一的标准，不同资源库的兼容性差；在如何有效利用资源库方面也没有形成一个好的方法和模式，造成了资源库的利用率不高。所以，这一阶段只能是信息化教学的单纯资源应用阶段。

三、信息技术与课程整合

从 20 世纪 90 年代中后期开始，以网络技术为特征的信息技术的快速发展，对信息化教学产生了巨大的促进作用，是信息化教学的最新阶段。由于信息网络技术融合了多媒体技术，为教学构建以往不能构建的教学环境，产生了许多创新的教学模式，为教育教学的改革提供了保障，使素质教育、创新教育成为了可能。在总结了前两个阶段媒体和资源应用经验的基础上，又充分展现了网络技术的优势，融入了教育学和心理学的最新成果，特别使建构主义的学习理论，实现了从经验到理论的转变，形成了信息技术与课程整合的理论体系，使信息化教学从纯技术的应用上升到了理论的高度，为在教学中合理、有效地使用信息技术提供了理论指导。信息化教学的发展有起点，但没有终点，它将随着信息技术的进一步发展而逐步发展和提高。

6.2 信息化教学的特征

信息化教学是对在信息技术环境下运用各种信息媒体技术进行教学的一个总的概括，目前在教学中广泛采用的基于项目的学习(project-based learning)模式、基于问题的学习(problem-based learning)模式、合作学习(collaborative learning)模式、网络探究学习模式(WebQuest)以及研究性学习模式等都是信息化教学的具体应用和实践。正是信息技术的发展为以上学习模式提供了更为理想的教学环境，进一步提高了教学的效果和质量，使信息化教学的理念得以实现。通过对上述学习模式的总结，我们可以获得信息化教学的几个特点：

一、教师角色的转变

在信息化教学中，教师已经不是教学的中心，其由原来的讲解者和知识的传授者转变为指导者、专家顾问和研究者，甚至从某种角度上讲教师已经成为学生的一个资源，通过教师的传、帮、带作用，帮助学生合理建构自己的知识体系。

二、学生地位的变化

在信息化教学中，可以真正形成以学生为中心的教学，学生对知识的获取由被动转为主动。学生获取知识是在教师和同学的帮助下，通过独立探索、协作交流而进行的主动建构，而不是来自于传统的教师口述、板书和教材；并且在信息技术环境中，通过友好的师生交互、生生交互和人机交互，使学生真正体验到成为学习主人的感受。

三、环境和过程的变化

在信息化教学环境中，信息每时每刻都是开放的，知识信息的组织形式是一种非线性的网状结构，学习者可以通过多种方式和途径随时搜索自己需要的信息；同时，学生的学习过程是灵活的，学生可以随时与其他学习者进行交流、讨论，学生虽然身在课堂，却可以利用网络沟通课内与课外、校内与校外的联系，进行独立的、无拘无束的探索，通过教师的指导、同学的合作，共同完成学习任务。因此，在信息化教学中，将有利于学生的创造能力、动手能力和合作精神。

四、加强学生素质和能力培养

传统教学通常把掌握书本知识作为课堂教学的根本目标，教学质量体现在学生对知识内容掌握的量和深度上。随着信息社会的到来，人才不再是“装满知识的容器”，而是具有良好的素质和创新能力、能够解决实践问题的人。因此，信息化教学过程越来越强调教学的任务不单单是使学生具有良好的理论知识，也要使学生具备全面素质和基本能力(除了听、说、读、写、算的能力外，还要有实践能力、创新能力和信息能力)。

五、注意学生智商和情商的协调发展

传统教学比较重视知识的掌握和学生认知能力的发展，忽视了学生的社会生存能力、与人合作交往的能力、以及解决问题等方面能力的培养；而现代教学过程则要求，在培养学生丰富的知识和较高认知能力的同时，也要使情商(EQ)和智商(IQ)协调发展。使学生能够很好地进行自我体验和自我调节，能与他人进行良好的沟通和合作。

六、重视对学习过程的评价

在传统教学中，非常重视教学结果的评价，以学生期末试卷成绩作为衡量教学效果的标准，相对忽视了对学生学习过程的评价。教学结果固然重要，而更重要的是学生在教学过程中的切身体验，包括他们的认知体验、情感体验和实际操作体验等，正是这些过程性的体验决定着教学的最终结果。因此，信息化教学过程也要重视学生学习过程的评价。

6.3 信息化教学过程的要素

通过对信息化教学特点的分析，我们可以清晰的看出，信息化教学强调教师和学生、资源和技术之间的交互性以及教学活动的过程性，只有在具体的实践过程中才能真正体现信息化教学的巨大魅力。如何才能有效地进行信息化教学呢？我们通过以下几个层次来探讨信息化教学的要素：

一、做好信息化教学设计是信息化教学的关键

1. 信息化教学设计的概念

信息化教学设计是在建构主义理论指导下，基于信息化教育资源环境发展起来的一种新型教学设计形式。它的主题思想符合素质教育和国家课程改革要求，注重学生在信息化环境下探究式学习、资源型学习和协作化学习。我国有两位学者对信息化教学设计的定义描述如下：①信息化教学设计是充分利用现代信息技术和信息资源，科学安排教学过程的各个环节和要素，为学习者提供良好的信息化学习条件，实现教学过程全优化的系统方法(祝智庭，2001)②信息化教学设计，是运用系统方法，以学为中心，充分利用现代信息技术和信息资源，科学地安排教学过程的各个环节和要素，以实现教学过程的优化(黎加厚，2002)。上述表述虽有差异，但其基本思想是一致的，强调了对教学资源的有效建设和利用，并辅助正确的教学策略，最终实现教学过程的最优化，达到教学目的。

2. 信息化教学设计的要素

设计是对某一件事情活动的总体设想，俗话说万事开头难，一个好的信息

化教学设计，将为信息化教学的实施起一个好的开端。因此，我们可以认为信息化教学设计是实施信息化教学的指导纲要。由于设计具有全局性，要对整个教学过程作出正确的预测和判断，因此信息化教学设计是实施信息化教学的能力的综合体现。要想获得成功的信息化教学设计，对教师来讲需要具备以下几个方面的素质和能力：

(1)丰富的理论知识。信息化教学的理论基础是建构主义学习理论，教师必须对这一理论的基础知识、应用特点要有清晰的认识。要掌握基于建构主义学习理论的几种教学模式，例如基于项目的学习、问题的学习和研究性学习等模式的教学和实践过程。

(2)熟悉信息化教学的资源环境和相关媒体技术的特点。每个学校的资源环境有一些差异，教师在进行教学设计时要充分考虑现实的信息资源、环境，掌握各种媒体技术特点，以便在信息化教学设计中对媒体资源和使用进行合理选择。

(3)确定合理的教学评价方案。信息化教学是一种新的教学过程，其评价的方式将与传统教学的评价方式不一样，其更强调对学生学习能力和过程的评价，因此在教学设计时需要对学生学习的评价方式进行总体设计，选择确定能真实反映学生学习的评价方案。

二、公平、公正、公开的信息化教学评价是信息化教学成功的有力保障

传统的教学评价方式已经不能满足信息化教学的要求，在教学之初必须确定符合信息化教学特点的评价方式。

1. 信息化教学评价的特点

(1)评价目的不同

传统的教学评价侧重于评价学习结果，以便给学生定级或分类。评价通常包含根据外部标准对某种努力的价值、重要性、优点的判断，并依据这种标准对学生所学到的与没有学到的进行判断，故传统的评价往往是正式的、判断性的。而在信息化教学中，评价是基于学生表现和过程的，注重的是对学习过程和学习资源的评价，评价学生应用知识的能力。关注的重点不再是学到了什么知识，而是在学习过程中获得了什么技能，这时的评价通常是不正式的、建议性的。

(2)评价者不同

传统教学的评价者是教师，他们根据教学大纲要求、课程编制者制定的评价标准，因而对学生的评价标准是相对固定且统一的；而信息化教学强调学生

的个别化学习，学生在如何学、学什么等方面有一定的控制权，教师则起到督促和引导的作用。此时的评价者除教师外，还有可能是学生自己，例如采取教师评价、学生自我评价、相互评价等方法进行评价。学生与教师一起根据实际问题及学生先前的知识、兴趣与经验共同制定评价的标准，体现了以学习者为中心的教学宗旨。

(3)评价与教学过程的整合性不同

传统教学评价往往是在教学之后进行的一种孤立的、终结性的活动，目的在于对学习结果进行判断。而在信息化教学中，培养自我评价的能力和技术本身就是教学的目标之一，评价具有指导学习方向、在教学过程中给予激励的作用。正是由于有了评价的参与，学生才有可能达到预期的学习结果。因此，信息化教学的评价是整个学习的一部分，是一种形成性评价、真实性评价。

虽然信息化教学评价有着与传统教学评价的种种不同之处，但在应用上并不是对立的。两者各有优势，一个成熟的教学设计者应该注意在实际教学中，将两者结合起来应用，只有这样才能达到有效的评价。

2. 实施信息化教学评价的原则

信息化教学评价是根据信息化教学设计中教学评价方案的基本思路进行有步骤的、具体地评价学生学习过程和获得成果的过程。为了保证评价的成功，就需要注意以下几个问题：

(1)让学生明了评价标准

在信息化教学中，学习的任务往往是真实的，而学生又具有较大的自主权和控制权。为避免学生在学习过程中迷途，在教学进行前，预先通过提供范例、制定量规、签定契约等方式使学生对自己要达到的目标有一个明确的认识将是非常有效的。这样，学生将清楚地知道教师、其他学生或其他评价者如何评价他们所完成的学习任务，从而帮助他们自己调节努力的方向，并最终达到预想的学习目标。

(2)评价要基于学生在实际任务中的表现

在信息化教学中，教学的组织者要尽可能地在评价时关注学生在实际任务中所表现出来的各种能力。例如提问能力、寻求答案的能力、理解的能力、合作的能力、创新的能力、交流的能力和自我评价的能力等。评价的重点要放在如何使学生的这些能力得到发展和提高上，而不仅仅是判断学生的能力如何。

(3)选用合适的评价方法和工具

信息化教学评价的工具很多，除了传统的测验、考试外，需要引入反应信息化教学特点的评价方法和工具，例如：评价量规、学习契约、范例展示、档案袋、评估表等。每一种方法和工具都有各自的特点，信息化教学也不是千篇一律，教师要具有根据教学要求、内容合理选择合适的评价方法和工具的能力。

(4)采用多种评价形式

评价本身就是一种重要的学习经验，在这种体验中，学生的知识、技能将获得长进，甚至飞跃。在教学中采用自评和互评的形式将提供学生进行自我评价、评价学友、评价教师的机会，这些评价将有助于学生加深对自我的了解，以便调整学习策略，改进学习方法，增强学习的自觉性。另外，信息化教学评价还具有实时性和开放性，因此，在教学中还可以引入社会性因素参与评价，例如家长评估、社区评估等。促使学生将自己的学习环境与社会情境联系起来，了解社会需求，明确学习任务与社会角色之间的关系，从而成为更加主动的学习者。此外，他人的正面评价亦可提高学生的学习积极性，提高学习效果。

(5)运用信息技术保障评价的顺利实施

信息技术为学生学习的评价过程提供了公平、公正、公开的条件。例如：充分利用 Web 网站的开放性将学生的学习过程和评价结果公布出来，总结和展示前段时间的成果，指导下一阶段的学习等，这样将提高学生的竞争意思，激发学生的学习动机；而在课程结束时，将学生的最终成果在网上发布，将可以培养学生的成就感和荣誉感，提高学生今后的学习兴趣。

三、实施教学是信息化教学的重要环节

信息化教学的实施指教师有计划、有步骤的完成教学的过程。信息化教学的顺利实施需要以下几个因素的有力支撑。

1. 稳定的信息化教学环境

稳定的信息化教学环境是实施信息化教学的最根本因素。由于我国东、西部在经济方面的差异使得教育信息化发展不平衡，东部地区的信息化基础建设明显好于西部，但在国家大力扶持下，经过前几年教育信息化基础设施建设，西部地区的相当部分学校都建立了多媒体教室和校园网络，同时还对教师进行信息技术技能的培训，这为实施信息化教学奠定了良好的基础。

2. 教师对信息化教学的形式、过程的强有力调控

信息化教学实施组织形式，主要包括课堂教学、个别化学习和小组型学习及其有机组合。这三种学习的组织形式差别很大，教师需要具有灵活驾驭这些学习模式的能力，使其优势与缺点互补，既要让天才学生得到极致发挥，又要特别关注弱、差生在协作化学习中的问题解决和任务完成情况。所以，在教学

组织形式相对比较复杂的信息化教学过程中，如何有效管理和调控学生的学习过程是教师信息化教学能力的重要标志。

3. 教师具有较高的信息素养

对于一个实施信息化教学的教师来讲，具备良好的信息素养是实施信息化教学的关键因素。目前对教师信息素养的论述比较多，信息素养的形成也不是一蹴而就，信息素养中的每一个要素都不是平衡发展的。因此，作为信息化教学的教师，必须具备以下最基本的信息素养：

(1)信息的处理能力

包括信息的获取、信息的评价和信息的应用等几个方面。在信息化教学中，由于资源太丰富，为了避免在知识的海洋里迷失方向，教师自身要具有应用正确而有效的方法和途径找到自己所需信息的能力，并能判断这些信息的价值大小。例如，能够根据信息的种类特点合理选择获取信息的途径，能够利用各种资源数据库和搜索引擎并在搜索信息的过程中正确使用逻辑表达式等。

(2)信息交流能力

信息技术的迅猛发展和广泛应用拓宽了我们交流的形式、方法和手段，使我们的交流更加方便快捷。因此，在教学中可以充分利用这种优势加深加快与学生的交流，对学生的学习进行有效的指导和帮助。例如：熟练和大量使用BBS论坛、Blog、聊天工具(QQ、MSN等)和电子邮件等，由于这些方法和手段具有价格低廉，快捷高效的特点，将能够很好地促进教师和学生之间的沟通。

(3)问题解决能力

在信息化教学中，由于教学的开放性使得学生的思想非常活跃，可能产生许多事先未曾预料到的问题，包括一些复杂的漫无边际的问题和简单的纯技术应用的问题。因此，要求教师具有冷静面对这些问题的素质和采取有效方法解决这些问题的能力，更重要的是能够系统化地、有步骤地引导学生进行问题分析，从而提高学生解决问题的能力。

四、及时反思是信息化教学的校正器

1. 教师反思性的重要性

善于反思的实践者，都具有深思熟虑、思想开明、富有责任感的品质，同时又很真诚并具有探索精神。通过反思将能帮助他们更好地理解作为教师如何做出有关教和学的合理决定，帮助教师设想在班级中所产生的结果。因此，反思性实践也被称作是探索倾向的教学。这个探索的过程引导教师成为“教学的学生”。杜威认为，作为一个未来的教师较之掌握具体的教学技能和班级管理技能，学会对工作进行认真思考更为重要。信息化教学是一种新事物，没有现成的成果供我们学习和模仿，每一次的教学都是一次有益的尝试。因此，要想使信息化教学能够健康、迅速地发展除了教师的辛勤工作外，还需要教师在工作中勤于思考和善于思考，即具有较强的教学反思能力。

2. 信息化教师反思的内容

(1)对教师角色的反思

从传统教学的教师角色到信息化教学教师角色的转变不会一蹴而就，因此有可能在信息化教学过程中出现角色换位倒转的情况，由于学生受传统教学的影响较深，可能对此没有在意或者不敢说。这样，就需要教师随时反思自己的教学行为和语言是不是以指导者、专家顾问或研究者的身份出现，如果出现了偏差就需要找出原因并加以纠正。经过多次反思以后，将能有效培养教师的角色感。

(2)对教学课堂和过程的反思

对教学课堂和过程的反思主要从课堂的教学是否以学生为中心、与学生的交流是否及时、教师的指导作用是否得到体现、教学中对学生问题解答和突发事件的处理是否能激发学生的学习兴趣、帮助学生很好地完成学习任务等方面出发，总结好的方法、措施，改善不足的地方。目前，我们会发现不少关于理念不适应实践的情况，如教师不能有效控制教学过程，课堂混乱；两级分化严重，差生游离于群体之外；分组教学中协作流于形式，集体任务变成了个人任务等。因此，教师要善于通过反思发现问题，及时解决，保证教学过程的顺利实施。

(3)对教学评价的反思

信息化教学的评价是一个动态的过程，在大原则不变的情况下可以对教学评价进行灵活的调整，调整的根据就是我们反思的结果。因此，对教学评价的反思主要是在评价的手段和方法能否及时将学生学习的状态表现出来，能否反映学生的学习成果，能否通过评价提升学生的学习动力等方面进行，目的是充分利用评价手段帮助学生在知识和能力上得到提高。当出现效果不明显时，要能及时改进评价的方法和手段，提高评价的效率。

以上反思的结果最终将在信息化教学的设计中进行体现，通过反思，将能完善和丰富教学设计，改进教学过程，使信息化教学得以良性循环。

6.4 信息化教学的模式和方法

一、计算机支持协作学习 CSCL(Computer Supported Cooperative Learning)模式

1. 概述

计算机支持的协作学习(简称 CSCL),顾名思义,是指利用计算机技术(尤其是多媒体和网络技术)来辅助和支持协作学习。多媒体能提供界面友好、形象直观的交互式学习环境,网络技术除了能提供学习者之间的信息传输通道,突破时空限制外,还能按超文本、超链接方式组织管理学科知识和各种教学信息,目前在 Internet 上按这种方式组织建构的知识库、信息库浩如烟海,并已成为世界上最大的信息资源,这为 CSCL 的发展和应用提供了前所未有的机会。

作为一个新兴的领域,人们对于 CSCL 含义的理解各不相同,其中美国著名学者考希曼(Koschmann)的观点代表了 CSCL 研究的主流。考希曼认为,CSCL 是教育技术领域的一种新兴模式,同其前身计算机辅助教学(CAI)和智能导师系统(ITS)等相比,在学习、教育、研究方法和对象等方面具有非常大的差异。CSCL 解决如何通过技术支持协作学习,以增强伙伴之间的交互和小组协调工作;协作和技术如何促进共同体成员间的共享、分布知识和专家意见。考希曼还对 CSCL 领域的研究进行了总结,认为对于 CSCL 的研究趋向于过程而不是结果,其研究方法注重描述性而不是实验性。此外,对 CSCL 的研究应关注参与者的交谈、学习团队的作品和学习者本人对其工作的解释等。

2. 计算机支持的协作学习(CSCL)的理论基础

很多理论可以作为 CSCL 研究的理论基础,主要包括社会文化理论、建构主义理论、自我调节学习(技能、愿望和执行控制)、情境认知、认知学习、基于问题的学习、认知灵活性理论和分布式认知等。它们基于共同的和具有潜在意义的假设,即个体是在有意义的环境中有目的地探索和建构知识的能动参与者。

CSCL 的目标是既为学习者提供一个真实的环境,又为他们提供结合已有知识的多种观点。计算机支持系统可以看作是认知工具,它将个体在技术的支持下组成团队,在小组加工过程中分担任务,以形成共同的智慧。CSCL 的目标是为了促进深层次的理解,尽管不同的 CSCL 软件可能具有不同的功能,但

其共同的特征是为了促进反思和辅助深层次探究性学习。

3. 计算机支持的协作学习(CSCL)的具体表现形式

根据学习者在时间和空间中的位置关系，CSCL 分为实时同地 CSCL、非实时同地 CSCL，实时远程 CSCL 和非实时远程 CSCL。

实时同地 CSCL 是指学生小组成员同处一地，交流沟通主要是通过面对面方式实现的。计算机作为合作平台主要发挥认知工具的作用而不是交流工具。

实时同地 CSCL 与非实时同地 CSCL 相同之处是学生同处一地。不同之处是在非实时同地 CSCL 中，合作组成员放弃了面对面交流的实时同步性，而采取计算机网络构建的异步交流平台完成合作学习的任务。

实时远程 CSCL 是指合作学习小组是由身处异地的学生组成，计算机网络构建的合作学习平台要起到通信工具和认知工具作用。

非实时远距 CSCL 同样有基本的远程通信要求。但由于各学习者学习并不同步，交互过程发生在相异的时空中，因此较实时远距 CSCL 而言，对网络通信的带宽和速度的要求没有那么严格。

从学习者角度出发，CSCL 系统的过程模型如图 6.1 所示(标有 D 的是库类信息资源)。大致分为获得学习者特征参数、划分合作学习小组、进行合作学习和学习测评等几部分。

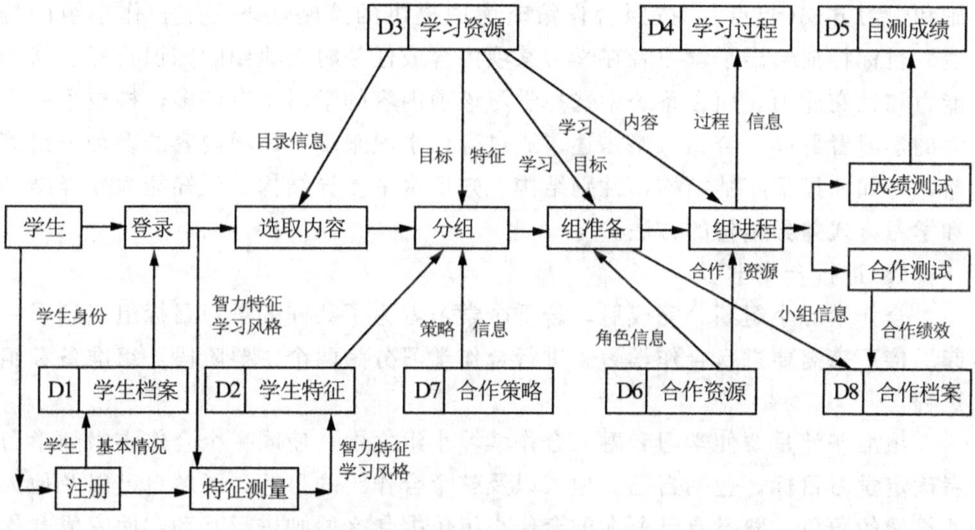

图 6.1　CSCL 系统过程模型(何克杭，2002)

(1)获得学习者特征参数

在 CSCL 系统中，获得学习者特征参数是后续分组和学习策略设计的重要基础。对于首次进入该系统的学习者除了需要使其了解 CSCL 系统的基本功能与特点、促进其逐步适应该系统外，重要的是获得学习者的基本特征数据。学习者特征主要包括基本情况信息(如年龄、性别、地区等)和与学习相关的重要特征参数(主要内容包括认知能力、原有知识基础和学习方式等)。基本情况信息可以通过注册过程中填写表单获得；与学习相关的重要特征参数的获取办法是通过在线测量和系统后台提供的算法。

这些测量结果将存入学习者特证库中作为系统为学习者提供有效学习方法和学习资源的依据。对于非初次进入系统的学习者通过登录，身份一旦被确定，个人特征参数就被系统取出，学习者可以根据一定的目录、信息了解相应的学习内容，并依据需求自主选择。根据学习者的选择，系统会把学习者带入一定的合作学习环境中。

(2)划分合作学习小组

在整个 CSCL 系统中，成功地分组是进行合作学习的前提条件。通过学习者特征分析，建立了保存有每个学习者特征参数的学习者特征库。同时，在特定的合作学习环境中，学习资源库里存储有经过分类设计的目标信息，合作策略库里存储有如何进行分组的策略信息。分组是根据学习资源库中提供的目标特征信息(目标)，调度并分析各个学习者的特征信息即认知能力、原有知识基础和学习方式(起点)，按照合作策略库中提供的策略，来实现合作小组的构建。目标特征给出了学习者在学习某项内容或任务时应达到的知识目标、认知能力和社交能力。而在系统中选择学习该项内容的学习者有许多，构成了一个大的学习者群体，合作策略描述了通过合作学习来学习该项内容的多种分组策略，即如何搭配年龄结构，性别结构、知识水平差异结构、认知能力差异结构和学习方式差异结构的方法。

(3)进行合作学习

合作学习小组划分完成后，若干个学习者为了共同的学习目标组织到了一起。接下来需要进行合作学习。进行合作学习分为两个主要阶段：组准备和组进程。

组准备就是要使学习者融入合作学习小组之中，使同一个合作小组的学习者确定学习目标。包括自己、他人以及整个合作组的目标。了解自己以及他人所扮演的角色，熟悉自己所在的合作小组依据什么原则进行互动，而完成合作任务等有关准备学习行为的过程。在组准备过程中，合作资源库需要提供合作组中各有关的角色信息，包括角色行为和角色关系等，学习资源库需要提供合作小组目标和成员目标信息，同时将组准备过程中形成的合作组信息存入合作档案。

组准备完成后，合作小组成员就可以为共同目标的实现而合作学习了，这就是组进程。合作组成员在学习特定内容、完成特定角色任务过程中，需要学习资源库提供各种辅助学习的内容材料、课件、其他资源库链接等，需要合作资源库提供合作学习任务得以完成的基本素材、工具或相应功能的软件等。合作组成员在组进程中的互动行为将被记录下来，并作为过程信息存入对应的学习过程库中，作为教师评价合作组成员实现学习目标的依据。

(4)学习测评

组进程结束后，进入学习测试评价阶段。测试的内容包括各个学习者的学习情况和合作小组的合作情况。学习情况的测评成绩被记录到自测成绩库，合作情况的测试结果被存储到合作档案库中。总结评价完成以后，学习者被告知评价结果，一次特定任务的合作学习过程结束。

二、基于项目的学习(project-based learning)模式

1. 概述

基于项目的学习(project-based learning)产生于20世纪80～90年代西方一些发达国家，并逐步发展成为信息时代一种重要的学习方式。它是一种对主题和专题做深入研究的教与学的实践型模式，旨在把学习者融入到有意义的任务完成的过程之中，让学习者积极进行探究与发现，自主进行知识的建构，以学生获得新知和技能为主要目标。项目完成的过程也是学习者学习活动进行的过程。在教学中开展基于项目的学习，其基本的学习过程包括确定研究主题，通过网络等收集信息，运用信息技术手段加工信息、应用信息，运用计算机制作并展示创作成果等过程。

根据项目的概念，一个项目包含制订计划、操作以及努力完成计划，同时也包含着达到共同的目标，而基于项目的学习模式所采用的是一种生成模式，因此这些目标是在项目实施的过程中慢慢发展出来，而不是事先特别设定好。基于项目的学习首先要明确创造的目的和最终产品的形式，而这种产品可能是有形的物质形态，也可能是一种无形的精神产品。这种研究讲究一定的程序和过程，制订的计划要具有很强的操作性。同时，在这一过程中还充满复杂性和多变性，这要求制订的方案还必须具有灵活性和充分的适切性，并要对最终得出的有形或无形的产品进行检验、比较和反思。

2. 基于项目的学习的特点

(1)情景性

项目学习中的主题一般取材于生活，学习者面对的是真实而具体的问题，

而不是被剔除了各种复杂因素的单纯而抽象的某个学习问题。

(2)综合性和开放性

项目学习中将理论知识与实践操作融于一个项目之中，包容了多方面的知识和技能，并且学习者往往需要通过实践体验、学习课程知识、创造想象等多种途径来完成项目的解决，体现了其综合性。另外，基于项目的学习不局限于书本，也不局限于某个角度来看问题，所涉及的问题是活生生的、不断变化发展的，可从多个角度来分析，具有一定的开放性和扩展性。

(3)协作性

项目的完成有赖于小组的协同工作以及学生的个人努力，因此这种学习方式体现了小组协作性。

3. 基于项目的学习步骤

基于项目的学习步骤包括确定研究主题、收集信息、应用信息、制作并展示创作成果等过程。

(1)确定研究主题

确定研究主题是项目学习的起点，也是极为重要的一步。对学生来说，所选主题至少应具有以下特点：一是价值性，即研究主题本身要有学习价值，值得去探索；二是开放性，所选研究主题要有探索的空间，学习者可以以此为课题，展开多方面的研究；三是探索性，所选研究主题不仅要贴近学生，使学生有兴趣，而且在现有的条件和环境下能够进行探索。

(2)搜集信息

确定广泛的信息来源，包括课本知识、网络资源、社会媒体等，并要拓宽信息的宽度，搜集大量的扩展资源，即增加信息的宽度和广度。

(3)加工、应用信息

在现代信息技术社会，信息资源极为丰富，但学生对这些资源的利用是有针对性的，因此只有从中选择最有效的资源加以利用。这要求学习者具有信息筛选、加工信息的能力。

(4)制作并展示创作成果

项目学习的结果要求学生形成有价值的成果并进行展示，这种方式有助于学生对于整个方案学习的反思回顾，又有利于知识的进一步提升。而且，成果的展示可以有效地调动学生的积极性和提升其成就感。在项目学习中，学生的脑、手等得到充分的解放，他们从不同的视角去探索和研究，其体验是富有个性的，对事物的看法也可能迥然不同，项目学习正是创造性解决实际问题的学习，是从多个层面促进人的发展的学习方式。

三、基于问题的学习模式(problem-based learning)

1. 概述

基于问题的学习(problem-based learning，简称 PBL)作为一种广义的方法，最早起源于 20 世纪 50 年代的医学教育，并先后在 60 多所医科学校中推广、修正。1969 年由美国的神经病学教授 Barrows 在加拿大的麦克马斯特大学(McMaster)首创，目前已成为国际上较流行的一种教学方法，被很多院校采用，包括教育学院、商学院、工程学院等以及一些高级中学。这种方法强调把学习设置到复杂、有意义的问题情境中，通过让学习者合作解决真实性的问题，以学习隐含于问题背后的科学知识，形成解决问题的技能，并发展学生自主学习(Self-Directed Learning)的能力。

2. 基于问题的学习(problem-based learning)的特点

PBL 与当前的建构主义学习理论有着密切的联系，它在很大程度上体现了建构主义的思想，例如，将学习与更大的任务或问题挂钩，使学习者投入于问题中，设计真实性任务，鼓励自主探究，激发和支持学习者的高水平思维，鼓励争论，鼓励对学习内容和过程的反思等。同时，PBL 也有其自身独有的新特点，例如强调以问题为中心，多种学习途径相整合，强调社会性交流合作的作用，强调支持与引导等。

(1)问题的开放性

PBL 模式提出复杂的议题和开放性的问题。开放性问题通常结构松散，没有单一的正确答案或简单的解决办法，因此具有天然的挑战性。开放性问题包括的信息往往具有不完整、不连贯，或者存在歧义的特点。并且，每个问题都有多个解决角度，因此足以涉及多个学科领域。虽然学生解决问题的时间非常有限，但是开放性的问题依然激励他们去探索不同的资源和方法。

(2)问题情境的真实性

将学习置于复杂、实际的问题情境中，从而激发学生的学习动机，鼓励他们去探索。同时，这种情境性有利于学生将所学的知识用于实际问题的解决中。

(3)评价的真实性

在 PBL 模式中，真实的任务和基于问题的探究活动决定评价方式必然基于行为表现。学生在真实任务中取得的学习成果，不能完全靠传统测试来判断。PBL 的评价方式既注重研究过程，也注重最终的调查成果。这样的评价方式才能证明学生究竟学到了什么，哪些学习方式有意义？贯穿整个 PBL 过程中的评价方式与教学活动天然地整合在一起。特别强调的是，基于行为表现的评价方式与课程标准应达成一致。

(4)教师、学生和其他成员的协同合作

PBL 模式的一项重要目标是由教师、学生和其他成员组成实践团体，共同参与协同发展的活动。而“协同发展”指教师之间的、师生之间的、师生与其他成员之间的协同发展。事实上，实践团体的成员也许不能深入地理解彼此，或在其他环境中建立联系，但是 PBL 模式为大家建立这种联系提供了机会，以此推动工作进展。教师要了解学生的情况，包括学生们对哪些问题感兴趣，他们认为什么样的目标、实验和探究方法最适合解决这些问题；什么样的评价方式和标准最合理；以及学习活动的其他方面等。因此，教师不是信息提供者，而是合作研究者、共同发展者、合作学习者。师生皆为一个实践团体的成员。在很多情况下，师生的协同发展超越了自身，也超越了课堂。

(5)教学过程以学生为中心

当教师使学生参与界定问题、任务和议题时，他们便有了相当大的自主权，也会热情高涨地投入到探究活动中。PBL 模式的这一特征对于教师而言是富有挑战性和难度的。教师要能够预见学生提出的问题和任务，并将此与一系列的课程目标、学习成果以及评价方式联系起来。不过，如果师生都能够很好地履行他们共同的角色——共同学习者、合作研究者、共同创造者与共同评价者，那学习活动将成为令人振奋的事情。

(6)技术手段的应用

与建构主义者提出的很多教学方法一样，PBL 模式也强调在问题解决过程中，采用文本概要图或者组织概览图。包括长条图、流程图、V 字图、循环图、概念图以及传统的语义网状图。在教学过程中，这些不同的图表服务于不同的目的。

3. 基于问题的学习步骤

实施 PBL 的典型过程是：学生以小组为单位开始解决一个实际问题。通常情况下，为了解决问题学生往往需要获得一些必要的专业知识，即所谓的学习议题，因此学生要通过利用信息技术，分头查找资料获取知识，并通过小组活动相互交流知识经验、讨论如何运用获得的知识来促进问题的解决。在讨论的过程中，小组发现还需要引入另外的学习议题，学生们就需要反复循环地产生学习议题、分头查找资料、小组交流并讨论问题解答，直到问题得到解决，解决问题要求学生采用多种信息技术工具。问题解决后，学生们还需要对自己的学习过程进行自我反思和评价，总结所获得的知识和思维技能，可以通过电子文件夹等方式，把信息技术的知识渗透其中。根据 Barrows 的模型。PBL

大致包括以下环节：

(1)组织小组

在作为一个小组探索问题之前，学生们要互相认识，为合作学习建立基本的规则，创设舒适的气氛，形成毫无偏见的氛围。

(2)开始一个新问题

用少量的信息来提供给学生一个复杂的问题，这个问题应该尽量与其在现实世界中的情况相接近，能够吸引学生。在解决问题的开始，学生和促进者要对解决问题的目标形成共同的理解。在解决问题的过程中，学生要确定对解决问题而言很重要、而他们又不太理解、需要进一步学习的概念，即学习要点。开始，教师可能会更多地引导，随着学习的进行，学生能更多地管理他们的学习要点，促进者就要慢慢地“隐退”。当学生对问题已经形成了一定的理解，而某些知识的缺乏又严重地阻碍了问题的解决时，学生们就要借助多种工具包括信息工具，分头去探索他们所确定的学习要点。

(3)后续行动

小组成员再次集合，沟通他们所学的问题。基于他们新学习的信息生成新的解决问题的假设。在分享他们的学习成果时，很重要的一点是学生们要评价自己的信息以及他人的信息，看信息是怎样得来的，来源是否可靠等，这是促成自主学习的重要途径。这个过程可以借助多媒体信息工具促进学生的交流、表达等。

(4)活动汇报

各小组利用各种不同形式来报告自己的结论以及得出结论的过程，例如借助计算机等演示数学分析、图表或者通过口头报告、戏剧表演等。PBL 所强调的不只是让学生解决问题，而且要让他们理解问题背后的关系和机制。

(5)问题后的反思

为了提炼他们所学到的东西，学生们要有意识地反思问题解决的过程，要考虑这个问题与以前所遇到的问题的共同点与不同点，这可以帮助他们概括和理解新知识的应用情境。而且，在学生们评价自己以及他人的表现时，他们同时也在对自主学习和合作性问题解决活动进行反思，这对于高级思维技能的发展来说是很有意义的。同样，这个过程也要利用信息技术，如让学生运用信息技术记录学习过程、运用电子文件夹的评价方式等。

四、网络探究学习模式(WebQuest)

1. 概述

WebQuest 课程是 1995 年由美国圣地亚哥州立大学教育技术系伯尼·道格(Bernie Dodge)和汤姆·马奇(Tom March)创立，主要是一种基于因特网资源的授课计划或课程单元，由于该课程计划和万维网密切相关，所以他们将其命名为“WebQuest”(网络探究)。“Web”是“网络”的意思，“Quest”是“寻求、探寻”的意思，有的也翻译成“网络专题探究”。

WebQuest 是一种以探究为取向的学习活动，课程单元通过呈现给学生一个特定的情境任务，通常是一个需要解决的问题或者一个需要完成的项目。另外，由教师制作的 Web 页中为学生提供了大量因特网导航资源，从而要求学生通过对信息的分析与综合得出创造性的解决方案。

WebQuest 的作用在于架设从接受性学习向自主学习过渡的桥梁。帮助学生实现学习方式的转变。通过“脚手架”策略，让学生使用信息而非仅仅收集信息，并帮助学生分析、综合和评价，使学生在以学习为中心的教学过程中获得体验、内化各种策略。

根据时间的长短，WebQuest 分为两种学习方式：

(1)短期 WebQuest，大约 1～3 课时完成，其目的是知识的获取与整合，所以，在每个短期 WebQuest 结束的时候，要求学习者能够掌握大量新的信息，并且能够理解它们。这种 WebQuest 多与课堂教学紧密结合。

(2)长期 WebQuest，大约 1 周到 1 个月完成，其目的是深入分析、拓展和提炼知识。在完成了一个长期的 WebQuest 之后，学习者对知识体系进行了深入的分析，能够将知识进行某种方式的转换，要求学习者通过制作一些可以供他人在线或离线交互的多媒体作业，来证明自己对知识的理解。

2. WebQuest 的基本构成部分

在 WebQuest 课程单元的教学设计中，与传统的教学设计所编写的教案不同，教师依据学生的认知水平、知识经验和教学目标，为指导学生进行主动的知识建构和发挥高水平思维编制学习方案并精心设计成 Web 网页。学习方案体现的是如何让学生学，学生直接与教师设计的网页和资源对话，根据网页上的学习任务、活动指南、过程等开展探究、合作、讨论、创作等活动，一般 WebQuest 包含以下六个部分：

(1)导言(Introduction)

导言的主要目的是激发学生研究的兴趣，吸引学生作好研究的准备。在这里的教学设计首先让学生充分感受需要探究的缘由，并创设一个问题情境，还要罗列出关于整个 WebQuest 的一些概要问题。

在长期 WebQuest 中，引言可以贯穿全过程。这有助于不断地激励学生、并为新内容的整合加入提供了可能(这些信息有的是学生在研究过程中产生的)。在任务开展的过程中，还允许采用其他的媒介如印刷品、海报、模型等，也可以请人做报告。这样做很重要，因为单单使用信息技术会给人一种不真实的感觉。在网络探究的过程中不断地提供“引言”性的材料和信息可以让学生一直保持积极的参与状态。

(2)任务(Task)

这部分要阐明学生在通过 WebQuest 完成对主题的学习时，要达到什么样的任务结果或解决什么样的问题。任务是在主题的统领之下的，教师查找到一些适合该主题的网站后，在整合了网站内容后给学生设定一项任务。这一任务应是可行的和有趣的，提出的任务或需要研究的问题是一项比较复杂但富有创造性的工作。在阐述时，我们可以将这个大的任务划分为一些小的子任务或一些关键问题，还可以对完成任务和问题解决的结果进行一些规定，如教师可以要求学生最终设计一个图形、写一篇论文、制作一份电子演示文稿，还可以让学生将这些作品放到网上。

我们设计的任务应使学习者把注意力集中于他们将要进行的活动上，特别是那些推动所有学习活动顺利进行下去的最终表现或成果。

(3)过程(Process)

略述学习者将如何完成学习任务，为学习者设置完成任务的“脚手架”，其中包括将完成任务的过程分解成循序渐进的若干步骤，以及就每个步骤向学习者提出建议与策略等。在这个阶段，教师通过过程设计引导学生经历高水平的思维过程，从而发展学生的“高级思维能力”。在 WebQnest 的学习活动中，学生高级思维能力的运用具体体现在下面这几个方面：对 WebQuest 任务的分析，资源的收集和加工，完成自己的作品或是解决方案，评价和总结。

(4)资源(Resources)

完成任务所必须的信息导航资源，通常预设于万维网网页中，并被“嵌入”在 WebQuest 文档中。这些资源包括：根据年龄给予的适当资源，反映适时的第一手资料、适时信息；代表不同观点的信息；通过电子邮件联系的专家；交互式信息与视听媒体；网文本、在网络上的调查数据库；也包括传统印刷的书籍和文献等。

(5)评价(Evaluation)

列出需要完成这个任务相符合的评价标准，并为学习者描述他们的行为将受到何种评价。一般采用评价量表(Rubric)详细说明小组的工作及个体的工作是否都将有一个统一的，等等。评价人员既可以是教师，又可以是家长或同学。

(6)结论(Conclusion)

这是学生进行反思，教师进行总结的阶段。结论用来对活动进行小结，总结学习者通过完成这项活动或课程将会学到的东西，同时也鼓励他们对问题进行深入思考。通过提出一些引导性问题，以促进学生把这种探究的经验扩展到其他领域。教师可在此部分设置反思问题，对活动过程和结果进行总结。

3. 选择 WebQuest 主题的基本原则

WebQuest 探究主题的选择是耗时的具有挑战性的工作。选好一个主题是整个 WebQuest 顺利实施的起点，是值得教学设计者认真考虑的。而通过实践我们发现并不是任何内容都适合应用 WebQuest 方式进行教学，需要指导教师进行精心的选择。

(1)主题应该是开放性问题，应具有内在的复杂性

WebQuest 的核心是一个开放性问题。这个问题设定了 WebQuest 的清晰目标，鼓励学生回顾原先掌握的知识，激发学生进一步探索的动机。完成 WebQuest 的任务，不仅仅是让学生回答问题，而是要学生通过更高级的思维技能来解决问题或作出决策。这些高级思维技能包括分析、综合、判断和创造。webQuest 的宗旨是促进学生“高级思维的发展”。例如，考虑单元的水平(如何从互联网获取信息)，而不是活动的水平(如何使用 Internet 浏览器)等像这类可以讨论和展开的问题。

(2)要针对学生学习中的困难

做 WebQuest 要选择那些需要学生深刻而且透彻理解的主题，但并不是所有的课都要求学生深刻透彻理解的，有许多知识可以直接告诉学生，让他们记住，因为这些知识没有空间可供你去创造、分析、论述和判断。比如列出中国有多少个民族，长江的地理位置等，这些都不适合用 WebQuest 表示。做 WebQuest 要针对学生学习中会存在的困难，选择那些有创造和创新余地的主题。这些主题或者有许多复杂的层面可供理解和分析，或者有各种各样不统一的说法，或者应用前景非常广泛但是现在还没有完全开发等。比如关于保护知识产权 VS 盗版、计算机病毒探索等都是一些需要仔细探究并能在探究中得出一定结论、获得知识和能力的选题。

(3)能充分运用 Web 资源

Web 作为唯一的在 WebQuestee 的教学维度，是首要的教学资源来源，所

有教学中所需要的信息尽可能在 Web 中获取。Web 有图片、声音、动画等，能提供最新的信息。WebQuest 最基本的结构可能包含很多书本和杂志等各种媒体材料。一个 WebQuest 主题不应该仅仅用一种媒体材料就能完全说明白。要选择那些不使用 Web 网页就不能完全讲解清楚的主题。

做 WebQuesc 如果不能提供足够多的 Web 资源链接，那么这个 WebQuest 可以说是不成功的。因为这并不是使学生得到探究的资源环境。但是就目前的 Internet 的发展来看，其信息量越来越大，几乎每一个学科每一个主题在互联网中都存在一定数量的资料。所以首先要花费一定的时间用一定的技术手段去寻找他们，等拥有了足够多的 Web 资源时再做 WebQuest 也不为迟。

(4)主题要与现实世界紧密相联

传统的教学是以教学大纲为依据，按照课本的内容进行教学，教师在教学中关注的焦点更多的是知识目标。检验的标准是学生会不会用所学的知识去答题、解题。学生所要解答的问题都是经过加工的、很纯粹的学科问题，因此学生和教师都不必过分关注这些问题的生活意义，只需关心所谓纯粹的学科问题。久而久之，学生就养成在理想的条件下思考问题的习惯，脱离真实生活。事实上，现实生活中的问题往往是错综复杂的，它并不是按照某一学科、某一单元、某一节课的教学内容发生的。因此，理解 WebQuest 是来源于现实生活真实的任务，它使学生能在一个真实事件中运用所学知识解决问题或做出决策，从而更好地感悟智慧。因此，教师也不再只是关注教材和知识点，还要关注真实生活中的问题。

4. WebQuest 的任务设计指南

在 WebQuest 的设计中，任务设计是非常重要也是比较难的一个模块。为了帮助学生能进行有效的探究学习，伯尼·道格(Bernie Dodge)根据任务的不同类别，把一项大的任务分解为 12 种较小的不同类别的子任务：

(1)复述任务

要求学生收集某些信息，然后用复述方式来证明他们确实已经理解。复述任务不需要创作新的东西，而是引导学生利用网络信息资源进行学习。学生可以运用他们已经学过的 PowerPoint 等软件，制作海报或简短的研究报告。

(2)编辑任务

学生从多种信息源中收集信息，并且整理为通用格式的简单任务。编辑结果可以以网络方式出版，或者编辑为非数字化的作品。例如，编辑一本烹饪手册、黄山旅游指南。

(3)神秘任务

神秘任务是一种吸引学生去求解难题或学习侦探的有效方式。例如，如果在地球上挖一个洞。将会发现什么？古埃及的法老图坦卡蒙（Tu tan Kham-un）是被谋杀的吗？

(4)新闻任务

要求学生完成的核心任务是当前的特殊事件，他们要像新闻记者那样行动，去揭露事实，撰写出新闻稿。例如“黑心”棉被的生产与加工。

(5)设计任务

要求学习者在规定的条件下，设计一件产品或者规划一个有确定目标的行动计划。例如规划一次有趣的旅行线路。

(6)创作任务

创作任务是要引导学生创造出给定的作品(例如绘画、海报、游戏或歌曲等)。这种任务比一般的设计任务更开放，无法预计结果。评价将更强调创造性和自我表现，更具有个性。例如要求学生以故事、诗歌、绘画等形式，改写一个主题。

(7)建立共识任务

某些主题使得人们的意见不一，因为不同价值观念而引起争论，在这个不完美的世界里，给未成年人揭示人们之间的差异，并给他们创造如何解决分歧的实践机会是有益的。建立共识任务将进行这种尝试，其本质是尽可能地考虑和容纳不同的观点，在正确和错误的事件中，在现实和历史的环境中进行实践。

(8)说服任务

说服任务要求学生基于所学的知识。设计出令人信服的案例，然后进行陈述。说服任务可以用听证会、审判会形式，也可以用写信、编辑出版物、设计海报和录音带等方式提出自己的看法。

(9)自我认识任务

帮助学生了解自我。例如我的特长、兴趣是什么？

(10)分析任务

理解某些综合性的知识。其内部因素是如何与其他因素相关，分析任务提供了这种开发知识的技能，它要求学生发现一个或更多的事物，找出它们的相似与差异，并指出这些异同的含义。他们也许会发现变量之间的联系和相互影响，并探讨其意义。

(11)评价任务

某一事物要求学生做出自己的判断评价任务给出一系列项目，要求学生进行排序或判断等级，或者从有限的选择中确认一个信息。

(12)科学任务

以科学的方法对问题进行创新研究。

5. WebQuest 的教学案例

郑和与哥伦布：谁更伟大？

WebQuest 主题	郑和与哥伦布：谁更伟大？
导言 (Introduction)	15 世纪，人类历史发生重大转折的时代。世纪之初，东方浩瀚的洋面上，骤然出现了一支超级舰队，郑和便是这支舰队的统帅。世纪之末，经过大西洋风浪洗礼的哥伦布发现了一块新大陆，不过，在他的眼中，这不过是东方印度大陆，可是，这件事的影响却改变了西方人的世界观。你愿意跟随他们曾经探险的道路，追寻神奇、惊险的经历么？你认为他们俩谁更伟大呢？你愿意参与这场异常激烈的大讨论么？来！让你的思维穿越时空吧！
任务 (Task)	首先，你对这个问题最直接的想法是什么？你可以与同组的伙伴交流一下。 其次，你能够判断你的想法是合理的么？你有证据来证明你的想法么？要解决好这两个问题，我们还需要进行阅读与思考，并完成以下任务： 历史学家组： 中国史组：搜寻、选择与分析历史资料，探究郑和出航的原因与作用，并比较两人的世界影响； 世界史组：搜寻、选择与分析历史资料，探究哥伦布出航的原因与作用，从西方的角度比较两人的世界影响； 地理学家组：研究两人出航的航线，比较航程、出访国家与地理价值； 经济学家组：探究与比较两个航行经济背景以及对本国经济发展的影响； 国际关系专家组：探究与比较两个航行推行的对外政策与国际观念，以及对到访国家与地区的影响。

续表

WebQuest 主题	郑和与哥伦布：谁更伟大？
过程 （Process）	准备：开始研究前，请打开 Word，把它作为一个记录本。你随时记录和复制一些重要的信息。你也可以用它为你的幻灯片或网页复制一些图片。可以先浏览学习过程的全部内容，了解这一研究的概况。 开始： (1)确定自己的观点，选择一个小组。从列表网址链接进行探索，浏览这些网站上的有关信息，为回答问题收集资料。 (2)选择出你认为最重要的观点，你和你的合作者必须一致同意选择郑和或哥伦布进行重点分析，并寻求资料的支持，不必局限于网络，查查相关的书籍也行。 (3)随时用你的“记录本”复制或写下能够帮助你回答问题的信息。请记住你浏览的地点，以便能返回去继续做你的研究。 (4)通过链接的网站收集与你选定观点有关的资料与图片。复制和粘贴图片到你的“记录本”上，为制作幻灯和新闻稿做好准备。 (5)注意完整地收集回答问题的信息，并在小组里讨论这些信息的可靠性与价值。 (6)要注意与别的小组合作，相互提供信息，寻求另类视角与资料的帮助。 (7)形成成果：请仔细阅读“评价”项目，详细了解研究报告的结构与要求，你自己可以根据自己的情况确定等级，你的报告将会按照等级被评价，请尽可能达到“典范”级别。

续表

WebQuest 主题	郑和与哥伦布：谁更伟大？
资源（Resources）	郑和，环游世界第一人？ http://www.ctn.com.cn/Archive/2002/3/6-6624.html 郑和海船 http://www.chinacraft.com/zggy/06wwgys/kjwwz/znz/zhhc.htm 七海巡航郑和真腊考 http://www.guxiang.com/lishi/others/youzong/200112/200112100045.htm 地理大发现： http://www.ikepu.com.cn/geography/geography_history/geographical_discovery.htm 梦断海洋帝国——泛谈郑和海洋外交 http://www.wangf.net/cgi-bin/gs/view.cgi?forum=5&topic=3 明代郑和 http://www.greatchinese.net/famous/xianchen/zhenghe.htm 郑和下西洋及明代对外交通 http://www.china10k.com/simp/history/6/61/61c/61c01/61c0101.htm 哥伦布：寻找中国发现了美洲 http://www.booker.com.cn/gb/paper20/43/class002000001/hwz209025.htm 哥伦布发现新大陆 http://www.scitom.com.cn/museums/ocean/study/stu102.html 哥伦布发现新大陆 http://www.kp365.com/index/text/11007.htm 哥伦布 http://www.sdb.ac.cn/famous/fam28.html 探险历史 http://www.phoenixtv.com.cn/zhuanti/web/liangjizl/lj-ls.html

续表

WebQuest 主题	郑和与哥伦布：谁更伟大？				
评价(Evaluation)		典范	优秀	良好	合格
	资料的选择与引用	(1)资料选择建立在广泛的基础上，但引用全面精确。(2)引用正确无误，并能详细注明出处与资料的性质。	(1)能引用5项以上资料，3项以上准确。(2)引用正确，出处说明详细，资料性质基本正确。	(1)能引用3～4则资料，引用2项准确。(2)能注明出处，资料的性质判断不够准确。	(1)能引用1～2则资料，引用只有1项准确。(2)注明出处，但未写出具体作者与资料的性质。
	问题的论证与解决	(1)论证推理合乎逻辑，论据有力，比较充分。(2)对问题本身的分析准确、全面、细致，结论合理，表达充分且恰当。	(1)论证推理基本合乎逻辑，比较恰当，但不充分。(2)对问题本身分析准确，但不够全面、细致，表达恰当，但不充分。	(1)有论证，有论据，有比较。(2)对问题本身的分析基本准确，但不全面，也不细致，表达有一些不够恰当。	(1)有论证，有论据，但没有注意比较。(2)对问题本身有分析，有结论。
	报告的结构与特色	(1)报告结构清晰，主题明确，阐述史论结合。(2)能恰当运用图片说明问题，报告设计有个性。	(1)报告结构基本清晰，主题明确，能恰当运用史料。(2)能运用图片说明问题，报告设计有特点。	(1)主题明确，但结构不够清晰，运用史料不够恰当。(2)能运用图片说明问题，报告设计符合规范。	(1)报告主题明确，但结构不够清晰。(2)能运用图片，但作用不够明确，设计基本符合规范。

续表

WebQuest 主题	郑和与哥伦布：谁更伟大？				
	合作与交流	(1)合作目标与责任明确，效率高。 (2)讨论充分，相互尊重与分析对方的观点，并能妥善处理矛盾。	(1)合作目标明确，有分工，效率较高。 (2)讨论充分，有时能尊重不同观点，矛盾也能得到解决。	(1)合作有目标有分工，但不够明确，效率一般。 (2)能进行讨论与协商，能认可合作中的矛盾，但不会主动处理。	(1)能够合作，但无分工与责任，效率不高。 (2)能进行讨论与协商，但不会处理矛盾。
结论 (Conclusion)	这项研究的结果除了报告之外，你应该获得很多思考的方法，特别是如何分析与比较处于矛盾状态的不同观点，这对你今后思考力的提高很重要。 你可以将成果在网上发表，同时，在你的研究过程中，你有哪些感受与反思，可以到惟存教育新知社区《郑和与哥伦布：谁更伟大?》讨论区(或点击下面船只进入)交流。如果有问题需要提问，可以通过新知社区的“消息”功能进行一对一的私密沟通，也可以在讨论区公开提问，我们帮忙解答。你若还有更进一步的思考与探究欲望，我们很高兴为你提供深入研究的网站与资料。 世界近代史研究：http://www.ssreader.com.cn/html/qxb/14/140004a0a.htm 世界古地图发展史：http://geog.hkbu.edu.hk/GEOG1150/Chinese/World_Aci_Map/World_Aci_Map.htm 《明史—郑和》：http://www.yifan.net/yihe/novels/history/msqztyz/ms304.html				

实践项目

结合学科内容设计一个 WebQuest，用表格的形式表现出来：

1. 选题符合专业课程大纲要求，具有开放性。

2. 以小组的形式相互评价 WebQuest 作品，每个小组推荐一个优秀作品，参加班级评比。

3. 在班级范围内评选 5 个最优秀作品。

4. 以小组的形式评价并反思组内作品的长处和不足，总结优秀作品的特点。

第7章 《中小学教师教育技术能力标准》

学习目标

(1)熟悉《中小学教师教育技术能力标准》

(2)了解"全国中小学教师教育技术能力建设计划"项目

(3)了解"中小学教师教育技术能力培训"的相关要求

(4)掌握《全国中小学教师教育技术水平考试大纲》、考试要点及考试试题

(5)熟悉"全国中小学教师教育技术水平考试"模拟系统

7.1 《中小学教师教育技术能力标准》主要内容及解读

教育技术是指运用各种理论及技术，通过对教与学过程及相关资源的设计、开发、利用、管理和评价，实现教育教学优化的理论与实践(引自《中小学教师教育技术能力标准》附录：术语与定义)。发展和应用教育技术是推进学校教育信息化的重要内容，大力普及教育技术，提高教师教育技术能力水平，促进教育的改革和发展，已经成为当今世界各国普遍的共识和不可逆转的趋势与潮流。

2004年12月15日，我国国家教育部正式印发《中小学教师教育技术能力标准(试行)》(以下简称《教育技术能力标准》)。《教育技术能力标准》是根据《中华人民共和国教师法》和《中小学教师继续教育规定》的有关精神，为全面提高全国中小学教师教育技术能力和水平，促进中小学教师专业能力的发展而制定，是我国第一个有关教师的教育行业内专业标准。《教育技术能力标准》明确了中小学教师在教育技术方面的专业要求，为进一步开展中小学教师教育技术培训及能力培养，促进教师专业发展提供了重要依据。

为了配合基础教育课程改革和"农村中小学现代远程教育计划"的实施，全面落实《教育技术能力标准》，促进教育专业化发展。2005年4月6日，在全国教师教育年度工作会议上，教育部宣布正式启动实施"全国中小学教师教育技术能力建设计划"项目(教师[2005]5号)，包括全国中小学教师教育技术能力培训、全国中小学教师教育技术水平考试(以下简称"教育技术水平考试")和

全国中小学教师教育技术能力认证三部分，同年启动了针对教学人员的教育技术能力建设子项目：通过教育技术能力培训使中小学教师达到《教育技术能力标准》所要求的知识与能力；针对中小学教师组织教育技术能力水平统一考试，考试内容与培训内容一致；认证是指按照审核认定的考试成绩授予教师相应等级的证书。举办全国中小学教师教育技术能力水平考试目的在于全面提升中小学教师教育技术应用能力，促进技术在教学中的有效运用，要求参加教育技术培训的教师必须通过“中小学教师教育技术能力水平考试”，逐步将教师应用教育技术的能力水平与教师资格认证、职务聘任、职务晋升等相挂钩。

“计划(全国中小学教师教育技术能力建设计划)的着眼点是在以前基础性培训的基础上，在整体上提高教师在教学过程中应用信息技术的能力，应用现代教育技术改善和优化教育教学过程的能力，也就是全面提高实施素质教育的能力和水平，这就是我们的宗旨。计划的具体目标：

一要执行贯彻好中小学教师教育技术标准。这是我们国家出台的第一个教师专业标准，具有历史性意义。要根据这个标准去规范我们的教与学。

二要对于广大教师普遍进行现代教育技术培训，让广大教师掌握应知应会的东西。

三要通过内在的机制促进教师不断学习。

通过考核认证，一方面促进学习；另一方面和教师的切身利益和职业发展联系起来，推动教师持续不断地学习提高。”(节引自教育部师范教育司司长管培俊同志在2006年12月25日全国电化教育馆馆长会议上的讲话)

2005年7月，国家教育部师范教育司正式发布《教学人员(初级)培训大纲》，后来又发布了《教学人员(中级)培训大纲》。

2006年，教育部考试中心颁布了《教育技术考试大纲》，与《教育技术能力标准》和“教师教育技术能力培训”项目的开展和实施相对应，《教育技术考试大纲》对考试的目的、内容、标准和组织等进行了规定，是考试命题、考试评价和中小学教师复习备考主要依据。

7.1.1 《中小学教师教育技术能力标准》介绍

《教育技术能力标准》主要由教学人员教育技术能力标准(分为初级、中级和高级三个等级)、管理人员教育技术能力标准、技术人员教育技术能力标准等三个子标准构成，如图7.1所示。

教学人员子标准。适用对象为：中小学学科教师及对学科教学进行指导的人员；对中小学教师进行培训与培养的组织与机构；对中小学教师进行考核、

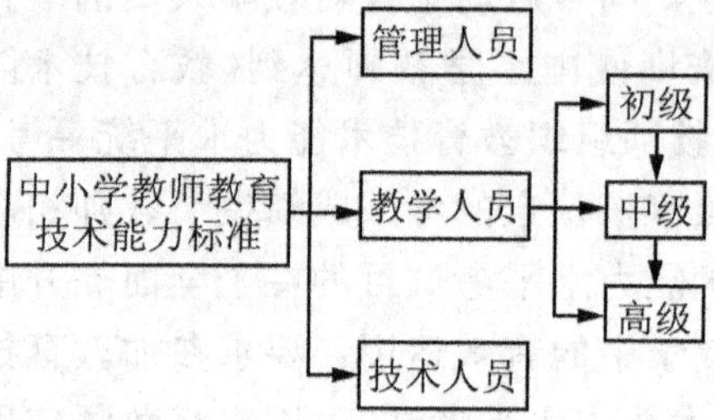

图 7.1 《中小学教师教育技术能力标准》的子标准

认证的组织与机构；制定相关标准的人员。

管理人员子标准。适用对象为：中小学教育教学管理人员；对中小学管理人员进行培训与培养的组织与机构；对中小学管理人员进行考核、认证的组织与机构；制定相关标准的人员。

技术人员子标准。适用对象为：基础教育系统内从事技术支持的各类人员(包括各级各类中小学校网络管理人员、教育技术工作与研究人员、各级电化教育馆、各级教育信息中心等部门从事中小学信息技术支持的人员)；对技术人员进行培训与培养的组织；对技术人员进行教育技术方面内容审核的各级教育组织；制定相关标准的人员。

每个子标准又包括意识与态度(重要性的认识、应用意识、评价与反思、终身学习等)、知识与技能(基本知识、基本技能等)、应用与创新(教学设计与实施、教学支持与管理、科研与发展、合作与交流等)、社会责任(公平利用、有效应用、健康使用、规范行为)等四个能力维度。以教学人员为例，如图 7.2 所示。

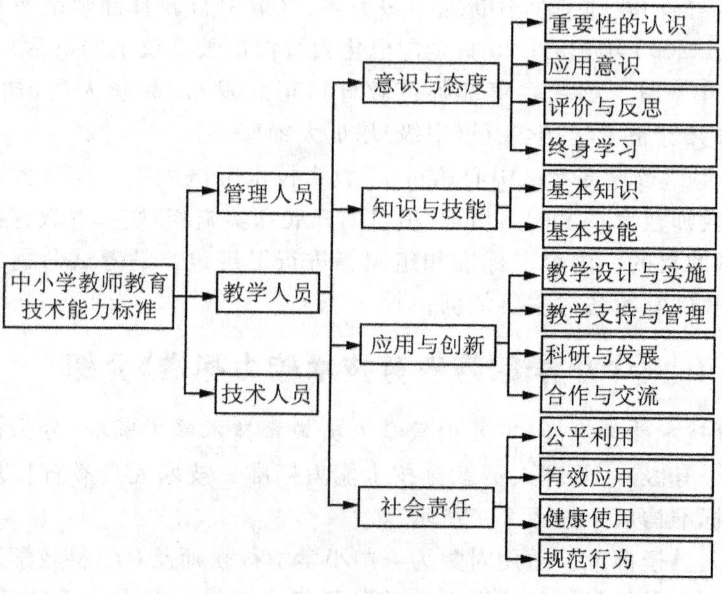

图 7.2 子标准的四个维度及主要内容

7.1.2 《中小学教师教育技术能力标准》解读

一、《中小学教师教育技术能力标准》的导向作用

1.《教育技术能力标准》将进一步促进中小学教师专业化发展

教育信息化的发展对教师教育信息化提出了严峻挑战，教师教育信息化的发展步伐将限制教育信息化发展的整体进程，加快教师教育信息化的发展，提高教师教育水平，对建设一支高素质的，专业化的教师队伍，扎实推进素质教育，具有重大的战略意义。为此必须加强教育技术的研究和应用，积极探索和构建信息技术环境下的教师教育新模式，用信息化带动教师教育的现代化，实现教师教育的跨越式发展，以尽快达到教师专业化的要求。

教师专业化包括两个方面的内容：学科知识的专业化和教育科学素养与能力的专业化。教师的专业知识主要由学科知识和实践性知识两部分组成，教育技术的知识与能力是教师专业知识中实践性知识与能力的重要组成部分。对于我国广大中小学教师来说，面对教育信息化和课程改革的新形势，教育技术能力作为其专业能力的重要组成部分，将会促进中小学教师专业化发展。

2. 在《教育技术能力标准》引导下，针对在职中小学教师进行的信息技术能力培训转向教育技术能力培训

信息技术能力与教育技术能力虽然只是两字之差，含义却是大不相同，要正确理解两者之间的关系，必须先理清信息技术与教育技术的区别。

(1)信息技术与教育技术

信息技术和教育技术虽有较密切的联系，但却属于不同的学科，并有各自不同的研究对象和研究范畴，两者切不可混为一谈。

信息技术属于技术学科，其研究对象是信息，研究的主要范畴是信息的获取、处理、存储、传输与呈现；教育技术则属于教育学科，其研究对象是技术支持的教学/学习过程与教学/学习资源，研究范畴则是对教学/学习过程与教学/学习资源的设计、开发、利用、管理与评价。两者区别如表 7.1 所示。

表 7.1 信息技术与教育技术的区别

区　别	信息技术	教育技术
学科性质	技术学科	教育学科
研究对象	信息	技术支持的教学/学习过程与教学/学习资源
研究范畴	信息的获取、处理、存储、传输与呈现	教学/学习过程与教学/学习资源的设计、开发、利用、管理与评价

(2)信息技术能力与教育技术能力

基于以上分析可见，信息技术能力与教育技术能力是有根本性区别的。信息技术能力是指信息的获取、处理、存储、传输与呈现的能力，而教育技术能力则是指教学/学习过程与教学/学习资源的设计、开发、利用、管理与评价的能力，即在一定技术支持的教学环境下进行教学设计并有效地组织与实施教学活动的能力。

从能力培养的角度分析可知，信息技术培训和教育技术能力培训所要达到的目标也是完全不同的。中小学教师信息技术能力培训的目标是使他们具有信息意识、知识、能力与道德等方面的信息素养；而教育技术能力培训的目标是使他们具有运用教育技术的意识、能力与道德的素养。

尽管教育技术能力培训中涉及了大量信息技术(物化形态的技术)的内容，但其目的是利用这类技术来优化教学过程以提高学习的质量与效率，而且不仅利用了信息技术，同时还利用智能形态的技术，这和信息技术培训中完全以学习、掌握信息处理技术为目的有着本质上的不同；而信息技术培训中也涉及不少教学资源开发、软件利用和自动测评等教学应用的内容，但其目的是通过这类教学应用作案例去验证相关的信息处理技术的实用性与有效性，这和教育技术能力培训中完全以学习、掌握如何进行教学设计和有效实施教学活动为目的也是不能相提并论的。

教育部曾颁布过信息技术培训的大纲是用于引导中小学教师的信息技术培训，《教育技术能力标准》的出台将使得中小学教师的信息技术(能力)培训转向教育技术(能力)培训。

3. 将长期研究并扎实推进的“信息技术与课程整合”提高到“教育技术在教学中的应用”的层次

信息技术教育领域中应用的研究表明，将信息技术整合到课程之中，并没能在课程教学中产生更为巨大的作用，虽然经过培训使得教师们掌握了包含计算机技术在内的信息技术手段，但是由于并不具备教育技术的能力以及过于强调信息技术的作用，依然未能掌握运用计算机辅助教学的具体方法，导致相关研究往往流于形式，最终结果是抄袭、仿制现象严重。

深入研究教育技术在教学中的应用不难发现，教育技术应用过程中并不特别强调信息技术的应用，传统教学手段以及智能形态的技术更能体现教育技术能力。相比之下，信息技术与课程整合完全没有这种效应。因此《教育技术能力标准》及其推广将会使“信息技术与课程整合”提高到“教育技术在教学中的应用”的层次。

4. 调动一切积极因素，建构立体培养体系，以《教育技术能力标准》为参照开设教育技术类公共课程

师范学生是未来教师的生力军，高等师范院校主要承担了培养教师的任务。目前师范生的现代教育技术能力培养与基础教育的需要存在较大差距，要达到要求，必须调动一切积极因素，建构立体的培养体系，开设以《教育技术能力标准》为参照的教育技术类公共课程，才能使师范生的现代教育技术能力得到根本提高。

当前师范院校办学规模普遍较大，教育技术作为公共课，由于教学所需的基本条件不足，导致师范生现代教育技术能力培养一直存在一定的难度，面向全体学生开设的现代教育技术公共课在教学过程中教师难以把有关内容讲得更具体、更透彻。另外现在的教育技术公共课教材也编写得不尽人意。因此规范师范生教育技术公共课已经成为当前师范院校课程改革的重要内容，中小学教师教育技术标准将是一个重要的依据。

5. 新一轮的中小学教师培训中必须专门开设教育技术模块

教育技术培训最本质的目的是提高教师的课堂信息技术应用能力，最强调实践动手能力和解决现实教学问题。然而对于绝大多数在职的中小学教师，没有参加过正规的教育技术知识的学习和培训，因此有必要在新一轮的教师培训中专门开设教育技术模块，以增强教师们应用教育技术的水平和能力，从而提高教学效率。

二、教育技术能力标准(教学人员篇)的内容解析

《教育技术能力标准》(教学人员篇)分为四部分内容共42条。

1."意识与态度"

"意识与态度"部分规定了教学人员在对教育技术的认识和应用方面的意识与态度。包括四个方面：重要性的认识、应用意识、评价与反思和终身学习。

"重要性的认识"规定了中小学教师应从教学的角度认识到教育技术的重要性，认识到教育技术能力是教师的必备能力以及教育技术有效应用的价值；"应用意识"指在教学中应具有应用教育技术、开展信息技术与课程整合、通过利用信息技术等新技术手段与工具建设与开发以丰富学习资源的意识；"评价与反思"指教师要通过对学习资源的利用、教学实施过程、教学效果等方面不断反思自己的工作；"终身学习"主要体现了教师应不断完善自身知识结构、形成终身学习理念以实现专业发展和个人发展相结合的目标。

2."知识与技能"

"知识与技能"部分包括基本知识与基本技能两个方面。主要用于规定中小

学教师应掌握的教育技术基本知识和基本技能，其中基本知识是指中小学教师应该了解和掌握的有关教育技术的基本知识，基本技能是指中小学教师应该了解和掌握的教育技术的基本技巧、能力和方法。如图 7.3 所示。

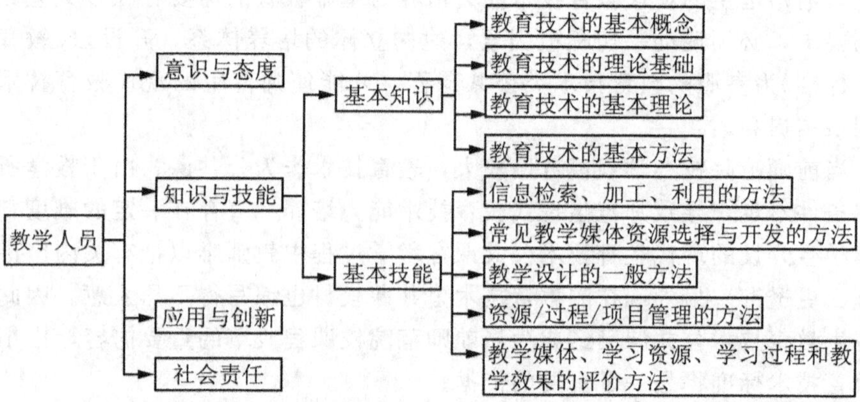

图 7.3 教育技术能力标准(教学人员)知识与技能主要内容

3.“应用与创新”

“应用与创新”部分是《教育技术能力标准》的核心部分，由“教学设计与实施”“教学支持与管理”“科研与发展”和“合作与交流”四个方面构成。在强调中小学教师教育技术基本应用能力的同时，规定了中小学教师应用教育技术的行为方式及创新与提高的要求。

教学工作是教师的首要任务，教育技术是为教师的教学工作服务的，教学设计与实施是中小学教师教育技术应用的核心内容之一；高效的管理是成功实施教学的重要条件，有力的教学支持是保证教师完成教学任务的前提；科研(教学研究)是促进教学有效发生的重要手段，也是教师专业化发展中必备的素质之一，教师是教学的实施者，只有教师才最了解学生的需要，只有教师才最清楚研究什么才能解决教学过程中的实际问题。

4.“社会责任”

“社会责任”部分从“公平利用”“有效应用”“健康使用”“规范使用”四方面规定了中小学教师在教学工作中应用教育技术需要遵循的原则和应该承担的责任，规定了应如何保证学生或教师利用技术进行学习或教学的道德要求。

“公平利用”是教学实施的前提，指明了教师应通过努力让不同状况的学生能平等的利用学习资源；“有效应用”与“应用与创新”相呼应，是教育技术与课程整合的最终目的，即实现教学最优化；“健康使用”是与课程整合促进教学有效实施的保障，规定了使用技术必须遵守的道德要求；“规范使用”是技术应用的必备条件，表明了教师应用教育技术需要遵循的原则。

7.1.3 《教育技术能力标准》的实践与学习培训

国家教育部师范教育司正式发布的《中小学教学人员(初级)教育技术能力培训大纲》主要包括10个培训模块，共50学时。《中小学教学人员(中级)教育技术能力培训大纲》主要包括9个培训模块，共50学时。

一、《中小学教学人员(初级)教育技术能力培训大纲》介绍

1. 培训目标

经过初级教育技术能力培训的中小学教学人员，在知识与技能、过程与方法、情感与态度方面应达到以下具体要求：

(1)知识与能力

①掌握教育技术的基本概念、意义及其作用。

②了解信息技术与学科教学整合的基本概念。

③掌握教学设计的过程及其关键环节。

④掌握媒体的特点，了解各类媒体对教与学的支持作用。

⑤学会运用技术进行教学形成性评价、总结性评价。

(2)过程与方法

①完成一节课或一个教学单元/主题的教学设计，实施或展示、研讨教学。

②掌握分析演示型教学媒体特点的方法，提高在实际教学中的应用能力。

③学会运用文字编辑软件编制常用教学文档，运用网络工具搜集教学资源，运用多媒体工具对文本、图片、声音、动画等资源进行简单的加工处理，运用简单的课件制作工具或网页制作工具整合教学资源。

④能够使用常用的形成性评价、总结性评价的量规和方法设计课堂教学评价活动。

(3)情感与态度

①消除教学中应用信息技术的畏惧心理，形成对教育技术促进教学的认同。

②形成把教学技术与教学实践紧密联系的积极性和主动性。

③形成对资源信息的正确认识和初步的选择、处理和加工能力，建立知识产权保护意识。

④了解技术对社会、对学生发展的重要影响，树立在教学中运用技术的使命感。

2. 培训内容模块

模块 1　开始培训的准备(4 学时)

模块 2　编写教学设计方案(4 学时)

模块 3　教学媒体的选择(4 学时)

模块 4　教学资源的收集与整合(一)(2 学时)

模块 5　教学资源的收集与整合(二)——信息技术技能(8 学时)

模块 6　教学资源的收集与整合(三)——信息技术技能(10 学时)

模块 7　形成完整的教学设计成果(2 学时)

模块 8　单元/主题的教学设计(7 学时)

模块 9　教学设计的实施与评价反思(5 学时)

模块 10　培训的总结与提高(2 学时)

二、《中小学教学人员(中级)教育技术能力培训大纲》介绍

1. 培训目标

经过中级教育技术能力培训的中小学教学人员，在知识与能力、过程与方法、情感态度价值观方面应达到以下目标：

(1)知识与能力

①掌握信息技术与课程整合的目标、内涵、实施原则与途径。

②掌握学习目标分析、学习者特征分析、学习内容分析、学习媒体选择、教学模式与策略选择、教学评价等教学设计环节的概念与方法。

③结合案例进一步了解信息技术与课程整合的策略与方法。

④了解研究性学习的概念、特征、基本环节。

⑤掌握教育资源管理的基本方式。

⑥熟悉常用的形成性评价、总结性评价的设计方法。

(2)过程与方法

①完成一节信息技术环境下的信息技术与课程整合课的教学设计方案，并对教学设计成果加以展示、反思与评价。

②在掌握了教学设计过程模式的基础上，进一步体验教学设计方法中学习目标分析、学习者特征分析、学习内容分析、教学模式与策略选择等环节的具体应用方法。

③在了解研究性学习相关概念、本质特征、操作环节的基础上，根据相关模板初步完成一份研究性学习的教学设计方案。

④学会熟练运用文字编辑软件编制基于模板的教学设计方案、试卷及教学中常用的文档，运用常用工具软件收集所需的课程资源，运用文本、图片、音

频、动画、视频等素材加工处理工具软件对收集的教学素材进行加工处理，运用相关的工具软件完成学生作品样例，运用网页编辑工具软件整合教学资源，运用电子表格软件对数据进行初步的处理、统计与分析，初步运用常用的知识可视化工具，初步运用各学科有针对性的软件。

⑤体验常用的形成性评价、总结性评价的设计方法，并设计学习效果评价工具。

⑥在小组协作过程中进一步认识与掌握合作学习的实施策略。

(3)情感态度价值观

①进一步加强在课程中运用教育技术的意识；形成在课程中自觉、有效地应用信息技术，尤其是计算机技术、多媒体技术和网络技术的意识。

②认识到教学设计与教学实践紧密联系的意义与价值，形成在教学实践中自觉运用教学设计方法的意识。

③在小组活动评价与反思的过程中形成反思的意识。

④形成对资源信息的正确认识，加强知识产权保护意识。

2. 培训内容模块

主题1：培训的准备(3学时)

主题2：教学前期分析(5学时)

主题3：教学模式与策略选择(8学时)

主题4：研究性学习的设计(5学时)

主题5：教学资源素材收集与加工(8学时)

主题6：教学资源的集成与整合(10学时)

主题7：教学过程的组织与实施(3学时)

主题8：对教学设计与实施的评价(6学时)

主题9：总结与提高(2学时)

7.2 中小学教师教育技术水平考试

7.2.1 全国中小学教师教育技术水平考试介绍

一、考试背景

全国中小学教师教育技术水平考试(National Teacher's Skill Test of Applied Educational Technology in Secondary and Elementary School，以下简称NTET)

由中华人民共和国教育部推出，教育部考试中心主办。

NTET是在我国大力发展教育信息化，全面推进基础教育课程改革和教师专业发展的大背景下产生的，《教育技术能力标准》的颁布与实施，以及全国中小学教师教育技术能力建设计划项目的启动与实施，是全国中小学教师教育技术水平考试诞生的直接原因(节引自《教育技术水平考试辅导教程(教学人员·初级)》，何克抗主编，高等教育出版社2007年版)。

二、考试的组织与实施

教育技术水平考试是教育部“全国中小学教师教育技术能力”建设的重要组成部分，其目的在于全面提升中小学教师教育技术应用能力，促进教育技术在教学中的有效运用，从而形成鼓励广大教师不断提高自身教育技术应用水平的动力机制。做好这项工作，对于基础教育课程改革、提高中小学教师实施素质教育的能力水平具有重要意义。

教育技术水平考试是在教育部主管的全国性考试，属国家级考试，是在教育部师范司的直接指导下，由教育部考试中心组织实施的，考试的组织管理、考试的实施、违规行为的处罚等均执行国家级考试的高标准，参加考试的中小学教师应当具备一定的信息技术应用能力，通过全国中小学教师教育技术培训(至少完成50学时)或由教育主管部门认可的其他相关培训，考试合格颁发合格证书。

其中，各部门职能如下：

(1)教育部师范司和全国中小学教师教育技术能力建设计划项目领导小组：负责宏观管理，制定相关政策，组织审定考试大纲，组织考试的评估、检查工作，协调解决实施过程中的重大问题。

(2)教育部考试中心：负责组织拟订考试大纲；组织试题命制；组织考务与管理；研制开发考试平台；印制并颁发教师教育技术水平考试合格证书等工作。

(3)全国中小学教师教育技术水平考试(NTET)专家委员会：由教育部师范司、教育部考试中心有关领导和有关知名专家、学者组成，在教育部考试中心领导下负责业务咨询和指导；协助完成拟考试大纲、审核考试命题、评估考试结果等工作。

(4)省级教育考试管理机构：是教育部考试中心在各省(自治区、直辖市)级教育考试机构设立的承办机构，主要负责本地区考试工作的实施，根据规定设置考点、进行考务组织与培训、考风考纪、阅卷、成绩审核、数据汇总与报送等工作。

(5)考点：考点资格由省级考试行政部门按标准认定，教育部考试中心备案。考点的任务是根据省级教育考试管理机构的要求负责接受考试报名、组织实施考试及完成相关管理工作。各省级教育考试管理机构在考试报名前1个月，向社会公布考点信息。

该项目官方网站为 http://www.teta.com.cn，考试网站为 http://www.ntet.cn。详细考务信息可咨询教育部考试中心、各省(自治区、直辖市)级考试承办机构和考点。

三、考试的形式与评价

1. 考试形式

“全国中小学教师教育技术水平考试(NTST)”一般每年举行2次，时间分别在寒假和暑假，具体考试日期由教育部考试中心在考试前6个月向社会公布，开始报名时间为考试前40天。

“教育技术能力水平考试”试点考试科目为教学人员(初级)，考试时间120分钟(系统自动计时，到时间系统强制交卷)，满分100分。考试以教学任务的方式设计和实施，将考核内容设计划分为教育技术能力(60%)和信息技术操作(40%)两部分。

考试形式分为过程考核和上机考试两部分，其中过程考核的分数比率占10%，在进行教育技术培训的过程中完成，教育部考试中心负责制定评价标准、核定考核成绩；上机考试的分数比率占90%，使用基于国际互联网的全国中小学教师教育技术能力水平考试平台进行。

考试方式为初级采用无纸化考试的方式，试题呈现和考生作答都在计算机上进行。其他级别正在论证中。

2. 考试评价

与《教育技术能力标准》和《全国中小学教师教育技术能力培训大纲》相对应，《教育技术考试大纲》相应设置教学人员、管理人员、技术人员三类，教学人员分为初、中、高三级，管理人员和技术人员各分为初级、高级两个级别。

考核结果设合格与不合格两个等级，考试合格者将获得由教育部监制、教育部考试中心统一颁发的“全国中小学教师教育技术水平考试合格证书”。

四、考试科目

根据《教育技术考试大纲》的规定，教育技术水平考试(教学人员·初级)共分19个科目，其中小学7个，中学12个，如图7.4所示。

其中，小学品德、生活与社会作为考试科目，面向小学品德与生活教师和

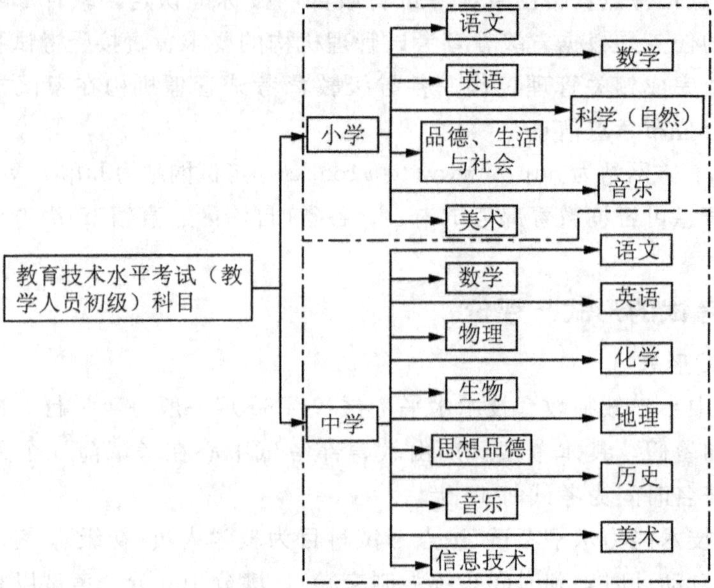

图 7.4 《教育技术考试大纲》规定的考试科目

小学品德与社会教师，其他科目分别对应各学科教师。中学的 12 个考试科目分别对应初、高中阶段的各学科教师。

相关考试科目编号、对应学科与考试素材来源和考试教师对应表参见附录二。

五、试题结构及类型

试题结构：在特定的教学情境下，以“任务导向”方式展开，按一个教学过程的主要环节来组织，即基本知识（占 6%）、教案设计（占 30%）、资源准备（占 27%）、教学实施（占 20%）和教学评价（占 17%）等五部分。每套试卷的前面，有一段关于教学内容、学生情况、所处环境等的说明文字，是教师制定教学策略的基础。主要采用教学解决方案选择、教学内容填充、常见软件问题解决策略选择、视频教学片段分析、应用软件操作等方式进行，以此考核教师的教育技术能力。

试题类型：有选择题（包括单项选择题、多项选择题）、填空题、配对题、视听分析题、操作题等题型，主要以选择题和操作题为主要题型。中等难度的题目约占总分的 60%。请参考附录二《全国中小学教师教育技术水平考试（NTET）教学人员考试大纲（初级）》

7.2.2 《教育技术考试大纲(教学人员·初级)》介绍

《教育技术考试大纲》由考试简介、总体要求、考试内容和附录四部分组成。《教育技术考试大纲(教学人员·初级)》结构如图 7.5 所示。

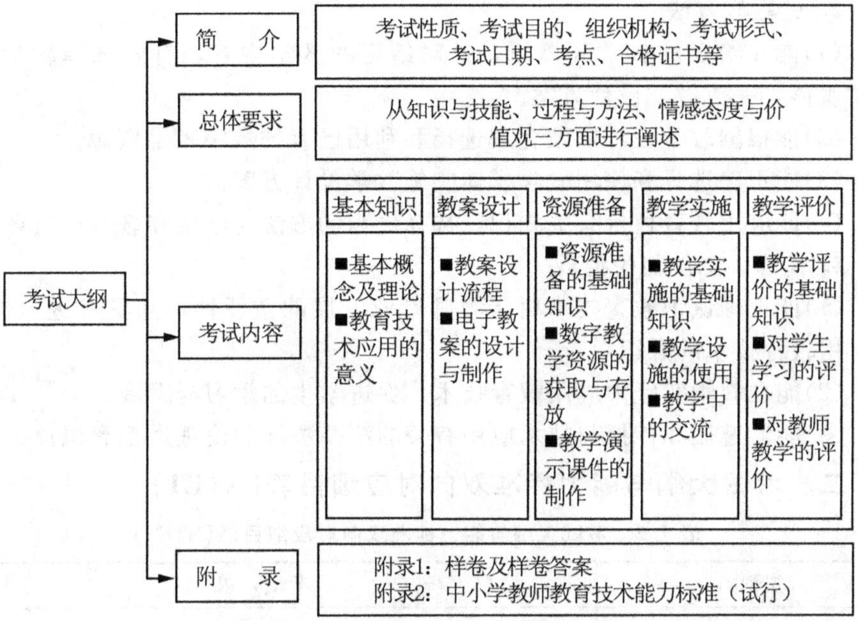

图 7.5 《教育技术考试大纲(教学人员·初级)》结构图

目前教育部相关部门已经制定并颁布了《全国中小学教师教育技术水平考试大纲(教学人员·初级)》，教学人员(中级、高级)以及技术人员和管理人员的《考试大纲》还在陆续制定中。

一、“总体要求”

从信息技术水平和教育技术水平两方面介绍了参与考试的中小学教师应达到的相关要求，即参加“教育技术水平考试”的中小学教师应当具备一定的信息技术应用能力，并参加过全国中小学教师教育技术培训或由教育主管部门认可的其他相关培训。

关于中小学教师教育技术水平应在知识与技能、过程与方法和情感、态度与价值观方面达到相应的要求，具体目标如下。

1. 知识与技能

(1)了解教育技术的相关概念和意义。

(2)了解教学过程的基础知识，理解教学设计的基本流程，并予以应用。

(3)了解教学资源的基础知识，掌握数字教学资源获取、存放与整合应用的方法。

(4)了解教学评价的基础知识，理解并掌握应用教学评价的基本方法。

2. 过程与方法

(1)能在给定的教学环境下，针对给定的教学内容，有效选择教学策略、教学媒体，完成教学设计方案。

(2)能根据教学设计方案合理选择和利用已有的数字教学资源。

(3)能正确选择和使用教学媒体实施教学设计方案。

(4)能应用教育评价有关知识，选择恰当的方法对学生和教师进行评价。

3. 情感、态度与价值观

(1)能正确认识教育技术对于教师专业发展的重要性，并具有进一步学习和应用教育技术的意识。

(2)能在教学实践中应用教育技术，促进学生的学习与发展。

(3)能够遵循和传授与技术应用有关的法律法规和伦理道德意识。

二、考试大纲与能力标准双向对应细目表(NTET)

表 7.2　考试大纲与能力标准双向对应细目表(NTET)

<table>
<tr><th colspan="3">知识点</th><th>考试要求</th></tr>
<tr><td>Ⅰ</td><td>Ⅱ</td><td>Ⅲ</td><td>要求程度(了解、理解、应用)</td></tr>
<tr><td rowspan="4">基本知识</td><td rowspan="3">基本概念及理论</td><td>教育技术及其相关概念</td><td>(1)了解教育技术的定义
(2)了解教育技术与信息技术的联系与区别
(3)了解信息技术与课程整合的含义</td></tr>
<tr><td>教学设计</td><td>(1)了解教学设计的基本要素及其含义(学习者分析、教学目标、教学策略、教学媒体、教学资源、教学评价等)
(2)理解教学设计的基本流程</td></tr>
<tr><td>学习理论</td><td>了解行为主义、认知主义、建构主义学习理论基本观点的主要不同之处</td></tr>
<tr><td colspan="2">教育技术应用的意义
了解推广教育技术的意义与作用</td><td>(1)推进教育信息化、促进教育改革和实施国家课程标准
(2)教育技术能力是教师专业素质的必要组成部分
(3)优化教学过程、培养创新型人才</td></tr>
</table>

续表

知识点			考试要求
教案设计	教案设计流程	需求分析	(1)根据自己所处的学科、学段对学生的特点进行学习者分析：智力因素(年龄特征、知识水平、认知特点等)；非智力因素(兴趣、动机情感、意志、性格等) (2)正确使用所处环境中可供使用的各种硬件设备(DVD播放机、电视机、计算机、卫星教学收视设备以及计算机网络、视频投影机、学科教学设备、学科实验仪器等) (3)了解与本学科有关的教学软件平台及常用工具软件的基本功能
		教学目标分析	(1)了解教学目标的分类 (2)根据课程标准和学生现状确定教学目标 (3)对给定的教学内容进行分析；教学重、难点的提炼 (4)对教学序列进行合理安排
		教学策略初步选择	根据给定的教学要求合理选择教学策略
		教学媒体选择	根据给定的教学环境(学习目标、学习内容、学习者特征、教学条件等)选择合适的教学媒体
		教学评价方案制订	(1)制订初步的对学生学习的评价方案 (2)制订初步的对教师教学的评价方案
	电子教案的设计与制作	电子教案的特点、结构及制作工具	(1)了解电子教案的特点 (2)理解电子教案的基本结构 (3)了解电子教案的常用制作工具
		根据学科特点和教学要求利用文字处理软件(如Word或WPS Office)在给定的模板中完成电子教案	(1)新建、输入并保存电子教案 (2)文字、段落格式的设置 (3)图像和页码的插入 (4)公式与特殊符号的插入 (5)表格的插入与编辑 (6)查找与替换

续表

知识点			考试要求
资源准备	资源准备的基础知识	教学资源的基本概念	(1)了解教学资源的含义 (2)了解教学资源的类型及来源 (3)了解常用教学媒体的特点：①挂图、标本 ②模型、实验仪器 ③教科书、文献资料 ④唱片、录音带、录像带、影片、幻灯片 ⑤光盘(CD-ROM、VCD、DVD)、硬盘 ⑥网络 (4)了解各种教学资源的使用范围和优势 (5)根据特定的教学内容，选择合适的教学资源
		常用数字教学资源格式	(1)区别常用数字教学资源的格式：①可执行文件(*.exe) ②文档格式(*.doc *.ppt *.xls) ③音频格式*.wav *.mp3) ④视频格式(*.mpg) ⑤图像格式(*.jpg) (2)掌握常见数字教学资源的使用方法
	数字教学资源的获取与存放	数字教学资源的获取与存放	(1)了解教学资源可用的获取方法 (2)掌握获取数字教学资源的基本方法：①截取计算机屏幕上所需的教学图像 ②利用录音软件录制教学音频素材 ③查询、收集网络上的数字教学资源 ④数字教学资源的分类查询和关键词查询 ⑤掌握用浏览器的"收藏夹"和"历史记录"收集常用网站 (3)获取数字教学资源时记录出处，引用时自觉注明
		数字教学资源的存储与组织管理	(1)掌握存储数字教学资源的基本方法 (2)使用文件夹对数字教学资源进行分类管理
	教学演示课件的制作	教学演示课件	(1)了解演示课件在教学中的应用 (2)知道可用于制作演示课件的常用软件(如 PowerPoint、WPS Office)
		制作教学演示课件	能根据学科特点和教学要求利用常用软件(如 PowerPoint 或 WPS Office)制作教学演示课件：①模板和版式的选用 ②文本的输入与编辑 ③图形、图像、文本框和艺术字的插入与设置 ④幻灯片中动画与幻灯片间切换方式的设置

续表

知识点			考试要求
教学实施	教学实施的基础知识	教学过程的基本环节	(1)理解教学过程基本环节的基本内容(教学准备;在实施中感受、理解教育技术对新课改的支持作用;评价反思) (2)理解教育技术对新课改的支持作用 (3)根据教学现场情况适当调整各教学环节的内容
		教学过程的组织形式	了解教学过程的组织形式(集中讲授、自主学习、协作学习等)
		教学信息呈现	(1)了解教学信息呈现的要素 (2)利用技术在教学实施过程中合理、有效地呈现教学信息
	教学设施的使用	辅助教学的主要硬件设备及其功能	(1)了解辅助教学的主要硬件设备及其功能:教具或仪器;DVD 播放机和电视机;计算机、网络和显示设备 (2)掌握辅助教学的主要硬件设备的使用方法
		常用软件在教学实施过程中的应用	根据数字教学资源类型选择相应的软件(Word、WPS Office、PowerPoint、Windows Media Player、IE 等)
	教学中的交流	对教学交流的认识	认识互动在教学中的重要性,能根据特定内容选择合适的交流方式
		交流工具的使用	(1)掌握利用文字处理软件(如 Word 或 WPS Office)进行批注与修订 (2)掌握利用电子邮件与学生、教师或其他人讨论与交流(收发和管理电子邮件,包括附件)

续表

知识点			考试要求
教学评价	教学评价的基础知识	教学评价的功能和类型	(1)了解教学评价的基本功能(教学功能、诊断功能、调控功能、激励功能等) (2)了解不同分类标准下的教学评价类型及其特点(按评价基准分类、按评价功能分类、按评价分析方法分类)
		教学评价的内容	了解教学评价的基本内容和方法(教学资源、教学效果)
		数据的收集与处理	(1)选择合适的方式来收集学生的评价数据(平时作业、测验、考试、小组协作学习的各类文档及成果、调查问卷等) (2)选择合适的评价方法和工具对评价数据进行初步处理:学生的总成绩、平均成绩和成绩排序;调查问卷的数据处理;数据统计工具(Excel、WPS Office)的使用
		统计结果的分析与公布	(1)了解数据分析的一般方法与内容 (2)根据数据的统计结果(如统计图表)分析学生的学习情况
	对教师教学的评价	从学生对教师教学的评价	从教学过程评价表中分析教学环节中存在的问题
		教学反思	(1)初步形成教学反思意识 (2)了解教学反思的主要内容(教学资源、教学过程、教学教过与效率等) (3)知道可用于教学反思的方法(撰写教学日志、观看教学录像、教师间的交流讨论等) (4)通过评价数据反思自己的教学

三、"考试内容(考点)"分析及例题

"考试内容"部分是《教育技术考试大纲(教学人员·初级)》的关键部分,包括基本知识、教案设计、资源准备、教学实施和教学评价五部分。每个部分又由"内容"和"要求"两个主要模块组成,"内容"主要说明考试范围,"要求"主要说明考试要求。

《教育技术考试大纲(教学人员·初级)》对"考试内容"中的知识点的要求分为"了解""理解"和"运用"三个层次，按照典型教学过程中的基本教学环节(即教学设计、资源准备、教学实施和教学评价等)进行组织，对教育技术基本知识以及教学环节中的教育技术应用能力进行考核。具体考试内容(考点)如图 7-6所示。

1. 基本知识。考点结构如图 7.6 所示。

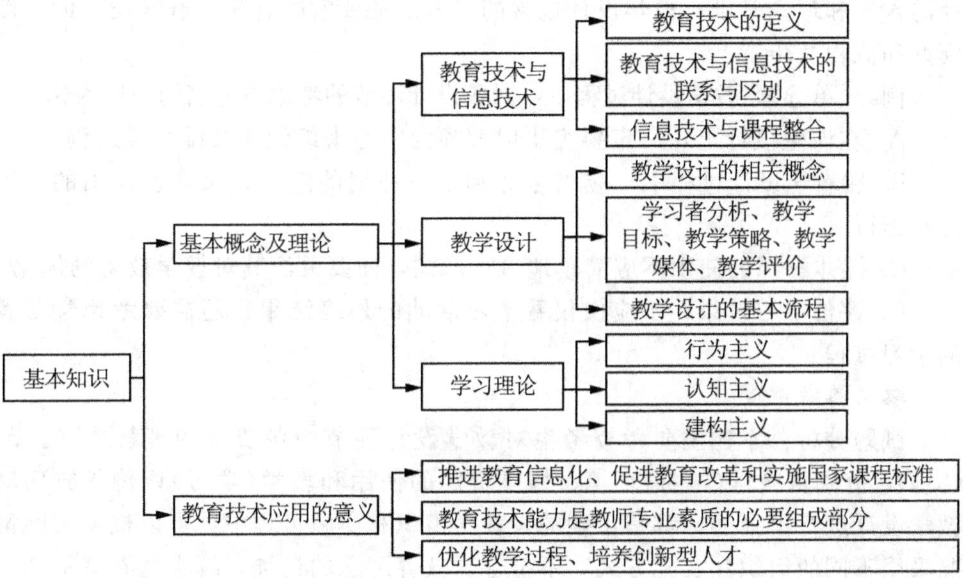

图 7.6 "基本知识"部分考点结构

(1)基本概念及理论

①教育技术与信息技术。根据考点要求，建议从以下几方面进行学习和提高：教育技术的目的和研究内容；教育技术的理论基础；教育技术与信息技术的定义，从而分析二者的区别与联系；信息技术与课程整合的含义；信息技术在教育教学中的作用。

例：(单选题)根据你对教育技术基础知识的理解，下列不正确的选项是(　　)

A. 教育技术是运用各种理论及技术，通过对教与学过程及相关资源的设计、开发、利用、管理和评价，实现教育教学优化的理论与实践

B. 教育技术与信息技术的含义是一样的，只是用不同的名词来表述而已

C. 信息技术与课程整合，是指在学科教学过程中把信息技术、信息资源和课程有机结合，建构有效的教学方式，促进教学的最优化

D. 教学设计是教育技术的核心内容之一

参考答案：B

试题分析：本题主要考查考生对教育技术和信息技术区别的认识。信息技术在教育中的应用是教育技术的主要研究内容，因此二者有明显的区别。

②教学设计。主要考查教师对教学设计的概念、教学设计的要素和教学设计的基本流程的了解和掌握情况。建议从以下几方面进行学习和提高：教学设计的含义和理论基础；教学设计包含的要素及各要素的含义；教学设计的一般模型和流程及步骤。

例：(单选题)教学设计过程中，对各设计环节的考虑不适当的一项为(　　)

A. 在课堂设计上，一定要突出以教师为中心来组织和实施教学过程

B. 在教学设计过程中，应当考虑到学习环境的差异，保证设计出的方案能够施行

C. 媒体资源的使用不应简单地追求形式，而要关注其对教学效果的优化

D. 评价学习效果，不应仅仅看学习活动的最终结果，还需要考虑学习者的学习过程

参考答案：A

试题分析：本题主要考查考生对教学设计环节中各要素的理解情况。B、C、D，分别从教学(学习)环境、媒体资源的使用和教学(学习)评价等方面对教学设计进行了描述，都是正确的。教学组织和实施过程中，可以根据实际情况采用不同的组织和实施方式，不符合新教育理念的精神，故本题答案是A。

③学习理论。本考点主要考查行为主义、认知主义和建构主义三种学习理论的基本观点及不同之处，及其对教育技术发展的影响。

例：(单选题)在教学过程中，强调教师首先需要通过一定的方法激发学习者的学习兴趣和学习动机的观点的学习理论是(　　)

A. 人本主义　　B. 行为主义　　C. 认知主义　　D. 建构主义

参考答案：C

试题分析：认知主义学习理论认为在教学过程中首先要激发学习者的学习兴趣和学习动机，然后才能有效地使学习者将所学知识和已有的知识经验结合起来，从而促进知识的内在加工。

例：(单选题)关于教育技术的理论基础，下列说法正确的是(　　)

A. 教育技术的发展重在实践，因此不需要什么理论基础

B. 教育技术的实践是在相关理论的指导下展开的，这里的理论专指学习理论

C. 学习理论是在阐明行为变化的原因、揭示学习依据的机制时所形成的理论

D. 目前出现的学习理论包括行为主义、认知主义和建构主义等，但只有建构主义学习理论是正确的

参考答案：C

试题分析：教育技术是理论与实践并重，理论指导实践，实践创造理论；教育技术的理论主要包括教学理论、学习理论、传播理论和系统理论；行为主义、认知主义和建构主义三种不同的学习理论的主要差异在于对学习本质的不同理解。

(2)教育技术应用的意义

主要考查对推广教育技术应用参与教育技术能力培训的意义与作用的理解。

例：(单选题)关于推广教育技术的意义与作用，下列说法不正确的是(　　)

A. 教育技术是推进教育信息化、促进教育改革和实施国家课程标准的有效途径

B. 教育技术能力是教师专业素质的必要组成部分

C. 教育技术是优化教学过程、培养创新型人才的重要手段

D. 教育技术是向新课程改革迈进的唯一方法

参考答案：D

试题分析：本题全面考查考生对教育技术的意义与应用的理解情况。促进新课程改革发展的方法有多种多样，教育技术并非唯一方法。

2. 教案设计。考点结构如图 7.7 所示。

(1)教案设计流程

①需求分析。本考点主要包括学习者分析和教学的环境条件分析两方面的内容。

学习者分析的主要目的是通过分析学习者的特征从而设计适合学生能力、知识水平及认知结构的学习问题，提供适当的帮助和指导，设计适合学生个性的情境问题与学习资源。学习者特征分析涉及智力因素和非智力因素两个方面，与智力因素有关的特征主要包括知识基础、认知能力和认知结构变量；非智力因素有关的特征则包括兴趣、动机、情感、意志和性格。本考点主要考查教师能否根据自己所处的学科和学段对学习者的智力因素和非智力因素等特点进行分析。

例：(单选题)不同的学生基础、能力、兴趣各不相同，下列选项中不是针

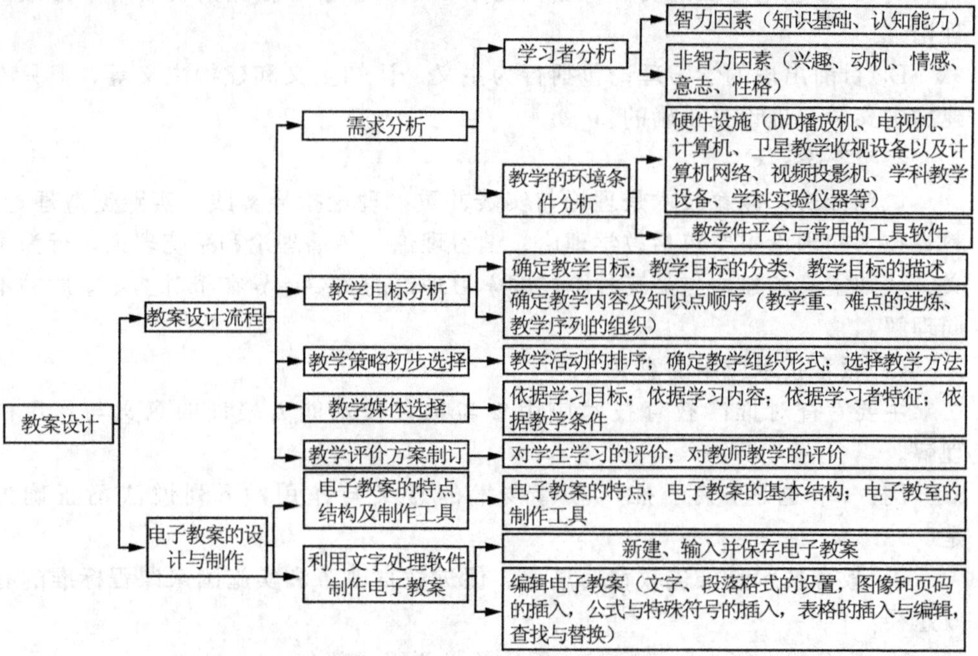

图 7.7 “教案设计”部分考点结构

对学生特征进行教学设计的选项是（　　）

A. 课堂上根据学生的情况设置不同难易程度的问题，让不同的学生都有机会回答，保证每一个学生都有机会参与到课堂教学中

B. 在 1 班已经成功实施的教学方案照搬到同年级 2 班，一定会与 1 班一样取得成功

C. 同一堂课，不同的学生按照自己的学习情况可有不同目标层次。例如：把课后作业分为选做和必做两部分

D. 可以将学习过程中遇到的复杂问题可以分解为若干个由浅入深的问题，然后通过创造条件，设置步骤，启发兴趣，使学生在探索求知的过程中加以解决

参考答案：B

试题分析：本题全面考查考生对学习者特征（包括智力因素和非智力因素）的理解情况。

教学的环境条件分析包括硬件设施和教学软件平台与常用的工具软件。本考点主要考查教师能否正确使用所处环境中可供使用的各种硬件设备；是否了解及掌握与本学科有关的教学软件平台及学科教学中常用的实验仪器与工具软件的基本功能及使用方法。

例：(单选题)在课堂上应用多媒体的过程中，你认为以下做法正确的是(　　)

A. 要把握演示的节奏，避免导致信息量过大，学生不能及时掌握

B. 由于多媒体的作用明显，因此教师更应该专心于媒体演示，可以不用关注与学生的交流

C. 多媒体的使用能激发学生的兴趣，只要有就应该用

D. 由于多媒体能将实验过程呈现给学生，那么演示实验就可以全部用多媒体课件代替

参考答案：A

试题分析：本题主要考查考生对给定教学环境的教学功能和应用范围的掌握情况。教学过程中不与学生进行交流，不管媒体的功能有多强，教学都是难以达到目标的。应用每一种不同的媒体都要考虑是否符合教学需要，虽然多媒体的使用能激发学生的兴趣，但不符合需要的课程就不应该用。演示实验的作用不是用多媒体课件就能全部替代的。因此B、C、D都是错误的。

例：(单选题)在现有数学教学环境中，实施下面哪项教学活动最为恰当(　　)

A. 师生在网上进行交流，开展协作学习

B. 教师直接带领学生到超级市场，让学生体会数学在现实生活中的意义

C. 同学们通过直接浏览文具店网页来获得文具的价格信息

D. 教师通过投影向学生展示文具的价格

参考答案：D

试题分析：本题主要考查考生在教学活动中选择合适教学环境的能力，D所提供的环境是最简单也最容易控制的。

②教学目标分析。主要考查教学过程中教师对教学目标的理解及应用、教学内容的组织以及能否对教学序列进行合理安排的能力。

例：(单选题)根据表7.3确定教学目标。

表7.3　教学设计方案

<table>
<tr><td>科　目</td><td colspan="2">数学</td><td>年　级</td><td>小学四年级</td></tr>
<tr><td>课题名称</td><td colspan="2">小数的加法与减法</td><td>教学时间</td><td>1学时</td></tr>
<tr><td rowspan="2">教学重难点</td><td>重点</td><td colspan="3">理解小数加减法的意义及计算方法；
计算小数的加和减。</td></tr>
<tr><td>难点</td><td colspan="3">位数不同的小数加、减法计算。</td></tr>
<tr><td>教学目标</td><td colspan="4">一、知识与技能
1. ……</td></tr>
</table>

下列选项中，适合作为表 7-2 教学方案中“知识与技能”目标的选项是(　　)

A. 使学生懂得如何去购买物品

B. 使学生熟练整数的计算法则

C. 使学生较熟练地进行小数加、减法的笔算和口算

D. 使学生能理解小数的意义

参考答案：C

试题分析：本题主要考查教师对具体教学内容的“知识与技能”目标的把握以及教学目标的描述方法。本题较为简单，A 答案与教学重点和难点不相符；B 答案描述的是整数可以排除；D 答案是“情感、态度和价值观”的目标。

③教学策略初步选择。教学策略是指在不同的教学条件下，为达到不同的教学结果所采用的方式、方法和媒体的总称。教学策略具体体现在教学过程的活动中。考查方式主要是依据教学目标和教学重、难点的分析，为具体的教学活动选择合适的教学策略。

这一类型的考题，全部贯穿在一个完整的教学方案中，要求考生根据对教学内容和教学目标的把握回答相应的问题。

例：(单选题)请参考“《100 万有多大》教学设计方案”。在“100 万有多大”课程教学中导入新课时，为了激发学生学习的主动性，下列选项中你认为最合适采用的教学方法是(　　)

A. 请学生说出他们心目中最大的数

B. 教师讲解“大数”的定义

C. 教师引导学生展示他们通过网络搜集的有关“大数”的资料

D. 教师直接向学生出示若干个“大数”

参考答案：C

试题分析：课程教学中导入新课时，为了激发学生学习的主动性，可以改变由教师直接导入新课的模式，通过引导学生展示自己收集到的相关课程资料，更能培养学习主动学习的兴趣和积极性，从而达到更好的教学效果。

例：(单选题)为了便于课堂教学中进行讨论，一般会将全班同学组合成多个小组。以下哪种分组策略更合理(　　)

A. 男女同学分开编组　　B. 前后相邻两桌编为一组，并进行个别调整

C. 任由学生自由组合小组　　D. 把学生按能力分组

参考答案：B

试题分析：主要考查教师对分组策略的掌握情况，教师在分组时通常要考

虑小组人数(4～6人比较恰当，可以根据全班同学总人数适当增加)、男女同学搭配、成员的学习能力和语言表达能力等。A答案不符合要求；C答案的编组很可能造成组与组之间水平不均衡甚至相差太大，也会造成组与组之间人数差距太大；D答案的已经主观造成了组与组之间水平呈现阶梯状。因此A、C、D均不符合编组的目的。

④教学媒体选择。教学媒体是教学过程中的一个基本要素，也是教学策略中的一个重要因素。选择教学媒体的依据有：教学目标、教学内容、教学对象的主要特征和教学条件。媒体选择主要分三个步骤：确定教学目标和教学内容的基础上首先确定媒体使用目标、其次选择媒体类型、再次选择媒体内容。

本考点主要考查教学媒体选择的基本原则，有关媒体使用的方法和技巧在“教学实施”部分进行考查。

例：(单选题)选择教学媒体时，最合理的步骤是(　　)

A. 在确定媒体类型的基础上，先确定学习目标和学习内容，再确定媒体的内容，最后确定媒体的使用目标

B. 在确定媒体类型的基础上，先确定媒体的使用目标，再确定媒体的内容，最后确定学习目标和学习内容

C. 在确定学习目标和学习内容的基础上，先确定媒体的内容，再确定媒体的类型，最后确定媒体的使用目标

D. 在确定学习目标和学习内容的基础上，先确定媒体的使用目标，再确定媒体的类型，最后确定媒体的内容

参考答案：D

试题分析：本题主要考查考生对教学媒体选择的步骤的把握，根据上面的分析可知D答案是正确的。

⑤教学评价方案制订。教学评价包括对学生学习的评价和对教师教学的评价两方面，考查考生选择合适的评价方式并制订初步的教学评价方案的能力。

例：(单选题)在传统的教学设计中，教师对教学进行评价的依据是(　　)

A. 电子作品集　　B. 电子绩效支持系统

C. 博客　　D. 学生的行为反应

参考答案：D

例：(操作题)对学生的评价分为课文朗读和课后作业两部分，其中10名学生的成绩放在“素材”文件夹下的文件“趵突泉.xls”中，请打开文件“趵突泉.xls”，按照下面的要求进行操作。(1)参照样张，利用SUM函数来计算每位学生本课时的总分，即：总分＝课时朗读得分＋课后作业得分；(2)将编辑后

的该文件另存在“成绩”文件夹中，并命名为“趵突泉(总成绩).xls”。

参考答案：略

(2)电子教案的设计与制作

①电子教案的特点、结构及制作工具。主要考查考生运用指定的电子教案制作工具完成电子教案设计与制作的能力。

例：(操作题)在课前的资源准备阶段，教师需要制作一个带有音频文件的演示文稿，请新建一个空白的PowerPoint文件，按照下面的要求进行操作：

1)在幻灯片的首页输入标题文字：《趵突泉》课文朗读范例。将字体设置为：黑体；字号：小初号；字型：加粗；位置居于整个幻灯片的正中；

2)在幻灯片首页后新建一张空白的幻灯片，并在其中插入声音文件“趵突泉.wav”，声音文件存放在“素材”文件夹中；

3)将声音的图标位置移动到第二张幻灯片的右下角，且属性设置为单击时播放；

4)将制作好的文件保存在“素材”文件夹中，并命名为“趵突泉.ppt”。

参考答案：略

②利用文字处理软件制作电子教案

内容：新建、输入并保存电子教案；编辑电子教案(文字、段落格式的设置；图像和页码的插入；公式与特殊符号的插入；表格的插入与编辑；查找与替换)。

要求：根据学科特点和教学要求利用文字处理软件(如Microsoft Word或WPS Office)在给定的模板中完成电子教案的编写。

例：(操作题)请根据要求对教案(小数的加法与减法.doc)进行文档编辑。要求：打开“素材”文件夹中的文件“小数的加法与减法.doc”，完成以下操作。(1)参照样张，在表格中的对应位置输入相应的文字，并将输入的文字设置为：小四号、楷体、蓝色、居中显示。(2)请将文字“文具换货单”设置为红色、加粗。(3)请将文字“文具换货单”所在单元格背景设置为黑色。(4)请将编辑好的表格保存在“素材”文件夹中，命名为“小数的加法与减法_修改.doc”。

参考答案：略

3. 资源准备。考点结构如图7.8所示。

(1)资源准备的基础知识

①教学资源的基本概念。主要考查教学资源的定义、分类标准及教学资源选择。

例：(多项选择题)在收集教学资源时，会发现有多种类型的教学资源，各

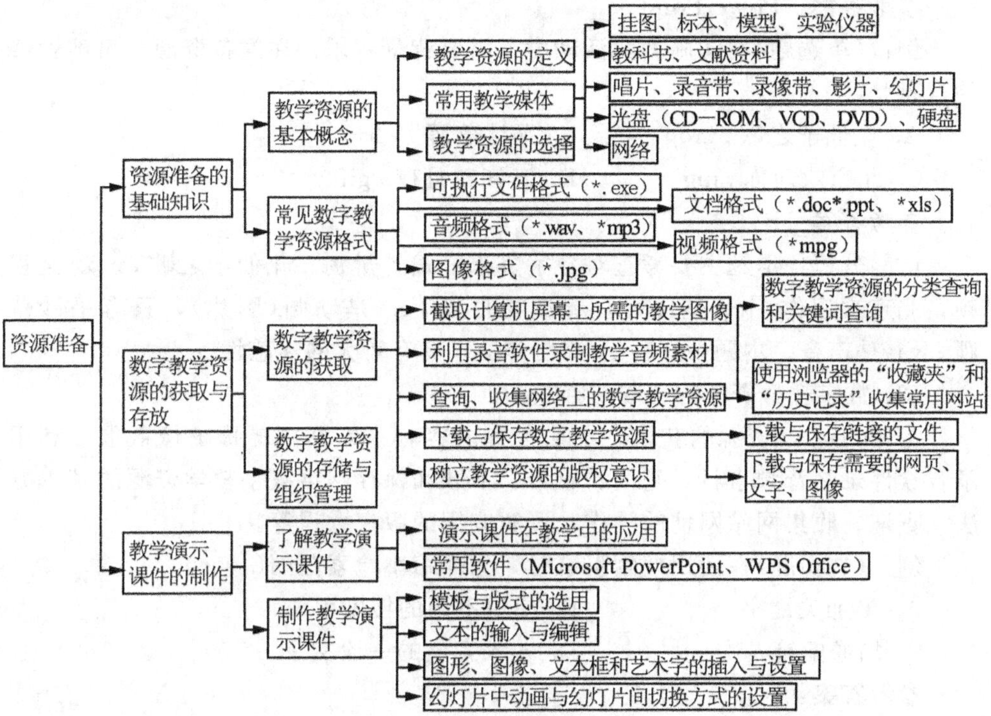

图 7.8 “资源准备”部分考点结构

类资源具有不同的特点，以下说法正确的是(　　)

A. 并非所有的教学课件都适合于教和学，有些适合于教师教学用，有些适合于学生学习用

B. 教学素材非常丰富，主要有文本、图形、图像、声音、视频和动画等几种形式

C. 报纸上发表的文章不属于文献资料

D. 网络课程是指某门学科的教学内容及实施的教学活动均通过网络加以实现的课程形式

参考答案：ABD

②常见数字教学资源的文件格式。本考点主要考查教师对常用数字教学资源的格式的了解程度和常见数字教学资源的使用方法。

例：(填空题)要求利用收集到的有关“趵突泉”的图片素材制作成多媒体课件，使图片一幅一幅动态显示，且伴有背景音乐，那么你会使用 Microsoft Office 组件中的__________软件来设计课件

参考答案：PowerPoint

例：(单选题)在实施教学活动中，需要背景音乐，在准备资源时可能选择的素材是(　　)

A. 花仙子之歌.mpg　　B. 平沙落雁.wav

C. 北京欢迎你.jpg　　D. 春江花月夜.gif

参考答案：B

试题分析：本题主要考查对数字资源格式的辨别。花仙子之歌.mpg是视频，北京欢迎你.jpg是图片，春江花月夜.gif是动画(图片)，只有平沙落雁.wav是声音。本题中选项A放在首位，具有较大的迷惑性。

(2) 数字教学资源的获取与存放

① 数字教学资源的获取。主要考查内容有：计算机屏幕图像截取，利用录音软件录制音频素材，查询、收集、下载和保存网络数字教学资源的基本方法，查询、收集网站网址的操作，资源应用的版权意识等。

例：(选择题)在使用搜索引擎时，怎样缩小检索范围(　　)

A. 多加关键字　　B. 使用不同的搜索引擎

C. 加通配符　　D. 输入完整的一段文字

参考答案：A

例：(操作题)使用IE时，为了操作方便，我们会使用收藏夹来收集访问频率较高的网站。但是由于某种原因需要重新安装操作系统，为了使原有收藏夹的内容不丢失，方便重装系统后使用，请在电脑上进行操作。

参考步骤：略

② 数字教学资源的存储与组织管理。主要考查网络资源的下载，网页及网页上相关素材的保存和对数字教学资源的分类管理。

例：(单选题)想保存网页上的图片作为教学的素材，最为方便的操作是(　　)

A. 选择菜单项"文件"→"另存为"，保存全部网页

B. 利用屏幕截图，然后在画图软件中截取所需图片保存

C. 选择菜单项"编辑"→"复制"即可

D. 选中待保存的图片，点击鼠标右键，在弹出的菜单中选择"图片另存为"命令

参考答案：D

(3) 教学演示课件的制作

本考点主要考查教师在教学中对教学演示课件的教学功能的掌握及制作教

学演示课件的能力。

例：(判断题)1. PowerPoint 文件不能直接在网上运行，也不能将 PowerPoint 文件格式转换成 Web 文件格式在网上发布。2. PowerPoint 的备注区是将本演示文稿的所有幻灯片按顺序排列并显示各帧幻灯片的标题。

参考答案：1. 错；2. 错

例：(操作题)PowerPoint 操作用到的文件均存放在 D：\ SC 目录下；

(1)应用模板“沙石型(SandStone)”，将“书法”的标题设置为“黑体”，大小为“72”，删去第一张幻灯片的副标题占位符，在此位置添加“C：\ SC”目录下的“caoshu. gif”图片。

(2)在第二张幻灯片上“书法的分类”标题后添加自选图形基本形状中的“左大括号”，对“楷书”设置超链接，链接到标题为“楷书”的幻灯片。

(3)对第三张幻灯片上的“标题 1”和“文本 2”设置动画：“飞入”“底部”“整批发送”。

(4)设置第四张幻灯片表格中的文字“中部居中”，填充表格所有单元格为“白色”。

(5)对全部幻灯片设置切换方式为“水平百叶窗”，切换速度为中速。

参考答案：略

4. 教学实施。考点结构如图 7.9 所示。

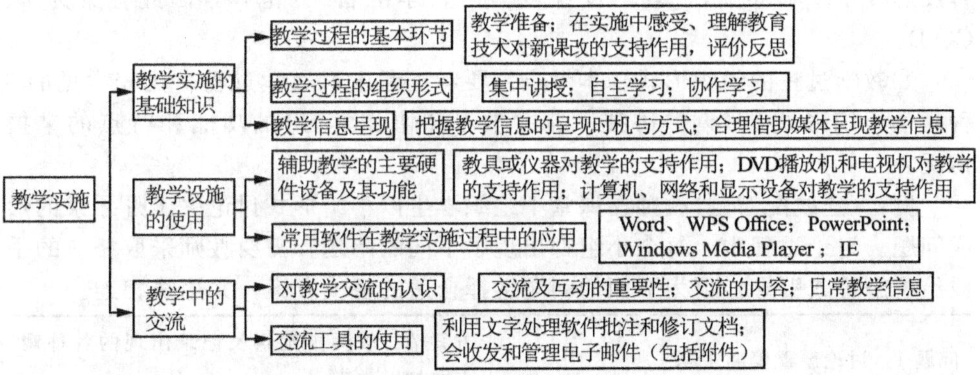

图 7.9 “教学实施”部分考点结构

(1) 教学实施的基础知识

① 教学过程的基本环节。教学过程包括教学准备、开展教学活动、评价反思三个基本环节。教学准备和评价反思是成功教学的基础，教学活动开展的过程是师生交互的过程。

教学准备。包括明确教学目标、教学内容的加工、教学方法策略的选择以及教学设计方案的编写等。教学准备既包括教师，也包括学习者。教师要了解、明确教学任务和学习者的特征；学习者的任务是明确学习目的，为学习活动作好物质和心理的准备。

开展教学活动。这是教学过程实施的阶段，师生围绕着要达到的教学目标开展有意义的交互活动，这是教学过程中最复杂、关键的环节。

评价反思。这既是教学过程中一个相对独立的环节，同时又贯穿在整个教学过程的各环节之中，目的是发现教学过程存在的问题，从而优化教学和学习效果。

本考点主要考查教师对教学过程的基本环节的掌握程度，理解教育技术对新课程改革的支持作用；根据教学现场情况适当调整教学环节及相关内容的水平。

例：(多选题)一个完整的教学环节包含着一系列具体的步骤，一般可概括为 3 个基本环节，下列属于 3 个基本环节的选项是(　　)

A. 教学设计　　B. 教学评价反思　　C. 教学实施　　D. 教学准备

参考答案：B、C、D

试题分析：主要考查考生是否了解教学 3 环节的具体内容。一个完整的教学环节包含着一系列具体的步骤，一般可概括为教学准备、教学实施和教学评价反思 3 个基本环节，“教学设计”属于“教学准备”的范畴，因此答案为 B、C、D。

②教学过程的组织形式。本考点主要考查考生对教学过程中比较常见的 3 种教学组织形式(即集中讲授、自主学习和协作学习)的功能和特点的掌握情况。

例：(连线配对题)教师在课堂中组织学生以小组形式讨论关于月牙泉的形成问题。讨论过程中，每个小组都出现了不同的问题，需要教师采取相应的手段给予解释或引导。请为下面的问题选择合适的解决方案，并用线相连。

问题 1：讨论严重偏离主题	方案 A：教师指定组长记录出现的各种观点并加以整理
问题 2：在讨论中遇到不能解答的问题，使讨论无法继续	方案 B：教师及时将小组讨论引导到主题上
问题 3：成员意见分歧，无法形成统一观点	方案 C：教师深入到小组讨论中，及时解决出现的疑问

参考答案：问题 1→方案 B，问题 2→方案 C，问题 3→方案 A

试题分析：为了提高小组讨论的质量和有效性，需要采用提出引导问题、明确组长职责、安排汇报任务、适时给予指导等策略。在组织小组讨论的过程中，如果学生遇到了不能解答的疑难问题，教师应及时解决出现的疑问；如果小组意见产生分歧而无法形成统一观点，可以通过指定人员记录出现的各种观点并加以整理，然后教师和同学共同对每一种不同的观点加以分析，以得出正确的结论；如果小组的讨论严重偏离主题，教师应及时加以引导，把小组讨论引导到主题上。

③教学信息呈现。主要考核考生是否了解教学信息呈现的要素；把握教学信息的呈现时机与方式；合理借助媒体在教学实施过程中合理、有效地呈现教学信息。

例：(多选题)在教学实施过程中，能合理、有效地呈现教学信息的方式有(　　)

A. 图像呈现：必须能正确表达教学内容，清晰、背景无干扰符号，位置应靠近相关的文本内容

B. 文本呈现：字号大小适中，排列不宜过满，应适当留空以突出教学内容，同一版面上，字体不宜超过 3 种

C. 图表呈现：文本内容搭配图表，比单纯的文本表达效果好

D. 颜色选择：同一版面的颜色不宜超过 3 种，不同层次的信息可选用不同颜色，有利于区分，选择对比明显的文字和背景颜色，淡色的背景有利于达到整体和谐

参考答案：A、B、C、D

试题分析：本题属于基础知识类题，考查教师对教学信息呈现方式的理解。在教学实施中，文字、图片、音视频及针对文字、图片采用的颜色都是教学信息呈现的方式，都能够呈现教学信息。

(2)教学设施的使用

①辅助教学的主要硬件设备及其功能。辅助教学的硬件设备非常丰富，需要教师掌握的主要有教具或仪器、DVD 播放机和电视机、计算机、网络和显示设备等硬件设备的功能及使用方法，掌握它们对教学的支持作用。

例：(单选题)下列选项中，对辅助教学的主要硬件设备及其功能的说法错误的有(　　)

A. 常用辅助教学的硬件设备包括教具或仪器、DVD 播放机和电视机、计算机、网络和显示设备等

B. 使用完投影设备后，安全关闭设备的正确操作是关闭投影电源、等待风扇停转后切断总电源

C. 上课时发现多媒体系统中投影发生蓝屏现象，可能是灯泡损坏

D. DVD 播放机面板上的“快进”“倒退”“时间定格”等功能能够产生相似的效果

E. 可以通过笔记本电脑与投影仪直接连接组成一个简单的投影系统

参考答案：C、D

试题分析：投影仪出现蓝屏现象是因为输入选择或者视频切换的问题；DVD 播放机面板上的“快进”“倒退”“时间定格”等功能产生的效果不一样。

②常用软件在教学实施过程中的应用。考查考生对 Word、WPS Office，PowerPoint，Windows Media Player，IE 等软件的熟悉程度及根据数字教学资源类型选择相应的软件的能力。

例：(单选题)以下哪个是正确的网站地址(　　)

A. www. com. gz 163　　B. www. gz163. com

C. com. gz163. www　　D. gz163. www. com

参考答案：B

例：(操作题)现有一组学生的考试成绩记录：(1)在 EXCEL 中，建立一个工作簿录入该学生成绩表(2)处理学生成绩，分别计算平均分，总分、名次。

参考答案：略

(3)教学中的交流

①对教学交流的认识。主要考查教师对交流及互动的重要性的认识，能根据特定内容选择合适的交流方式。

②交流工具的使用。考查考生利用文字处理软件(如 Word 或 WPS Office)进行批注与修订；会收发和管理电子邮件(包括附件)，能利用电子邮件与学生、教师或其他人讨论与交流。

例：(操作题)将批改完的作业用电子邮件以“附件”的形式发送到学生的电子邮箱 chenxiang@gznu. edu. cn，邮件主题为“作业批改”。

参考答案：略

试题分析：本题主要考查考生信息技术应用能力。要求考生能熟练进行电子邮件撰写，添加附件及发送的操作。

5. 教学评价。考点结构如图 7.10 所示。

(1)教学评价的基础知识

①教学评价的功能和类型。主要考查考生对教学评价的基本功能及其含义

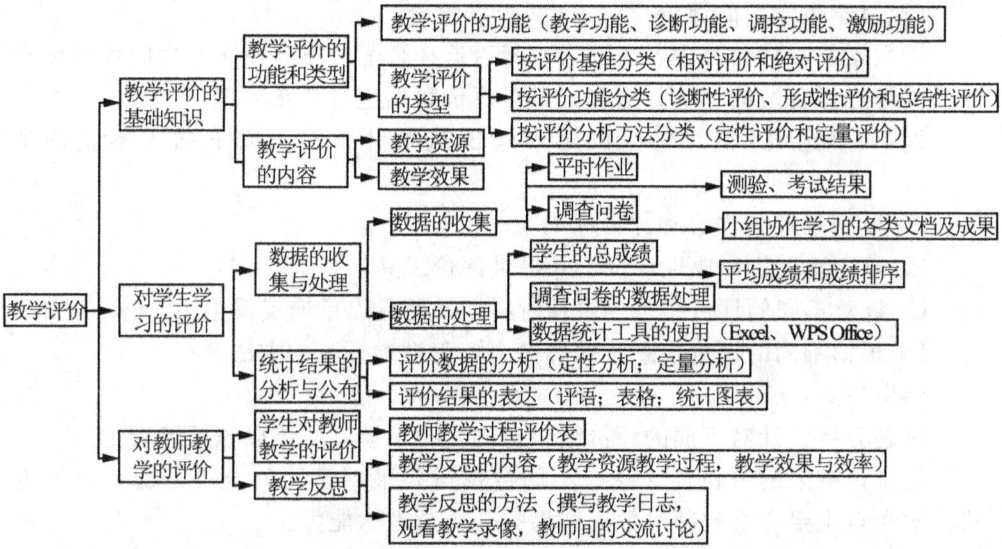

图 7.10 “教学评价”部分考点结构

的理解，对不同分类标准下的教学评价类型及其特点的掌握情况。

例：(单选题)在教学过程中要注重过程性评价，以下不属于基于过程的评价方法是(　　)

A. 电子档案袋　　B. 测试　　C. 概念图　　D. 量规

参考答案：B

试题分析：电子档案袋评价，是教师用学生成长过程中具有代表性的事实来反映学生情况的质的评价方法。测试是通过试题等方式对相应人员的知识水平通过统一安排考核的鉴定方法，属于总结性评价。概念图是一种用节点代表概念、连线表示概念间关系的图示法，用作辅助学生学习的工具，同时是教师和研究人员分析评价学生对知识的理解和构建的方法，也是人们产生想法(头脑风暴)，设计结构复杂的超媒体、大网站以及交流复杂想法的手段。量规是一种结构化的定量评价标准，它是对学生的作品、成果、成长记录袋或者表现进行评价或者等级评定的一套标准。

②教学评价的内容。教学评价方面的内容很多，初级只要求考生掌握教学资源和教学效果评价的基本内容和方法。

例：(判断题)教学评价的内容可以是教师实施教学的过程，也可以是学生的表现。

参考答案：对

(2)对学生学习的评价

①数据的收集与处理。主要考查能否选择合适的方式收集学生的评价数据以及能否选择合适的评价方法和工具对评价数据进行初步处理。

例：(单选题)在对学生的学习情况进行评价时，以下描述不正确的是(　　)

A. 要明确评价内容和评价标准

B. 要注重进行形成性评价，并提供评价工具

C. 针对不同的评价结果提供及时反馈，而且以反向反馈为主

D. 根据不同的评价信息，明确提出矫正教学行为的方法

参考答案：C

试题分析：针对不同的评价结果提供及时反馈，应该以正反馈为主。

②统计结果的分析与表达。不同数据需要采用不同的分析方法和表达方式。本考点主要考查教师对数据结果的分析与表达能力。

例：(操作题)下表记录了4个班级本学期的各科考试平均成绩。根据以下要求对这个成绩表进行简单地分析统计：使用图表向导建立簇状柱形图，以表示每班的各科成绩。

班级	乐理	唱歌	视唱	欣赏
一班	78	68	84	95
二班	87	88	78	93
三班	89	94	86	90
四班	81	87	81	92

参考答案：略

(3)对教师教学的评价

①学生对教师教学的评价。考查教师分析教学环节中存在的问题的能力。

例：(单选题)关于教师教学评价的说法正确的是(　　)

A. 教师教学评价有利于教师分析教学环节中存在的问题，找出其自身教学中的不足

B. 每节课必须有教师教学评价

C. 教师教学评价表都由教师自己制定

D. 学生是教师获得教学评价数据的唯一来源

参考答案：A

②教学反思。考查教师教学反思意识，掌握教学反思的方法以及通过评价

数据反思自己的教学的能力。

例：(分析题)在完成《××××》单元教学实施之后，结合教学活动的组织情况撰写一段教学反思。

参考答案：略

实践项目

中小学教师教育技术水平考试模拟练习

参考文献

[1]许良．技术哲学[M]．上海：复旦大学出版社，2004

[2]查尔斯・辛格．技术史[M]．陈昌曙，译．上海：上海科技教育出版社，2004

[3]百科全书编委会．自然辩证法百科全书[M]．北京：中国大百科全书出版社，1995

[4]章琰．作为“过程”的技术[J]．自然辩证法研究，2004(3)

[5]巴巴拉・西尔斯，丽塔・里齐．教学技术：领域的定义与范畴[M]．乌美娜，刘雍潜，等译．北京：中央广播电视大学出版社，1999

[6]章伟民．教育技术学[M]．北京：人民教育出版社，2000

[7]南京大学教育科学与管理系[DB/OL]．百度百科：http://baike.baidu.com/view/268189.htm,2010-4-5

[8]南国农．信息化教育概论[M]．北京：高等教育出版社，2004

[9]张行涛，郭东岐．新世纪教师素养[M]．北京：首都师范大学出版社，2003

[10]教育部师范教育司．教师专业化的理论与实践[M]．北京：人民教育出版社，2003

[11]李玉斌．现代教育技术实用教程[M]．北京：高等教育出版社，2006

[12]冯学斌，赵建民．教育技术理论与实践(第二版)[M]．济南：山东人民出版社，2007

[13]康霖．现代教学环境构成要素与功能探析[J]．井冈山师范院校学报．2004(9)

[14]孙卫国．数字化聚合环境中的课堂教学研究[D]．华东师范大学，2007

[15]赵艳．基于案例教学的网络交互学习环境研究[D]．东北师范大学，2007

[16]范坤．推进我国教育信息化建设进程的对策研究[D]．华中师范大学，2004

[17]刘光余．论我国农村教育信息化[D]．曲阜师范大学，2004

[18]曾波．论教育信息化的技术支持[D]．武汉理工大学，2004

[19]刘厚萍．中小学数字化校园构建研究[D]．华东师范大学，2006

[20]罗艳．即时通讯软件(IM)在教学中的应用[J]．科技信息(学术研究)，2007(24)

[21]鄂大伟. 多媒体技术基础与应用[M]. 北京：高等教育出版社，2003
[22]刘建. 多媒体技术基础及应用[M]. 北京：机械工业出版社，2008
[23]刘建成. 思维导图——开启人类智慧的金钥匙[J]. 延安教育学院学报，2008(3)
[24]康丞信息. 家庭数码快易通[M]. 北京：中国铁道出版社，2005
[25]张祖芹. 简析交互白板[J]. 现代显示，2008(9)
[26]高令峰. 关于交互电子白板在课堂教学中应用的思考[J]. 淄博师专学报，2008(12)
[27]王煜辉. 客观认识电子白板在课堂教学中的作用[J]. 信息技术与课程整合，2007
[28]刘广. MindManager 在教育技术课程理论教学中的实践研究[J]. 现代教育技术，2007(1)
[29]冯自义. DVD 光盘刻录的技术应用[J]. 现代教育技术，2005(15)
[30]黄慧. 今天你掘了吗？——解析网络新兴"掘客"[J]. 中国青年研究，2007(6)
[31]王新杰，王芳，陈琼. 掘客——Web2.0 时代的下一个热点？[J]. 中国记者，2007(5)
[32]谭支军. WiKi 在教育教学中的应用初探[J]. 中国远程教育，2005(5)
[33]秦铁辉，桑晓琦. 社会性网络服务的特点及其对企业竞争情报工作的影响[J]. 图书·情报·知识，2007(11)
[34]史红改，方芳. 实用网络文献信息资源检索与利用[M]. 北京：清华大学出版社，2009
[35]何克抗，林君芬，张文兰. 教学系统设计[M]. 北京：高等教育出版社，2006
[36]何克抗，郑永柏，谢幼如. 教学系统设计[M]. 北京：北京师范大学出版社，2002
[37]朱施南. 多媒体教学与课件创意[M]. 武汉：武汉理工大学出版社，2003
[38]张军征. 多媒体课件设计与制作基础[M]. 北京：高等教育出版社，2004
[39]佚名. 多媒体课件设计的要素[DB/OL]
网址：http://blog.163.com/sli130@126/blog/static/11513752220095129580710/
[40]陈贵平. 大学计算机基础[M]. 杭州：浙江大学出版社，2007
[41]毛振鹏. 多媒体课件在主体班次教学中的应用方法[DB/OL]
网址：http://www.qddx.gov.cn/n435777/n460302/n460303/n460522/13666.html
[42]张小明. 浅议多媒体课件在教学中的运用[DB/OL]

网址：http://edu.gansudaily.com.cn/system/2008/12/30/010945485.shtml
[43]孙祯祥．创新教育与信息化教学[J]．现代教育科学，2003(4)
[44]闫寒冰．信息化教学评价——量规实用工具[M]．北京：教育科学出版社，2003
[45]张义兵．信息技术教师素养：结构与形成[M]．北京：高等教育出版社，2003
[46]赵美琪，余胜泉．反思信息化教学课堂[DB/OL]．网址：http://www.etc.edu.cn/academist/ysq/fansi.htm.
[47]吴涛，顾月琴．试析CSCL的理论基础及协作原则[J]．教学研究，2009(2)
[48]赵建华，李克东．CSCL的原理与基本结构(上)[J]．电化教育研究．2003(5)
[49]徐晓东．信息技术教育的理论和方法[M]．北京：高等教育出版社，2004
[50]琼斯，拉斯玛森，莫菲特．问题解决的教与学——一种跨学科协作学习的方法[M]．范玮，译．北京：中国轻工业出版社．2004
[51]李艺，李冬梅．信息技术教学法：继承与创新[M]．北京：高等教育出版社，2003
[52]尧国军．怎样选择一个WebQuest主题[J]．教育信息技术，2004(2)
[53]案例一：郑和与哥伦布：谁更伟大？http://www.being.org.cn/WebQuest/zh/index.htm.
[54]教育部师范教育司组织．教学人员教育技术能力标准解读著[M]．北京：北京师范大学出版社，2005
[55]教育部师范教育司组织．管理人员教育技术能力标准解读著[M]．北京：北京师范大学出版社，2005
[56]教育部师范教育司组织．技术人员教育技术能力标准解读著[M]．北京：北京师范大学出版社，2005
[57]何克抗．教育技术能力等同信息技术能力吗？[N]．中国教育报，2006年6月19日
[58]初娜娜，朱浩东．正确理解从信息技术培训到教育技术能力培训的过渡[J]．中小学信息技术教育，2008(1)
[59]叶金霞．中学信息技术教学与实践研究(修订版)[M]．北京：高等教育出版社，2002
[60]何克抗，刘雍潜．教育技术培训教程(教学人员·初级)[M]．北京：高等教育出版社，2005

[61]何克抗，刘雍潜．教育技术培训教程(教学人员・中级)[M]．北京：高等教育出版社，2007

[62]祝智庭．教育技术培训教程(教学人员版・初级)[M]．北京：北京师范大学出版社，2007

[63]全国中小学教师教育技术能力建设计划项目网．http://www.teta.com.cn/teta/templates/default/index.jsp.

[64]何克抗，马宁．教育技术水平考试辅导教程(教学人员・初级)[M]．北京：高等教育出版社，2007

[65]黄威荣．农村小学教师教育技术能力状况的调查与培训研究[J]．继续教育研究，2010(02)

[66]沙景荣．中小学教师教育技术能力水平考试辅导——考点与例题解读[M]．北京：人民邮电出版社，2007

[67]百度搜索帮助中心：http://www.baidu.com/search/jiqiao.html

[68]谷歌搜索特色：http://www.google.cn/intl/zh-CN/help/features.html

[69]罗文浪．现代教育技术[M]．北京：北京航空航天大学出版社，2006

[70]张剑平．现代教育技术——理论与应用(第2版)[M]．北京：高等教育出版社，2006

附录一

中小学教师教育技术能力标准(试行)

中华人民共和国教育部制定

(2004 年 12 月 15 日)

为提高中小学教师教育技术能力水平，促进教师专业能力发展，根据《中华人民共和国教师法》和《中小学教师继续教育规定》有关精神，特制定《中小学教师教育技术能力标准(试行)》。

本标准适用于中小学教学人员、中小学管理人员、中小学技术支持人员教育技术能力的培训与考核。

第一部分　教学人员教育技术能力标准

一、意识与态度

(一)重要性的认识

1. 能够认识到教育技术的有效应用对于推进教育信息化、促进教育改革和实施国家课程标准的重要作用。

2. 能够认识到教育技术能力是教师专业素质的必要组成部分。

3. 能够认识到教育技术的有效应用对于优化教学过程、培养创新型人才的重要作用。

(二)应用意识

1. 具有在教学中应用教育技术的意识。

2. 具有在教学中开展信息技术与课程整合、进行教学改革研究的意识。

3. 具有运用教育技术不断丰富学习资源的意识。

4. 具有关注新技术发展并尝试将新技术应用于教学的意识。

(三)评价与反思

1. 具有对教学资源的利用进行评价与反思的意识。

2. 具有对教学过程进行评价与反思的意识。

3. 具有对教学效果与效率进行评价与反思的意识。

(四)终身学习

1. 具有不断学习新知识和新技术以完善自身素质结构的意识与态度。

2. 具有利用教育技术进行终身学习以实现专业发展与个人发展的意识与态度。

二、知识与技能

(一)基本知识

1. 了解教育技术基本概念。

2. 理解教育技术的主要理论基础。

3. 掌握教育技术理论的基本内容。

4. 了解基本的教育技术研究方法。

(二)基本技能

1. 掌握信息检索、加工与利用的方法。

2. 掌握常见教学媒体选择与开发的方法。

3. 掌握教学系统设计的一般方法。

4. 掌握教学资源管理、教学过程管理和项目管理的方法。

5. 掌握教学媒体、教学资源、教学过程与教学效果的评价方法。

三、应用与创新

(一)教学设计与实施

1. 能够正确地描述教学目标、分析教学内容，并能根据学生特点和教学条件设计有效的教学活动。

2. 积极开展信息技术与课程的整合，探索信息技术与课程整合的有效途径。

3. 能为学生提供各种运用技术进行实践的机会，并进行有针对性的指导。

4. 能应用技术开展对学生的评价和对教学过程的评价。

(二)教学支持与管理

1. 能够收集、甄别、整合、应用与学科相关的教学资源以优化教学环境。

2. 能在教学中对教学资源进行有效管理。

3. 能在教学中对学习活动进行有效管理。

4. 能在教学中对教学过程进行有效管理。

(三)科研与发展

1. 能结合学科教学进行教育技术应用的研究。

2. 能针对学科教学中教育技术应用的效果进行研究。

3. 能充分利用信息技术学习业务知识，发展自身的业务能力。

(四)合作与交流

1. 能利用技术与学生就学习进行交流。

2. 能利用技术与家长就学生情况进行交流。

3. 能利用技术与同事在教学和科研方面广泛开展合作与交流。

4. 能利用技术与教育管理人员就教育管理工作进行沟通。

5. 能利用技术与技术人员在教学资源的设计、选择与开发等方面进行合作与交流。

6. 能利用技术与学科专家、教育技术专家就教育技术的应用进行交流与合作。

四、社会责任

(一)公平利用

努力使不同性别、不同经济状况的学生在学习资源的利用上享有均等的机会。

(二)有效应用

努力使不同背景、不同性格和能力的学生均能利用学习资源得到良好发展。

(三)健康使用

促进学生正确地使用学习资源，以营造良好的学习环境。

(四)规范行为

能向学生示范并传授与技术利用有关的法律法规知识和伦理道德观念。

第二部分 管理人员教育技术能力标准

一、意识与态度

(一)重要性的认识

1. 能够认识到教育技术的有效应用对于推进教育信息化、促进教育改革和实施国家课程标准的重要作用。

2. 能够认识到教育技术能力是教师专业素质的必要组成部分。

3. 能够认识到教育技术的有效应用对于优化教学过程、培养创新型人才的重要作用。

(二)应用意识

1. 具有推动在管理中应用教育技术的意识。

2. 具有推动在教学中开展信息技术与课程整合、促进教育教学改革研究的意识。

3. 具有支持教师运用教育技术不断丰富学习资源的意识。

4. 具有密切关注新技术的价值并不断挖掘其教育应用潜力的意识。

(三)评价与反思

1. 具有促进对教学资源的利用进行评价与反思的意识。

2. 具有促进对教学过程进行评价与反思的意识。

3. 具有促进对教学效果与效率进行评价与反思的意识。

4. 具有对教学管理的效果进行评价与反思的意识。

(四)终身学习

1. 具有不断学习新知识和新技术以提高自身管理水平的意识与态度。

2. 具有利用教育技术进行终身学习以实现管理能力与个人素质不断提高的意识与态度。

3. 具有利用教育技术为教师创造终身学习环境的意识与态度。

二、知识与技能

(一)基本知识

1. 了解教育思想、观念和教育技术的发展趋势。

2. 了解教育技术的基本概念和应用范畴。

3. 了解教育技术的基本理论。

4. 掌握绩效技术、知识管理和课程开发的基本知识。

(二)基本技能

1. 掌握信息检索、加工与利用的方法。

2. 掌握资源管理、过程管理和项目管理的方法。

3. 掌握教学媒体、教学资源、教学过程与教学效果的评价方法。

4. 掌握课程规划、设计、开发、实施与评价的方法。

三、应用与创新

(一)决策与规划

1. 制订并实施教育技术应用计划以及应用技术来促进教育教学改革的条例与法规。

2. 能够根据地区特点和实际教育状况，宏观调配学习资源，规划和设计教育系统。

3. 能够有效应用信息技术和统计数据辅助决策过程。

(二)组织与运用

1. 能组织与协调各种资源，保证教育技术应用计划的贯彻和执行。

2. 能组织与协调各种资源，促进信息化学习环境的创建。

3. 能组织与协调各种资源，支持信息化的教学活动。

4. 能运用技术辅助教学组织和教学实施。

(三)评估与发展

1. 能使用多种方法对教师和管理人员的教育技术应用效果进行评价。

2. 能运用技术辅助对管理体制和运行机制进行评价。

3. 能采取多种措施推动技术体系的不断改进，支持技术的周期性更新。

4. 能充分利用技术手段为教师、学生和管理者的发展提供更多机会。

5. 能充分运用技术改善教育教学条件，并为教师提供教育技术培训的机会。

(四)合作与交流

1. 能利用技术与教学人员就教学工作进行交流。

2. 能利用技术与技术人员就学习支持与服务进行交流。

3. 能利用技术与家长及学生就学生发展与成长进行交流。

4. 能利用技术与同事就管理工作进行合作与交流。

四、社会责任

(一)公平利用

能够在管理制度上保障所有的教师和学生均能利用学习资源得到良好发展。

(二)有效应用

1. 能够促进学习资源的应用潜能得到最大化的发挥。

2. 能够促进技术应用达到预期效果。

(三)安全使用

1. 能确保技术环境的安全性。

2. 能提高技术应用的安全性。

(四)规范行为

1. 努力加强信息道德的宣传与教育。

2. 努力规范技术应用的行为与言论。

3. 具有技术环境下知识产权保护的意识，并能够以实际行动维护这种知识产权。

第三部分　技术人员教育技术能力标准

一、意识与态度

(一)重要性的认识

1. 能够认识到教育技术的有效应用对于推进教育信息化、促进教育改革和实施国家课程标准的重要作用。

2. 能够认识到教育技术应用能力是教师专业素质的重要组成部分。

3. 能够认识到教育技术的有效应用对于优化教学过程、培养创新型人才的重要作用。

(二)应用意识

1. 具有研究与推进信息技术与课程整合的意识。

2. 具有利用技术不断优化学习资源和学习环境的意识。
3. 具有积极辅助与支持教学人员和管理人员应用教育技术的意识。
4. 具有不断尝试应用新技术并探索其应用潜力的意识。

(三)评价与反思

1. 具有对技术及应用方案进行选择和评价的意识。
2. 具有对技术开发进行评价与反思的意识。
3. 具有对技术支持进行评价与反思的意识。
4. 具有对教学资源管理进行评价与反思的意识。

(四)终身学习

1. 具有积极学习新知识与新技术以提高业务水平的意识。
2. 具有利用教育技术进行终身学习以不断提高个人素质的意识。

二、知识与技能

(一)基本知识

1. 了解教育思想、观念和技术的发展趋势。
2. 了解教育技术的基本概念和应用范畴。
3. 掌握现代教学媒体特别是计算机与网络通信的原理与应用。

(二)基本技能

1. 掌握信息检索、加工与利用的方法。
2. 了解教学系统设计与开发的方法。
3. 掌握教学媒体的设计与开发的技术。
4. 掌握教学媒体的维护与管理的方法。
5. 掌握学习资源维护与管理的方法。
6. 掌握对教学媒体、学习资源的评价方法。

三、应用与创新

(一)设计与开发

1. 参与本单位教育信息化建设方案的整体规划与设计。
2. 能够设计与开发本单位的信息化学习环境。
3. 能够收集、整理已有学习资源并设计与开发符合教学需要的学习资源。

(二)应用与管理

1. 能够为教学人员的教学和科研工作提供技术支持与服务。
2. 能够为管理人员的管理和评估工作提供技术支持与服务。
3. 能够对学习资源与学习环境的使用进行有效的管理与维护。

(三)评估与发展

1. 能够对学习资源和学习环境的开发与应用效果进行评估，并提出发展建议。

2. 能够对自身的技术服务和管理工作进行评估，并反省自身的技术服务和业务水平。

3. 能够参与本校教师教育技术应用效果的评估工作，并提出发展建议。

4. 能够参与制订本校教师教育技术培训方案并实施。

(四)合作与交流

1. 能利用技术与教师就教育技术在教学中的应用效果进行交流。

2. 能利用技术与管理人员进行交流。

3. 能利用技术与学生及家长进行交流。

4. 能利用技术与同行及技术专家进行交流。

四、社会责任

(一)公平利用

能够通过有效地统筹安排保障所有的教师和学生均能利用学习资源得到良好发展。

(二)有效应用

1. 能不断加强信息资源的管理。

2. 能不断提高教育技术应用的有效性。

(三)安全使用

1. 努力提高技术应用环境的信息安全。

2. 能为教师和学生提供安全、可靠的技术服务。

(四)规范行为

1. 努力加强技术环境下信息资源的规范管理。

2. 努力规范技术应用的行为方式。

附录：术语与定义

教育技术(Educational Technology)：指运用各种理论及技术，通过对教与学过程及相关资源的设计、开发、利用、管理和评价，实现教育教学优化的理论与实践。

教学系统(Teaching Instructional System)：教育系统的子系统，是指为了实现某种教学目的、由各教学要素有机结合而成的具有一定教学功能的整体。

教学设计(Instructional Design)：又称为教学系统设计(Instructional System Design)，是指主要依据教学理论、学习理论和传播理论，运用系统科学的方法，对教学目标、教学内容、教学媒体、教学策略、教学评价等教学要素和教学环节进行分析、计划并作出具体安排的过程。

信息(Information)：人、生物和自动机等控制系统所接收和加工的事物属性或运动状态。在教育教学领域有表示教学内容的信息、描述师生特征的信息、反映教学动态过程的信息等。

信息资源(Information Resources)：指以文字、图形、图像、声音、动画和视频等形式储存在一定的载体上并可供利用的信息。

信息技术(Information Technology)：指能够支持信息的获取、传递、加工、存储和呈现的一类技术。其中，应用在教育领域中的信息技术主要包括电子音像技术、卫星电视广播技术、多媒体计算机技术、人工智能技术、网络通信技术、仿真技术和虚拟现实技术等。

教育信息化(Educational Informationization)：指在教育教学的各个领域中，积极开发并充分应用信息技术和信息资源，促进教育现代化，以培养满足社会需求人才的过程。

信息道德(Information Morality)：指在信息领域中用以规范人们相互关系的思想观念与行为准则。

信息安全(Information Security)：指个人、组织和国家在信息领域的利益保护状态。它涉及信息的保密性、完整性、可用性和可控性。

信息技术与课程整合(Integrating Information Technology into Curriculum)：指在学科教学过程中把信息技术、信息资源和课程有机结合，建构有效的教学方式，促进教学的最优化。

学习资源(Learning Resources)：指在学习过程中可被学习者利用的一切人力与非人力资源，主要包括信息、资料、设备、人员、场所等。在课堂教学中所利用的学习资源也称教学资源。

教师专业化(Teacher Professionalization)：指教师在整个职业生涯中，通过专门训练和终身学习，逐步习得教育专业的知识与技能并在教育专业实践中不断提高自身的从教素质，从而成为一名合格的专业教育工作者的过程。

终身学习(Lifelong Learning)：指社会每个成员为适应社会发展和实现个体发展的需要，贯穿于人的一生的、持续的学习过程。

教学媒体(Instructional Media)：媒体是指承载、加工和传递信息的介质或工具。当某一媒体被用于教学目的时，则被称为教学媒体。

教学资源管理(Instructional Resources Management)：指通过对教学资源的计划、组织、协调和评价，以实现既定教学目标的活动过程。教学资源管理包括硬件资源的管理和软件资源的管理。

项目管理(Project Management)：项目是指致力于完成具有独特性的产品或服务的一次性工作。学校教育中的项目管理，是指对学校特定教育教学项目的计划、组织、监督与调控。项目管理在学校教育中主要应用于教学系统设计、教学资源开发、教育技术应用和教育改革实验等开发项目与研究课题中。

教学过程管理(Teaching Process Management)：教学过程是教学活动展开的过程。教学过程管理就是对这一过程所涉及的各种要素及活动的管理。

学习环境(Learning Environment)：指直接或间接影响个体及群体学习的全部外在因素。在学校教育中，学习环境主要包括校园、教室、图书馆、实验室和教学软件平台、学习工具、各种学习资源等硬软件物质条件，以及校风、学风、校园文化等精神因素。此外，家庭和社区通常被认为是学生的校外学习环境。

绩效技术(Performance Technology)：绩效是指人们在工作场所中通过一定的活动完成任务所形成的业绩或成果。绩效技术是指应用系统方法，通过对目标和行为的分析、设计、开发、实施、管理和评价，以达到工作业绩最大化的技术。

知识管理(Knowledge Management)：指利用适当的技术、方法和机制来促进知识的有效生成、传播和利用的过程。

课程开发(Curriculum Development)：指通过需求分析确定课程目标，再根据这一目标选择某一个学科(或多个学科)的教学内容和相关教学活动进行计划、组织、实施、评价、修订，以最终达到课程目标的整个工作过程。

附录二

全国中小学教师教育技术水平考试(NTET)教学人员考试大纲(初级)(试行)

中华人民共和国教育部考试中心

2006年4月

简介

一、考试性质

全国中小学教师教育技术水平考试(National Teacher's Skill Test of Applied Educational Technology in Secondary and Elementary School, NTET，以下简称NTET)由中华人民共和国教育部推出，教育部考试中心主办。与《中小学教师教育技术能力标准(试行)》(以下简称"能力标准")对应，NTET分为教学人员、技术人员和管理人员三大类，教学人员水平考试又分为初、中、高三级。本大纲适用于教学人员(初级)。

二、考试目的

以"能力标准"为依据，以全面提高中小学教师教育技术应用能力、促进技术在教学中的有效、规范应用为目的，构建全国统一规范的教师教育技术水平考试认证体系，全面提高广大教师实施素质教育的水平，最终促进教师队伍的专业发展。

三、组织机构

为加强考试实施的组织管理，由全国中小学教师教育技术能力建设计划项目领导小组负责实施考试的宏观指导，协调解决实施过程中的重大问题。

教育部考试中心负责组织制定考试大纲、组织考试命题，考务组织与管理、研制开发考试平台、印制并颁发教师教育技术水平考试证书等工作。

教育部考试中心领导下的"全国中小学教师教育技术水平考试(NTST)专家委员会"协助完成拟考试大纲、审核考试命题、评估考试结果等工作。

考试中心在各省(自治区、直辖市)级教育考试机构设立承办机构，负责本地区的考试工作的实施，根据规定，设置考点、组织评卷等。省级承办机构下设考点，负责考生的报名、考试及相关管理工作。

四、考试形式

考试方式为机考，考试及评分均在Windows平台上进行。

考试以学科教学为载体，考核教师的教育技术应用能力。试卷中列举的教学案例和选用的素材针对不同学科、学段，并由此形成考试科目。应试教师可在报名时选择自己最擅长的考试科目。考试科目分类见表1。

考试时间为120分钟，试卷满分为100分。

试题在特定的教学情境下，以“任务导向”方式展开，题型包括教学解决方案选择、教学内容填充、常见软件问题解决策略选择、视频教学片段分析、应用软件操作等。考试中所涉及的软件种类及版本见考试要求中的相关部分。

五、考试日期

“全国中小学教师教育技术水平考试(NTET)”一般每年举行两次，时间分别在寒假和暑假，具体考试日期由考试中心在考试前6个月向社会公布。开始报名时间为考试前40天。

六、考点

考点资格由省级考试行政部门按标准认定，教育部考试中心备案。各省在考试报名前1个月，向社会公布考点信息。

参加考试的中小学教师应具备一定的信息技术应用能力，并参加过全国中小学教师教育技术培训或由教育主管部门认可的其他相关培训。

七、合格证书

考试合格者将获得由教育部监制、教育部考试中心颁发的“全国中小学教师教育技术水平考试合格证书”。

八、其他

关于教育技术水平考试的详细考试信息，请咨询教育部考试中心，或省级考试承办机构和考点。

总体要求

参加考试的中小学教师应当具备一定的信息技术应用能力，并参加过全国中小学教师教育技术培训或由教育主管部门认可的其他相关培训。

具备初级教育技术能力的中小学教师，应在知识与技能、过程与方法和情感态度与价值观方面达到相应的要求。具体目标如下。

(一)知识与技能

1. 了解教育技术的相关概念和意义。

2. 了解教学过程的基础知识，理解教学设计的基本流程，并予以应用。

3. 了解教学资源的基础知识，掌握数字教学资源获取、存放与整合应用的方法。

4. 了解教学评价的基础知识，理解并掌握应用教学评价的基本方法。

(二)过程与方法

1. 能在给定的教学环境下，针对给定的教学内容，有效选择教学策略、教学媒体，完成教学设计方案。

2. 能根据教学设计方案合理选择和利用已有的数字教学资源。

3. 能正确选择和使用教学媒体实施教学设计方案。

4. 能应用教育评价有关知识，选择恰当的方法对学生和教师进行评价。

(三)情感态度与价值观

1. 能正确认识教育技术对于教师专业发展的重要性，并具有进一步学习和应用教育技术的意识。

2. 能在教学实践中应用教育技术，促进学生的学习与发展。

3. 能够遵循和传授与技术应用有关的法律法规和伦理道德意识。

考试内容

考试内容按照典型教学过程中的基本教学环节(教学设计、资源准备、教学实施和教学评价)进行组织，对教育技术基本知识以及教学环节中的教育技术应用能力进行考核。

基本知识

一、基本概念及理论

1. 教育技术与信息技术

内容：教育技术的定义；教育技术与信息技术的联系与区别；信息技术与课程整合

要求：了解教育技术的定义；了解教育技术与信息技术的联系与区别；了解信息技术与课程整合的含义

2. 教学设计

内容：教学设计的相关概念；学习者分析、教学目标、教学策略、教学媒体、教学评价；教学设计的基本流程

要求：了解教学设计的基本要素及其含义；理解教学设计的基本流程

3. 学习理论

内容：行为主义；认知主义；建构主义

要求：了解行为主义、认知主义、建构主义学习理论基本观点的主要不同之处

二、教育技术应用的意义

内容：(1)推进教育信息化、促进教育改革和实施国家课程标准；(2)教育技术能力是教师专业素质的必要组成部分；(3)优化教学过程、培养创新型人才

要求：了解推广教育技术的意义与作用

教案设计

一、教案设计流程

1. 需求分析

内容：(1)学习者分析：智力因素(知识基础、认知能力)，非智力因素(兴趣、动机、情感、意志、性格)；(2)教学的环境条件分析：硬件设施(DVD播放机、电视机、计算机、卫星教学收视设备以及计算机网络、视频投影机、学科教学设备、学科实验仪器)，教学软件平台与常用的工具软件

要求：(1)根据自己所处的学科、学段对学生的特点进行分析；(2)正确使用所处环境中可供使用的各种硬件设备；(3)了解与本学科有关的教学软件平台及常用工具软件的基本功能

2. 教学目标分析

内容：确定教学目标；教学目标的分类；教学目标的描述；确定教学内容及知识点顺序；教学重、难点的提炼；教学序列的组织

要求：了解教学目标的分类；根据课程标准和学生现状确定教学目标；对给定的教学内容进行分析；对教学序列进行合理安排

3. 教学策略初步选择

内容：(1)教学活动的排序；(2)教学组织形式的确定；(3)教学方法的选择

要求：根据给定的教学要求在提供的教学策略中进行恰当选择

4. 教学媒体选择

内容：(1)依据学习目标；(2)依据学习内容；(3)依据学习者特征；(4)依据教学条件

要求：根据给定的教学环境选择合适的教学媒体

5. 教学评价方案制订

内容：对学生学习的评价；对教师教学的评价

要求：制订初步的教学评价方案

二、电子教案的设计与制作

1. 电子教案的特点、结构及制作工具

内容：电子教案的特点；电子教案的基本结构；电子教案的制作工具

要求：了解电子教案的特点；理解电子教案的基本结构；了解电子教案的常用制作工具

2. 利用文字处理软件制作电子教案

内容：新建、输入并保存电子教案；编辑电子教案；文字、段落格式的设

置；图像和页码的插入；公式与特殊符号的插入；表格的插入与编辑；查找与替换；

要求：根据学科特点和教学要求利用文字处理软件（如 Word 或 WPS Office）在给定的模板中完成电子教案

资源准备

一、资源准备的基础知识

1. 教学资源的基本概念

内容：(1)教学资源的定义；(2)常用教学媒体：挂图、标本、模型、实验仪器，教科书、文献资料，唱片、录音带、录像带、影片、幻灯片，光盘（CD-ROM、VCD、DVD）、硬盘，网络；教学媒体的选择

要求：了解教学资源的含义；了解教学媒体的类型及来源；了解常用教学媒体的特点；了解各种教学媒体的使用范围和优势；根据特定的教学内容，选择合适的教学媒体

2. 常见数字教学资源格式

内容：可执行文件格式（*.exe）；文档格式（*.doc　*.ppt　*.xls）；音频格式（*.wav　*.mp3）；视频格式（*.mpg）；图像格式（*.jpg）

要求：区别常用数字教学资源的格式；掌握常见数字教学资源的使用方法

二、数字教学资源的获取与存放

1. 数字教学资源的获取

内容：数字教学资源获取方法：①截取计算机屏幕上所需的教学图像；②利用录音软件录制教学音频素材；③查询、收集网络上的数字教学资源（数字教学资源的分类查询和关键词查询，使用浏览器的“收藏夹”和“历史记录”收集常用网站）；④下载与保存数字教学资源（下载与保存链接的文件，下载与保存需要的网页、文字、图像，树立教学资源的版权意识）

要求：了解教学资源可用的获取方法；掌握获取数字教学资源的基本方法；获取数字教学资源时记录出处，引用时自觉注明

2. 数字教学资源的存储与组织管理

内容：(1)数字教学资源的存储；(2)数字教学资源的组织与管理

要求：掌握存储数字教学资源的基本方法；使用文件夹对数字教学资源进行分类管理

三、教学演示课件的制作

1. 教学演示课件

内容：演示课件在教学中的应用；制作教学演示课件的常用软件（PowerPoint、

WPS Office)

要求：了解演示课件在教学中的应用；知道可用于制作演示课件的常用软件

2. 制作教学演示课件

内容：(1)模板与版式的选用；(2)文本的输入与编辑；(3)图形、图像、文本框和艺术字的插入与设置；(4)幻灯片中动画与幻灯片间切换方式的设置

要求：根据学科特点和教学要求利用常用软件(如 PowerPoint 或 WPS Office)，制作教学演示课件

教学实施

一、教学实施的基础知识

1. 教学过程的基本环节

内容：(1)教学准备；(2)在实施中感受、理解教育技术对新课改的支持作用；(3)评价反思

要求：理解教学过程的基本环节；理解教育技术对新课改的支持作用；根据教学现场情况适当调整教学环节及相关内容

2. 教学过程的组织形式

内容：(1)集中讲授；(2)自主学习；(3)协作学习

要求：了解教学过程的组织形式

3. 教学信息呈现

内容：把握教学信息的呈现时机与方式；合理借助媒体呈现教学信息

要求：了解教学信息呈现的要素；利用技术在教学实施过程中合理、有效地呈现教学信息

二、教学设施的使用

1. 辅助教学的主要硬件设备及其功能

内容：(1)教具或仪器对教学的支持作用；(2)DVD 播放机和电视机对教学的支持作用；(3)计算机、网络和显示设备对教学的支持作用

要求：了解辅助教学的主要硬件设备及其功能；掌握辅助教学的主要硬件设备的使用方法；

2. 常用软件在教学实施过程中的应用

内容：(1) Word、WPS Office；(2) PowerPoint；(3) Windows Media Player；(4) IE

要求：根据数字教学资源类型选择相应的软件

三、教学中的交流

1. 对教学交流的认识

内容：(1)交流及互动的重要性；(2)交流的内容(日常教学信息)

要求：认识互动在教学中的重要性，能根据特定内容选择合适的交流方式

2. 交流工具的使用

内容：利用文字处理软件批注和修订文档；会收发和管理电子邮件(包括附件)

要求：掌握利用文字处理软件(如 Word 或 WPS Office)进行批注与修订；掌握利用电子邮件与学生、教师或其他人讨论与交流

教学评价

一、教学评价的基础知识

1. 教学评价的功能和类型

内容：(1)教学评价的功能(教学功能、诊断功能、调控功能、激励功能)；(2)教学评价的类型：按评价基准分类(相对评价和绝对评价)，按评价功能分类(诊断性评价、形成性评价和总结性评价)，按评价分析方法分类(定性评价和定量评价)

要求：了解教学评价的基本功能；了解不同分类标准下的教学评价类型及其特点

2. 教学评价的内容

内容：(1)教学资源；(2)教学效果

要求：了解评价的基本内容和方法

二、对学生学习的评价

1. 数据的收集与处理

内容：数据的收集(平时作业，测验、考试结果，小组协作学习的各类文档及成果，调查问卷)；数据的处理(学生的总成绩、平均成绩和成绩排序，调查问卷的数据处理)；数据统计工具的使用(Excel，WPS Office)

要求：选择合适的方式收集学生的评价数据；选择合适的评价方法和工具对评价数据进行初步处理

2. 统计结果的分析与公布

内容：评价数据的分析(定性分析，定量分析)；评价结果的表达(评语，表格，统计图表)

要求：了解数据分析的一般方法与内容；根据数据的统计结果分析学生的学习情况

三、对教师教学的评价

1. 学生对教师教学的评价

内容：教师教学过程评价表

要求：从教学过程评价表中分析教学环节中存在的问题

2. 教学反思

内容：教学反思的内容(教学资源，教学过程，教学效果与效率)；教学反思的方法(撰写教学日志，观看教学录像，教师间的交流讨论)

要求：初步形成教学反思意识；了解可用于教学反思的方法；通过评价数据反思自己的教学